Love you!!!!

SIEMPRE ADMIRANDOTE.

ESTE ES EL REGALO DE
TU COMPLE DEL 2024
Y HOY ES
06 ENERO 2025

EGO Y ARQUETIPOS

Una ventana a los símbolos de transformación

HABENTIBUS SYMBOLUM FACILIS EST TRANSITUS
(PARA LOS QUE CONOCEN EL SÍMBOLO FÁCIL ES EL TRÁNSITO)

Madrid, 2018

EGO Y ARQUETIPOS

Una ventana a los símbolos de transformación

EDWARD F. EDINGER

UN LIBRO DE LA FUNDACIÓN C. G. JUNG*

La Fundación C. G. Jung para la Psicología Analítica se dedica a ayudar a hombres y mujeres a crecer en la consciencia de las realidades psicológicas, en la persona y en la sociedad, a encontrar sanación y significado en sus vidas, mayor profundidad en sus relaciones y vivir dando respuesta a la comprensión descubierta del sentido de su vida. La fundación da la bienvenida al quienes quieran asistir a sus conferencias, seminarios, películas, simposios y talleres y ofrece una amplia selección de libros a la venta a través de su librería. La Fundación también publica Quadrant, una revista semestral, y libros sobre Psicología analítica y temas relacionados. Para obtener información sobre los programas de la Fundación o sobre como suscribirse, escriba a C. G. Jung Foundation, 28 East 39th Street, Nueva York, NY 10016.

** La Editorial Sirena de los Vientos ha querido mantener este texto de la edición en inglés como reconocimiento a la labor de la Fundación C. G. Jung. Nuestro agradecimiento también a todos los que han facilitado las imágenes para la edición inglesa que aquí reproducimos en su totalidad. Y nuestro agradecimiento a todos aquellos, editoriales y autores, cuyos textos en castellano nos han servido para homogeneizar conceptos y dar unidad a las interpretaciones. Destacamos en las notas correspondientes la procedencia de la traducción utilizada para los diferentes fragmentos.*

speculum
Elementum
Aquæ et Terræ
Homo
Aurum
Mulier
Leo
uva
Aquila

Editorial Sirena de los vientos
Dirección: Andrea Luca
Fuencarral 9, 1º D, 28004 Madrid,
teléfono 915325053
email: sirenadelosvientos@andrealuca.com
web: www.sirenadelosvientos.es

Supervisión editorial:
Nieves Esther Muela Fernández
Agustina Martínez Serantes

Traducción:
Daniel Sánchez Lladó

ISBN: 978-84-88540-10-2
EAN: 9788488540102
Dep. Legal: M-33729-2018

Composición:
STAR IBÉRICA, S.A.

Impresión:
COPIAS CENTRO

ÍNDICE

SEGUNDA PARTE:
LA INDIVIDUACIÓN COMO FORMA DE VIDA

TERCERA PARTE:
SÍMBOLOS HACIA LA INDIVIDUACIÓN

ÍNDICE DE ILUSTRACIONES

LÁMINAS

AGRADECIMIENTOS

Por Edward F. Edinger

Este libro es el resultado de una década de reflexión y escritura. La primera parte empezó siendo un pequeño artículo titulado «La paradoja del Ego y el Yo» publicado en The Journal of Analytical Psychology, vol. 5, No. 1, enero de 1960. Posteriormente se amplió para dar una serie de conferencias en los Clubes de Psicología Analítica de Nueva York (1962), Los Ángeles (1963), y Montreal (1964). Los capítulos 4, 5, 6 y 8 aparecieron originalmente en Spring, publicados por el Analytical Psychology Club de Nueva York. Estoy en deuda con la Sra. Jane Pratt, anterior editora de Spring, por su trabajo editorial sobre las versiones anteriores de estos capítulos. La versión original del capítulo 7 fue originalmente una ponencia en el Segundo Congreso Internacional de Psicología Analítica en Zürich, en agosto de 1962. Posteriormente se publicó en las actas de aquel congreso con el título de El arquetipo, editado por Adolf Guggenbühl-Craig, S. Karger 1964. También fue impreso en The Journal of Analytical Psychology, vol. 9, No. 2, julio de 1964. El Capítulo 9 comenzó siendo una confe-

rencia organizada por la Fundación C. G. Jung (1969) y el Capítulo 10 fue originalmente una conferencia en el Club de Psicología Analítica de Nueva York (1969).

Agradezco a Doreen B. Lee su hábil preparación del manuscrito, también a Rhoda Head, editora, y al Comité de Publicaciones de la Fundación C. G. Jung. Agradezco el permiso para usar imágenes de las siguientes fuentes:

Musée Condé, Chantilly, por la lámina 1 y las imágenes 30 y 53.
Museo del Prado, Madrid, por la lámina 2.
Princeton University Press por la lámina 3, y las imágenes 3, 6, 7, 39, 41, 44, 45, 46, 47, 54, 55, 56, 57, 60 y 63.
Pinacoteca di Brera, Milán, por la lámina 4.
Museo Británico, Londres, por la lámina5.
Offentliche Bibliothek der Universität Basel por la portada.
National Press Books y Rhoda Kellogg por la imagen 1.
Michael Fordham por la Imagen 2.
Iglesia del Carmine, Florencia; fotógrafo Alinari Fratelli, por la Imagen 4.
Museo de Bellas Artes, Bruselas, por la imagen 5.
Biblioteca Pierpont Morgan por las imágenes 9, 22, 25, 26, 27, 28 y 38.
Museo de Bellas Artes, Boston, por la Imagen 10.
Dover Publications, Inc., Nueva York, por las imágenes 11 y 24.
Bibliotheque Nationale, París, por la imagen 12.
La cortesía de Robert Lehman Collection, Nueva York, por la imagen 14.
Cabinetto Fotografico Nazionale, Roma, por la imagen 15.
Phaidon Press Limited, Londres, por las imágenes 17, 18 y 40.
Biblioteca filosófica por la imagen 25.
Offentliche Kunstsamtung, Basilea, por la imagen 29.
Kunsthistorisches Museum, Viena, para la Imagen 31.
Penguin Books, Londres, por la imagen 32.
Roloff Beny por la fotografía, imagen 33.

National Gallery, Londres, por la imagen 34.

Uffizi, Florencia, por la imagen 36.

Staatliche Museen, Berlín, por la imagen 37.

Fundación Peggy Guggenheim por la imagen 43.

Biblioteca del Departamento de Química, Universidad de St. Andrews, Escocia, por la imagen 59.

Robinson y Watkins Books, Ltd., Londres, por la Imagen 61.

Staats Bibliotheque, Münich, por la Imagen 62.

También estoy agradecido por el permiso para citar las obras siguientes:

Abingdon Press, de Roland H. Bainton, Here I Stand.

Academic Press, Inc., de Theatrum Chemicum Britannicum.

Basic Books, Inc., Nueva York, 1958, extracto de Existence: A New Dimension in Psichiatry and Psychology.

Beacon Press, Boston, de The Gnostic Religion, copyright 1958, 1963, de Hans Jonas.

Gremio de Psicología Pastoral, de Derek Kitchin, Conferencia Gremial No. 80, abril de 1954.

De «The Wasteland» en Collected Poems por T. S. Eliot, copyright 1936, por Harcourt Brace Jovanovich, Inc.; copyright 1963, 1964. Reimpreso con autorización de los editores.

Harper and Row, Inc., Nueva York, de Pierre Teilhard, The Phenomenon of Man.

Journal of Analytical Psychology (Revista de Psicología Analítica), Londres, de Erich Neumann, «La Importancia del Aspecto Genético para la Psicología Analítica».

Methuen and Company, Ltd., Londres, de H. G. Baynes, Analytical Psychology and the English Mind.

Northwestern University Press, Evanston, Ill., De Rivkah Kluger, Satan in the Old Testament.

Oxford University Press, Inc., Nueva York, de F. H. Bradley, Appearance and Reality; Gilbert Murray, The Rise of the Greek Epic; Rudolf Otto, The Idea of the Holy.

Random House, Inc., Nueva York, de Swami Paramandenda, The Wisdom of China and India; Nancy W. Ross, The World of Zen; C. G. Jung, Memories, Dreams, Reflections.

Simon y Schuster, Inc., Nueva York, de G. Ginsberg, Legends of the Bible.

Tavistock Publications, Ltd., Londres, de G. Adler (Ed.), Current Trends in Analytical Psychology.

University Books, Inc., Hyde Park, Nueva York, de Francis Legge, Forerunners and Rivals of Christianity; A. E. Waite (Ed.), The Works of Thomas Vaughn.

University of Nebraska Press, Lincoln, Nebraska, de John G. Neihardt, Black Elk Speaks.

The Viking Press, Inc., Nueva York, de Jean Doresse, The Secret Books of the Egyptian Gnostics, copyright 1960 de Hollis & Carter, Ltd.

John M. Watkins, Londres, de G. R. S. Mead, Fragments of a Faith Forgotten.

De forma más particular, deseo expresar mi gratitud a la Princeton University Press por el permiso para citar generosamente las Obras completas de C. G. Jung; los extractos de Gerhard Adler, The Living Symbol, de M. Esther Harding, Psychic Energy: Its Source and Its Transformation, y de Erich Neumann, The Great Mother y The Origins and History of Consciousness.

PREFACIO DEL AUTOR

Apenas está empezando a aparecer en el mundo académico la magnífica síntesis del conocimiento humano lograda por C. G. Jung. Comenzó como psiquiatra y psicoterapeuta y descubrió en sus pacientes y en su experiencia propia la realidad de la psique y la fenomenología de sus manifestaciones a una profundidad que nunca antes se había observado. Como resultado de esta experiencia, pudo reconocer la misma fenomenología expresada en los productos culturales de la humanidad: el mito, la religión, la filosofía, el arte y la literatura. Ha penetrado en la fuente de la que surgen todas las religiones y culturas y, por lo tanto, ha descubierto las bases para un nuevo sincretismo orgánico del conocimiento y de la experiencia humanos. El nuevo punto de vista así alcanzado es tan amplio y completo que, una vez comprendido, no puede dejar de tener consecuencias revolucionarias para la visión que el hombre tiene de sí y del mundo.

Los enunciados no son suficientes para transmitir nuevos niveles de consciencia. La comprensión de la «realidad de la psique» que hace visible esta nueva visión del mundo, solo puede ser alcanzada por un individuo cuando, a la vez, trabaja laboriosamente en su propio desarrollo personal. A esta labor individual Jung la llama individuación, un proceso en el que el ego se vuelve cada vez más consciente de su origen en la psique arquetípica y su dependencia de ella. Este libro trata sobre el proceso de individuación, sus etapas, sus vicisitudes y su aspiración final. Espero que sea una pequeña contribución hacia el objetivo que el trabajo de Jung ha hecho finalmente posible: la reconciliación entre la ciencia y la religión.

La consciencia del hombre fue creada hasta el extremo de que puede (1) reconocer su descenso desde una unidad superior; (2) rendir debido y cuidadoso respeto a esta fuente; (3) llevar a cabo sus mandamientos de forma inteligente y responsable; y (4) de ese modo darle a la psique como totalidad el mayor nivel de vida y desarrollo.

INTRODUCCIÓN

LA INDIVIDUACIÓN Y LA FUNCIÓN RELIGIOSA DE LA PSIQUE*

Por Lynelle Pieterse.

En la introducción se nos recuerda que Jung «logró una magnífica síntesis del conocimiento humano». A través de su trabajo hemos llegado a conocer la realidad de la psique y la fenomenología de cómo se manifiesta en nosotros y en el mundo. Por lo tanto, podemos reconocer la misma fenomenología expresada en los productos culturales: mito, religión, filosofía, arte y literatura. El área donde mejor vemos la realidad de la psique es cuando una persona trabaja de manera comprometida en su propio desarrollo personal, lo que Jung denomina el *proceso de individuación*: «un proceso en el que el ego se vuelve cada vez más consciente de su origen y dependencia de la psique arquetípica».

* Publicada por primera vez como reseña en la página web del Centre of Applied Jungian Studies (https://appliedjung.com/). Nuestro agradecimiento a la autora Lynelle Pieterse por la introducción a la presente obra y a Stephen Farah del Centro de Estudios Junguianos Aplicados por darnos el permiso para utilizarla.

PRIMERA PARTE:
LA INDIVIDUACIÓN Y LAS ETAPAS DEL DESARROLLO

En esta sección, Edinger analiza la individuación y las etapas del desarrollo. Explica los desafíos, es decir, cuál es la relación del ego con el Sí-mismo, específicamente cómo el ego se manifiesta como un «ego inflado» y como un «ego alienado». Finalmente, describe cómo el «encuentro con el Sí-mismo» se manifiesta en la psique y describe cuál es su valor en el camino hacia la individuación. En cuanto al ego inflado, la teoría de Jung sobre el inconsciente colectivo o la psique arquetípica es significativa. Escribe Edinger: «sabemos que la psique individual no es solo un producto de la experiencia personal. También tiene una dimensión prepersonal o transpersonal que se manifiesta en patrones universales e imágenes como las que se encuentran en todas las religiones y mitologías del mundo».

El principio de estructuración u orden que unifica los diversos contenidos arquetípicos se explica como el arquetipo central de la totalidad, el Sí-mismo. En relación con el Sí-mismo, el ego se describe como el centro de la personalidad consciente y el asiento subjetivo de la identidad. Entonces, el Sí-mismo es el asiento de la identidad objetiva, la deidad empírica interna o «imago Dei». El Sí-mismo se expresa a través de imágenes simbólicas. El libro trata sobre el Sí-mismo como la fuente más rica para el estudio fenomenológico del Sí-mismo que, en muchas representaciones, el hombre ha hecho de la deidad.

Se discuten algunos de los temas e imágenes del Sí-mismo: la plenitud, la totalidad, la unión de opuestos, el punto donde Dios y el hombre se encuentran. Se considera que el Sí-mismo es la fuente central de energía vital, Dios. Edinger explica que, según Jung, hay dos centros autónomos de ser psíquico, el ego y el Sí-mismo; que la importancia de la relación entre los dos es como la relación del hombre con su Creador, como se muestra en el mito religioso. Paralelo a esto, el desarrollo psicológico del hombre se puede entender en términos de la relación entre el ego y el Sí mismo. Es la evolución progresiva de la relación ego/Sí-mismo lo que tiene valor.

Se explica la estructura de la psique en términos del ego y del Sí-mismo. Está el Sí-mismo primordial, o lo que Jung llama el uróboros. El ego individual nace de él. El desarrollo del ego tiene lugar de la siguiente forma: en la primera mitad de la vida, el foco está en el desarrollo del ego y específicamente en lo que respecta a la separación entre el ego y el Sí-mismo. En la segunda mitad de la vida, el foco está en cómo el ego se relaciona con el Sí-mismo. Con referencia a la primera mitad de la vida, la separación ego/Sí-mismo es la clave. Es como un ciclo en dos etapas que alterna inflación y alienación.

Con respecto a la identidad entre ego y Sí-mismo, Edinger presenta un diagrama para explicar el eje ego/Sí-mismo. Hay un vínculo de conexión entre los dos que asegura la integridad de la psique. Uno puede volverse consciente o parcialmente consciente dependiendo de cómo el ego se relaciona con el Sí-mismo. Entonces, el Sí-mismo pasa a ser la totalidad de la psique y la dialéctica entre el ego y el Sí-mismo es el proceso de individuación.

Cuando ocurre la inflación del ego, el ego piensa que es más grande de lo que es, piensa que es el Sí-mismo. Cuando esto sucede, el ego se identifica por completo con el Sí-mismo y se experimenta como un dios: el estado original del inconsciente es la totalidad y la perfección, metafóricamente hablando, Dios.

Ansiamos lo simbólicamente primitivo que es perfecto, el estado original que experimentamos cuando nacemos. El problema básico para el adulto se convierte en cómo lograr la unión con la naturaleza y con los dioses, sin provocar la inflación de la identificación con el Sí-mismo que es lo que anhela, es decir, cómo «sacar al niño de su estado inflado y darle una noción realista y responsable de su relación con el mundo, mientras que al mismo tiempo mantiene ese vínculo vivo con la psique arquetípica que es necesaria para que su personalidad sea fuerte y resistente». El niño se experimenta a sí mismo como el centro del universo, pero en poco tiempo el mundo comienza a rechazar sus demandas. Es una realidad que contradice las suposiciones inconscientes del ego. «Todos nosotros en el fondo tenemos un residuo de inflación del ego que se manifiesta como una ilusión de inmortalidad».

Edinger se refiere a los mitos para explicar cómo se manifiesta el ego inflado. En la historia de Adán y Eva: «El mito describe el nacimiento de la consciencia como un crimen que aliena al hombre de Dios y de su totalidad preconsciente original. La serpiente es el principio de la gnosis, el conocimiento o la consciencia emergente. La tentación de la serpiente representa el impulso de autorrealización en el hombre y simboliza el principio de individuación. Comer la fruta prohibida señala la transición del estado eterno de la unidad inconsciente con el Sí-mismo a una vida real y consciente en el espacio y en el tiempo. [...] Las etapas innatas y necesarias del desarrollo psíquico requieren una polarización de los opuestos, consciente versus inconsciente, espíritu versus naturaleza». «El dolor, el sufrimiento y la muerte existen antes del nacimiento de la consciencia, pero si no hay consciencia para experimentarlos, no existen psicológicamente».

Una descripción del proceso del ego enajenado sigue. «Aunque el ego comienza en un estado de inflación, esta condición no puede persistir. Los encuentros con la realidad provocan un distanciamiento entre el ego y el Sí-mismo». El proceso de alienación se simboliza con imágenes como la de la caída y la del exilio. En estos mitos se muestra cómo el ego ha sido herido. Esta lesión se puede entender mejor como daño al eje ego/Sí-mismo. «El Sí-mismo está detrás del ego y puede actuar como garante de su integridad. Jung expresa la misma idea cuando dice: el ego es atraído por el Sí-mismo con la fuerza de un imán» El mito que describe este proceso es el hombre (el ego) del Antiguo Testamento que fue creado a imagen de Dios (el Sí-mismo). «El eje ego/Sí-mismo representa la conexión vital entre el ego y el Sí-mismo que debe estar relativamente intacta si el ego quiere sobrevivir al estrés y crecer. Este eje es la puerta de entrada, o el camino de comunicación, entre la personalidad consciente y la psique arquetípica. El daño al eje ego/Sí-mismo deteriora o destruye la conexión entre consciente e inconsciente, lo que lleva a la alienación del ego de su origen y fundamento».

El Sí-mismo puede experimentarse en la infancia en relación con los padres, inicialmente con la madre en la medida que ella representa al Sí-mismo: cuidadora, protectora. El niño dependiente representa la conciencia del ego infantil. Se ilustra esta conciencia inmadura a través del uso de varios mitos: «Caín es una ejemplo de alienación», «El libro de Herman Melville, *Moby Dick*, es un bello ejemplo de [...] una alternancia entre los estados de inflación y alienación». Se nos recuerda que «igual que la experiencia de la inflación activa es una parte necesaria del desarrollo del ego, la experiencia de la alienación es un preludio necesario para tener consciencia del Sí-mismo».

Jung nos recuerda el poder numinoso del Sí-mismo, haciendo referencia específica a la alienación del ego y a la experiencia religiosa. «El símbolo clásico de la alienación es la imagen del desierto. Y es aquí, característicamente, donde uno se encuentra con alguna manifestación de Dios». Edinger cita a Jung a este respecto:

> «Una actitud religiosa, entendida psicológicamente, se basa en una experiencia de lo *numinoso*, es decir, del Sí-mismo. Pero es imposible que el ego experimente al Sí-mismo como algo separado, siempre y cuando el ego se identifique inconscientemente con el Sí-mismo. Esto explica la necesidad de la experiencia de la alienación como preludio de la experiencia religiosa».

La restitución del eje ego/Sí-mismo que sigue a la inflación y a la alienación es clave. «Al igual que el cuerpo, la psique inconsciente tiene una sabiduría instintiva que puede corregir los errores y excesos de la consciencia, si estamos abiertos a sus mensajes. Esta función correctiva deriva del Sí-mismo y requiere una conexión viva y saludable entre el Sí-mismo y el ego para operar libremente».

Lo que sigue es la idea de que eventualmente podemos encontrarnos con el Sí-mismo. «Cuando actúa el estado inflado conduce a una caída y, por lo tanto, a la alienación. La condición alienada también conduce, en circunstancias normales, al estado de sanación y restitución». El papel del colectivo es una poderosa influencia en la corrección de estos estados. Edinger se refiere a las tradiciones del budismo zen y del cristianismo como ejemplos. «Todas las religiones son depósitos de experiencias transpersonales e imágenes arquetípicas. [...]. Cuando la psique colectiva se encuentra en un estado estable, la mayoría de personas comparten un mito vivo o deidad común. Cada individuo proyecta su imagen interior de Dios (el Sí-mismo) sobre la religión de la comunidad». Sin embargo, advierte que estas prácticas también privan al hombre de la oportunidad de experimentar el encuentro con el Sí-mismo a nivel individual. Según Edinger, las soluciones son posibles si el individuo puede «trabajar consciente y responsablemente con la activación del inconsciente, puede descubrir el valor perdido, la imagen de Dios, dentro de la psique». Lo que sigue a continuación es un avance que ocurre «generalmente después de una intensa experiencia de alienación, el eje entre el ego y el Sí-mismo hace surgir repentinamente la visión consciente [...]. El ego es consciente de un centro transpersonal al que está subordinado, lo experimenta». El libro de Job es un ejemplo de «un relato simbólico muy completo de un encuentro con el Sí-mismo». «Jung considera que Job fue liberado de su desesperación a través de un proceso de consciencia creciente por parte de la deidad».

La última sección del Capítulo 3 ilustra el proceso del ego individuado. «La individuación es un proceso, no un objetivo realizado [...]. Hablando en términos generales, el impulso de individuación promueve un estado en el que el ego se relaciona con el Sí-mismo sin identificarse con él. Fuera de este estado, surge un diálogo más o menos continuo entre el ego consciente y el inconsciente, y también entre la experiencia externa y la interna. La doble división se cura en la medida en que se logra la individuación; primero, la división entre consciente e inconsciente que comenzó con el nacimiento de la consciencia, y segundo, la división entre sujeto y objeto». Edinger concluye diciendo: «Para el hombre moderno, un encuentro consciente con la psique arquetípica autónoma es equivalente al descubrimiento de Dios. Después de esa experiencia, ya no está solo en su psique y toda su visión del mundo se ve alterada».

SEGUNDA PARTE: LA INDIVIDUACIÓN COMO FORMA DE VIDA

Como he mencionado anteriormente, el trabajo es establecer en nosotros un centro único en el que el universo se refleje a sí mismo. Edinger comienza recordándonos el desorden psicológico moderno más común, el de sentir que la vida no tiene sentido.

> «Nuestra relación con la vida se ha vuelto ambigua. El gran sistema de símbolos que es el cristianismo organizado parece que ya no puede exigir el compromiso total de los hombres ni satisfacer sus necesidades últimas».

Edinger distingue entre los diferentes usos de la palabra «sentido», y específicamente trata el uso subjetivo de la palabra en lo que se refiere a nuestra orientación psicológica. En primera instancia, cuando algo profundo nos ha sucedido, experimentamos un sentido vivo y subjetivo. Los sueños, los mitos y las obras de arte también pueden transmitir este sentido. Al preguntar cuál es el sentido de mi vida, aquello que es el sentido de mi vida se vuelve más subjetivo que la propia pregunta. La primera pregunta ahora tiene la posibilidad de una respuesta.

> «El problema del sentido de la vida está estrechamente relacionado con la percepción de la identidad personal. [...] "¿quién soy?"».

«La necesidad más urgente del hombre moderno es descubrir la realidad y el valor del mundo interior subjetivo de la psique, descubrir la vida simbólica. Como dijo Jung: "El hombre necesita una vida simbólica [...]. Solo la vida simbólica puede expresar la necesidad del alma, la necesidad diaria del alma"». Edinger explica:

«Un símbolo, [...] es una imagen o representación que apunta a algo esencialmente desconocido, a un misterio [...]. Un signo está muerto, pero un símbolo está vivo. Los símbolos son productos espontáneos de la psique arquetípica. Uno no puede fabricar un símbolo, uno solo puede descubrirlo. Los símbolos son portadores de energía psíquica [...]. La relación entre el ego y el símbolo es un factor muy importante».

Las tres relaciones entre el ego y el símbolo son, en resumen, las siguientes: cuando el ego se identifica con el símbolo, vive la imagen del símbolo, y el ego y la psique arquetípica son uno; cuando el ego se aleja del símbolo las funciones están fuera de la conciencia, y todos los símbolos se ven simplemente como signos. «Sus misteriosas urgencias se entenderán solo en términos de factores elementales y abstractos». Y la tercera opción, escribe Edinger, es por la que debemos esforzarnos. Aquí el ego, «aunque claramente separado de la psique arquetípica, está abierto y receptivo a los efectos de las imágenes simbólicas. Se posibilita una especie de diálogo consciente entre el ego y los símbolos emergentes. El símbolo es capaz de realizar su función propia como liberador y transformador de energía psíquica con plena participación de la comprensión consciente».

Edinger explica la diferencia entre dos falacias, la de la concreción y la reduccionista, que pueden darse en la interacción entre el símbolo y el ego. La primera es la falacia de la concreción, donde el ego en un estado más primitivo no puede distinguir los símbolos de la psicología arquetípica de la realidad concreta y externa, por ejemplo, las creencias de hombres primitivos acerca de los animales, o las creencias religiosas que malinterpretan los símbolos religiosos al considerarlos imágenes literales.

> «La falacia reduccionista comete el error opuesto. En este caso, la importancia del símbolo se pierde al malinterpretarlo solo como un signo de algún otro contenido conocido [...] que puede ver detrás de los símbolos su significado "real" [...]. Funciona bajo la suposición de que no existe ningún misterio verdadero, nada esencial desconocido que trascienda la capacidad de comprensión del ego [...]. El conflicto entre la falacia de la concreción y la falacia reduccionista está en el centro del conflicto contemporáneo entre la visión religiosa tradicional del hombre y la llamada visión científica moderna».

«Al igual que con todos los asuntos relacionados con la personalidad, la falacia de la concreción y la falacia reduccionista no cambian por una exhortación racional. En realidad, pueden considerarse como dos etapas sucesivas en el desarrollo de la personalidad».

La primera se relaciona con la etapa inicial del desarrollo del ego, según se ve en sociedades primitivas y en niños, y la segunda «proviene de un estado de alienación entre el ego y el simbolismo del inconsciente. Parece ser una etapa posterior de desarrollo, [...] esto implica una disociación entre el ego y el inconsciente que tarde o temprano debe ser salvada para que uno pueda ser completo. [...]. El objetivo final de la psicoterapia de Jung es hacer que el proceso simbólico sea consciente [...]. La proposición básica es esta: un símbolo inconsciente se vive pero no se percibe [...] se experimenta solo como un deseo o una urgencia hacia alguna acción externa». Aquí el proceso de analogía puede revelar la imagen oculta del símbolo inconsciente. Como dice Jung,

> «La creación de analogías libera al instinto y a la esfera biológica en su totalidad de la presión de los contenidos inconscientes [...]. Dado que tales imágenes de síntomas tienen el mismo origen que los sueños, podemos abordarlos de la manera en que lo haríamos al soñar, por el método de la amplificación».

En una exposición adicional en este capítulo, se hace referencia a las imágenes de la deidad y específicamente al hecho de que su valor es el de los símbolos porque «una deidad o poder suprapersonal no puede definirse con precisión. No es un signo de algo conocido y racionalmente entendido, sino más bien un símbolo que expresa un misterio. Esta forma de interpretación, si tiene éxito, puede conducir al paciente hacia la vida simbólica». Los mitos sirven para describir el proceso de la manifestación consciente de los símbolos en la psique. Ese es el ejemplo de Job.

«Ser capaz de reconocer el arquetipo, para ver la imagen simbólica detrás del síntoma, transforma inmediatamente la experiencia. Puede ser doloroso, pero tiene un sentido. En lugar de aislar al que sufre de sus compañeros humanos, lo une a ellos en una relación más profunda».

Las palabras de Jung nos guían en nuestro viaje hacia la psicología arquetípica. Escribe: «Estaba viviendo en un estado constante de tensión [...]. En la medida en que logré traducir las emociones en imágenes, es decir, encontrar las imágenes que estaban ocultas en las emociones, me tranquilicé interiormente» Edinger transmite esto como «la vida simbólica es, de alguna forma, un requisito previo para la salud psíquica». Documenta muchos casos de sueños e historias de pacientes que a través del compromiso natural con la vida simbólica dentro de su psique, ilustran el proceso de «la psicología analítica con respecto al origen y el desarrollo del ego consciente». En ilustraciones adicionales a través del uso de los sueños, se hace referencia al eje del ego/Sí-mismo y sus funciones. Edinger utiliza un ejemplo de un sueño:

> «Quisiera llamar la atención sobre el simbolismo de la luz en este sueño [...]. La luz representa la consciencia [...] se refiere a la creación del ego que es la luz de la consciencia nacida desde la oscuridad del inconsciente [hay hombres sabios en el sueño que traen regalos y sabiduría]. La sabiduría es luz en el sentido psicológico. Los hombres sabios son portadores de la luz de la consciencia».

Los símbolos que el ego y la psique arquetípica nos presentan permiten que se transmita el significado simbólico. «El símbolo nos lleva a la parte que falta de toda persona».

El siguiente capítulo es la exposición simbólica de Cristo como paradigma del ego individuado. «La imagen de Cristo y la rica red de simbolismo que se ha reunido a su alrededor proporcionan muchos paralelismos con el proceso de individuación. De hecho, cuando el mito cristiano se examina cuidadosamente a la luz de la psicología analítica, la conclusión inevitable es que el significado subyacente del cristianismo es la búsqueda de la individuación. El mito de Jesucristo es único en su afirmación del doble aspecto paradójico de Cristo. Él es a la vez Dios y hombre [...]. Entendido psicológicamente, esto significa que Cristo es simultáneamente un símbolo tanto del Sí-mismo como del ego ideal».

Una exposición de este mito sigue a la idea de Jung de que el Cristo puede ser visto como el símbolo del Sí-mismo. La visión de Edinger es que Jung «nunca ha elaborado realmente la idea de Cristo como símbolo del ego». Continúa explorando el tema al decir que Cristo, como hijo ilegítimo*, no tenía una figura paterna tradicional. En tal caso, no existe «una capa de experiencia personal para mediar entre el ego y la imagen numinosa del padre arquetípico». Esto dio como resultado un vacío en la psique que lo hizo vulnerable a las fuerzas del inconsciente. «Jesús parece ajustarse a la descripción anterior. Experimentó una relación directa con el padre celestial (arquetípico) y describió en numerosas imágenes simbólicas vivas la naturaleza del reino de los cielos (la psique arquetípica)». Edinger continúa diciendo que Jesús habló sobre la idea de la proyección miles de años antes de que incluso existiera la psicología profunda. Por ejemplo, Jesús dijo: «¿Cómo

* N. de T.: Reproducimos aquí la nota del texto de Eddinger que hace alusión a esta teoría: «En esta línea los autores E. Stauffer, teólogo, (*Jeschu ben Mirjam,* 120-121) y J.A.T. Robinson, teólogo y obispo anglicano, (*The Human Face*, 59-63). Para más detalle consúltese la obra de Xabier Picaza *Los orígenes de Jesús.* Ensayos de cristología bíblica, Salamanca, Ediciones Sígueme, 1976, págs. 26-32».

ves la paja en el ojo de tu hermano y no ves la viga en el tuyo?» Sobre el tema de la sobre identificación con los padres y la familia, Jesús advirtió: «he venido a separar al hombre de su padre, y a la hija de su madre [...]».

A partir de estos ejemplos, parece que Jesús alentó la «condición de solitario, el estado de ser individuo autónomo. Esto solo se puede lograr mediante la separación de la identificación inconsciente con los demás». Y así el símbolo de la cruz está relacionado con que el hombre encuentre su verdadero ser. «Tomar la propia cruz significa aceptar y realizar conscientemente el propio patrón particular de totalidad». Estas enseñanzas no están destinadas a ser tomadas literalmente. Jung sugiere que se entiende mejor en un nivel subjetivo o interno. En su seminario sobre «Visiones» (1930) en Zurich se refirió al Sermón del Monte como parecido al descubrimiento de la psicología profunda para el individuo. Por ejemplo, las siguientes bienaventuranzas se pueden entender psicológicamente. «Bienaventurados los pobres en espíritu» –el ego que está consciente de su propio vacío ahora está abierto al inconsciente y puede experimentar la psique arquetípica (el Reino de los Cielos); «[...] los que lloran»– el individuo que retira su identificación en un objeto fuera de sí mismo experimenta un sentido de pérdida; «[...] los mansos» –cuando la actitud del ego es así hacia el inconsciente es flexible con respecto a sus suposiciones; «[...] los que tienen hambre»–, explica Edinger, «esto describe al ego vacío que no identifica sus propias opiniones y juicios con la ley interna objetiva». «Bienaventurados los misericordiosos» se refiere al ego cuando tiene un actitud «amable y considerada» hacia la sombra; «[...] los limpios de corazón» describe un ego que ha hecho consciente lo inconsciente (lo oscuro) y al hacerlo se vuelve puro y abierto para experimentar el Sí-mismo; «[...] los que trabajan por la paz» se explica como el papel del ego en la reconciliación de los opuestos, actuando en interés del Sí-mismo, como una especie de «hijo de Dios»; y finalmente, «[...] los perseguidos» se relaciona con el ego que experimenta el dolor, pero no lo convierte en una dinámica negativa en la psique, y «es recompensada por el contacto con la psique arquetípica y sus imágenes curativas y vivificadoras».

Algunos aspectos de las enseñanzas de Jesús ilustran cómo podemos interpretarlos psicológicamente. Las muchas referencias en los pasajes del evangelio que se refieren a lo que se ha perdido, «se refieren al significado especial de la parte perdida, oculta o reprimida de la personalidad [...]. La parte perdida es la más importante porque lleva consigo la posibilidad de la totalidad. La parte perdida, oculta o reprimida que se ha perdido para la vida consciente necesita recibir un valor especial si la meta de uno es la totalidad del Sí-mismo. El último se convierte en el primero y la piedra que los constructores rechazaron se convierte en la piedra angular».

Siguen más ejemplos de imágenes del evangelio que apoyan el camino hacia la individuación y la integración. El valor de Cristo como el ego auto-orientado, es decir, un ego que es consciente de ser dirigido por el Sí-mismo, es un objetivo central para la auto-aceptación, como «el amado de Dios». Pero sigue una advertencia de que si el ego comienza a identificarse con este valioso descubrimiento y «se apropia de ella (la sabiduría de la energía recién descubierta) para fines personales», es víctima de inflaciones. Las tres tentaciones de Cristo en el desierto se consideran desafíos necesarios con los que se encontrará el ego cuando se encuentre con el Sí-mismo. En otras palabras, si el ego se identifica con el Sí-mismo, pierde la capacidad de adquirir sabiduría transpersonal, es decir, de buscar el mito o imagen arquetípica que expresa su situación individual. Edinger nos recuerda que las imágenes transpersonales tienen la capacidad de «proteger [al ego] del peligro de la inflación». La poderosa imagen de Jesús en la cruz expresa la posición del ego en la crisis de individuación, crisis que aparecerá sin duda alguna. Se relaciona con la «suspensión paralizante entre los opuestos», que «el ego y el Sí-mismo son crucificados simultáneamente»; y con «la tendencia espontánea de la psique arquetípica a nutrir y apoyar al ego». La llamada *Noche oscura del alma* es el lugar donde el ego puede tener un encuentro profundo con el Sí-mismo (con Dios), donde los dos se funden. En las palabras de San Juan de la Cruz, este «es el estado de unión con Dios».

Edinger concluye refiriéndose a la segunda mitad de nuestra vida: «En esta fase del desarrollo, la imagen de la deidad que sufre es muy adecuada. Este símbolo nos dice que la experiencia del sufrimiento, la debilidad y el fracaso pertenece al Sí-mismo y no solo al ego». El hombre como imagen de Dios se vuelve relevante. «Si la figura de Cristo es un espejo para el ego, ciertamente refleja una doble imagen paradójica. ¿Es el ego individual tanto el hombre como Dios, el ego y el Sí-mismo? Jung plantea esta misma pregunta en sus estudios alquímicos». La conclusión es que se realizó una conexión íntima entre el ego y Dios. «Si formulamos esta idea psicológicamente, significa que el ego real se relaciona con el Sí-mismo solo a través de un ego ideal como modelo paradigmático (Cristo) que une los dos mundos, el de la consciencia y el de la psique arquetípica, al combinar factores personales y arquetípicos. Con estas reflexiones nos encontramos con el problema más difícil de la psicología analítica, a saber, la naturaleza de la relación entre el yo y el Sí-mismo. [...] El ego es el asiento de la conciencia y si la consciencia crea el mundo, el ego está haciendo el trabajo creativo de Dios en su esfuerzo por realizarse a través del camino de la individuación».

El capítulo 6, *Ser un individuo,* discute la existencia *a priori* del ego. Edinger escribe:

> «El concepto de que la identidad de uno tiene una existencia *a priori* se expresa en la antigua idea de que cada persona tiene su propia estrella individual, una especie de contraparte celestial, que representa su dimensión cósmica y su destino. [...] El proceso de alcanzar la individualidad consciente es el proceso de individuación que lleva a la comprensión de que tu nombre

> está escrito en el cielo. [...] El hecho es que, incrustado en las manifestaciones de la individualidad inconsciente, yace el valor supremo de la individualidad misma, que espera ser redimida por la consciencia».

Una sección está dedicada a un ego que se dedica al comportamiento egoísta y egocéntrico, con referencia al narcisismo, «el malentendido general sobre el amor propio. [...] Narciso representa el ego alienado que no puede amar, es decir, no puede dar interés y libido a la vida, porque aún no está relacionado consigo mismo.« También se usan imágenes relacionadas con el proceso de alquimia como se ve en la mónada: «que el principio de la individuación es el principio creativo mismo [y] transmite con fuerza el sentido de que el individuo es portador de un profundo misterio». Siguen numerosos ejemplos de individualidad y Edinger concluye: «el mundo entero es peculiar y privado para esa alma. [...] Cada uno de nosotros habita en nuestro mundo separado y no tenemos forma de saber cómo se compara nuestro mundo con el de los demás. [...] De esto se desprende que habrá tantos mundos como centros de conciencia, y cada uno estará separado [...] herméticamente sellado de todos».

Se formulan preguntas en relación con la solidaridad humana, como dónde entran en juego la empatía, el amor, la comprensión y el apoyo. La respuesta parece residir en nuestra capacidad de excluir las relaciones que se basan en la proyección y la identificación inconsciente. Si somos capaces de hacer esto, llegamos a un lugar de «amor o relación [...] que puede permitirnos tener un amor y una comprensión objetivos». [...] Pero para podernos relacionar con nuestra individualidad como un todo y en su esencia, llegamos a una relación objetiva y compasiva con los demás». Se presentan los conceptos de unidad y multiplicidad como opuestos en el proceso de desarrollo de la conciencia. La fragmentación se ve en el uso de los mitos que describen «un estado de dispersión [donde] no puede haber experiencia de individualidad esencial. Uno es esclavo de las «diez mil cosas». [...] El proceso de auto-síntesis o, dicho de otra manera, de auto-integración, implica aceptar como propios todos aquellos aspectos del ser que han quedado fuera en el curso del desarrollo del ego».

En este último capítulo de la segunda parte del libro, Edinger usa los valores de los números 3 y 4 como símbolos de la estructura y el objetivo de desarrollo con respecto al arquetipo de la Trinidad. El número 4 se relaciona con la integridad psíquica y el número 3, ya que se relaciona específicamente con el Padre, el Hijo y el Espíritu Santo como representantes de la deidad, el Sí-mismo. Utiliza el 4 para mostrar cómo la energía de la psique puede alcanzar la estabilidad y el descanso. Y cómo los «símbolos trinitarios por otro lado implican crecimiento, desarrollo y movimiento en el tiempo».

«El tema de la transformación, de la muerte y el renacimiento, que es un acontecimiento dinámico y evolutivo, también está asociado con el número tres». Edinger lo resume de esta forma:

> «Cuatro es la integridad estructural, la plenitud, algo estático y eterno. Tres, por otro lado, representa la totalidad del ciclo de crecimiento y cambio dinámico: el conflicto, la resolución y el conflicto renovado. [...] Jung [...] vuelve a la pregunta alquímica: [...] Podría referirse al conflicto, real y necesario, entre la plenitud de la Cuaternidad estática y eterna y el cambio dinámico y la vitalidad de la Trinidad».

El aspecto del número 3 representando lo masculino y el número 4 representando lo femenino se usa para ilustrar aún más la dinámica del desarrollo de las psiques. Citando a Jung afirma: «Difícilmente nos equivocaremos si suponemos que nuestro mandala aspira a una unión de opuestos lo más completa posible, incluyendo los opuestos de la trinidad masculina y de la cuaternidad femenina». Edinger concluye: «El arquetipo de la Trinidad parece simbolizar la individuación como un proceso, mientras que la Cuaternidad simboliza su objetivo o estado completado».

TERCERA PARTE: SÍMBOLOS HACIA LA INDIVIDUACIÓN

Jung dijo: «El hombre tiene alma y [...] hay un tesoro enterrado en el campo». Según Edinger, el proceso de individuación a menudo se expresa en imágenes simbólicas de naturaleza metafísica. Y Jung exploró el reino del mundo metafísico con gran valentía. Paul Tillich en su comentario sobre el punto de vista de Jung, agregó que las imágenes simbólicas deben expresarse «para revelar el misterio del ser, que es lo que necesita ser revelado».

Edinger agrega una observación importante:

> «[...] un contenido metafísico proyectado, cuando se retira de la proyección, aún puede retener su calidad metafísica. Sabemos que [...] los sueños revelan, hasta cierto punto, el "misterio del ser". Por lo tanto, estos mensajes pueden llamarse metafísicos, es decir, más allá de las concepciones físicas u ordinarias de la vida. [...] estos sueños personales [...] tienden también a expresar un punto de vista general o común, una especie de filosofía perenne [...] que está basada en la universalidad del impulso de individuación».

En esta sección, registra una serie de sueños de sus pacientes. Expone cómo el contenido de los sueños demuestra la dinámica de desarrollo de la psique como se manifiesta en varias imágenes arquetípicas. Concluye diciendo: «De alguna manera, la presencia del terapeuta era necesaria para liberar lo numinoso de las imágenes de los sueños. Tomados en conjunto, los sueños transmitieron una serie de pequeñas experiencias religiosas que produjeron un cambio gradual y definitivo en la actitud de vida del paciente».

Sigue una exposición en profundidad de la imagen de la Sangre de Cristo para apoyar el argumento de que «la teología sin alquimia es como un cuerpo noble sin su mano derecha». Destaca que la imagen arquetípica de la sangre, «debe tratarse con cuidado. [...] el método empírico de la psicología analítica requiere que intentemos despojarnos del contexto protector y tradicional para examinar el símbolo vivo [...] y su función espontánea en la psique individual».

«La psicología de Jung es [...] una ciencia verificable. [...] estamos obligados a utilizar el incómodo método empírico-descriptivo que siempre mantiene a la vista las manifestaciones reales de la psique». Edinger discute los diversos significados de la imagen de la sangre en términos de que es el «regalo más apropiado para Dios [...] es la idea de que la sangre establece un vínculo o pacto [...] En esta nueva etapa, la "sangre del pacto" se convierte en la sangre del alimento de la comunión. [...] Beber la sangre de Cristo [...] se puede ver como el símbolo que representa un proceso de unión doble [...] el comulgante individual sella su relación personal con Dios. En segundo lugar, se identifica psicológicamente [...] como parte del cuerpo místico de Cristo».

«Otra importante línea de conexiones simbólicas vincula la sangre de Cristo con la uva y el vino de Dionisos. [...] el vino es equivalente al "agua viva" que Cristo le ofreció a la mujer de Samaria». Edinger explica el concepto de sacrificio en lo que se refiere a la imagen de la sangre de Cristo. Jung describe el significado de Cristo sacrificándose a través de su sangre de la siguiente manera: «Si el conflicto proyectado tiene que curarse, debe regresar a la psique del individuo [...] debe celebrar una Última Cena consigo mismo, y comer su propia carne y beber su propia sangre, lo que significa que debe reconocer y aceptar al otro en sí mismo [...]. La sombra de un individuo está invariablemente ligada a la sombra colectiva [...]. Este proceso de "retroalimentación" es al mismo tiempo un símbolo de inmortalidad».

La conclusión es que las imágenes de sangre y vino forman parte del valor alquímico que estos símbolos tienen en las etapas de desarrollo de la psique. «Como Jung comenta [...] "estas instrucciones son el procedimiento alquímico típico para extraer el espíritu o alma y, por lo tanto, para llevar los contenidos inconscientes a la consciencia"». Edinger describe cómo «El símbolo de la sangre de Cristo está activo en la psique moderna [...] cómo un síntoma psíquico puede resolverse cuando se penetra su núcleo de significado arquetípico [...] el sufrimiento [...] se ha transformado en sufrimiento consciente y significativo que se entiende como un ingrediente necesario de un proceso de vida profundo y arquetípico, es decir, la extracción de la sangre de Cristo». Y para concluir, dice, «un dinamismo arquetípico representado por la sangre de Cristo [...] confirma la realidad del "poder de redención" que es la cualidad esencial de la sangre de Cristo».

En el capítulo final, Edinger explora otra imagen mítica. «Encontramos un rico y complejo símbolo del Sí-mismo en la interpretación del alquimista sobre la Piedra Filosofal: el objetivo final del proceso alquímico». Nos recuerda que el objetivo de la individuación es lograr una relación consciente con el Sí-mismo y, desde la alquimia, la Piedra Filosofal es un símbolo del Sí-mismo. La Piedra se describe como si fueran cuatro Piedras diferentes, y nuevamente el Número 4 vuelve a jugar un papel importante en esta ilustración, ya que representa la totalidad. «Para producir la Piedra Filosofal, los cuatro elementos deben reunirse en la unidad de una quintaesencia. El estado original [...] es así restaurado». Concluye diciendo: «Para traer un contenido inconsciente emergente a la conciencia, lo inmaterial debe revestirse de materia, lo incorpóreo, o mejor aún lo que no está aún encarnado, debe encarnarse; un espíritu debe ser atrapado de una forma determinada para convertirse en un contenido de consciencia».

«El conocimiento de la psique arquetípica está disponible solo para unos pocos. Se deriva de experiencias subjetivas internas que apenas son transmisibles. Sin embargo, la realidad de la psique está empezando a encontrar testigos por sí misma. La Piedra Filosofal es un símbolo de esa realidad [...]. Es una expresión potente de la fuente y de la totalidad del ser individual. Cada vez que aparece en el proceso de psicoterapia, tiene un efecto constructivo e integrador».

CONCLUSIÓN

Para resumir los puntos clave del libro, nos centramos en que el objetivo de la psique es la individuación y la integración, y que el encontrarse con el Sí-mismo es el objetivo fundamental del desarrollo de la psique. Este proceso clave del ego, que aún no es consciente de sí mismo y del Sí-mismo como entidades separadas, implica ampliar la consciencia y encontrar un lugar de equilibrio y restitución en el eje ego/Sí-mismo.

Los símbolos están vivos y actúan como portadores de energía psíquica. Es importante para nuestra salud psíquica que nos comprometamos con ellos de una manera consciente, ya que se relacionan con la experiencia de nuestra psique arquetípica. El proceso de individuación se expresa a través de imágenes simbólicas de naturaleza metafísica. Encontrar mitos que se hacen eco en la psique de diferentes maneras a través de sueños, experiencias religiosas y numinosas, nos ayuda a traer a la consciencia los contenidos del inconsciente. El valor de la individualidad yace en espera de ser redimido por la consciencia: el proceso de individuación.

PRIMERA PARTE

LA INDIVIDUACIÓN Y LAS ETAPAS DEL DESARROLLO

Y si después de haber adquirido estos [conocimientos] antes de nacer, pienso, al nacer los perdimos, y luego al utilizar nuestros sentidos respecto a esas mismas cosas recuperamos los conocimientos que en un tiempo anterior ya teníamos, ¿acaso lo que llamamos aprender no sería recuperar un conocimiento ya familiar? ¿Llamándolo recordar lo llamaríamos correctamente?

Platón

CAPÍTULO UNO

El ego inflado

El sol no traspasará sus límites porque, en caso contrario, las Erinias, servidoras de la justicia, lo descubrirán.

Heráclito

1. El ego y el Sí-mismo

El descubrimiento más básico y trascendental de C. G. Jung es el del inconsciente colectivo o de la psique arquetípica. Por sus investigaciones, ahora sabemos que la psique individual no es solo un producto de la experiencia personal. También tiene una dimensión prepersonal o transpersonal que se manifiesta en patrones universales e imágenes como las que se encuentran en todas las religiones y mitologías del mundo. Posteriormente Jung descubrió que la psique arquetípica tiene un principio de estructuración o de orden que unifica los diversos contenidos arquetípicos. Este es el arquetipo central o arquetipo de la plenitud que Jung ha denominado el Sí-mismo.

El Sí-mismo es el centro que ordena y unifica la psique al completo (el consciente y el inconsciente) y el ego es el centro de la personalidad consciente. O, dicho de otra manera, el ego es la sede de la identidad subjetiva, mientras que el Sí-mismo es la sede de la identidad objetiva. Por tanto, el Sí-mismo es la autoridad psíquica suprema y el ego está subordinado a él. El Sí-mismo se describe, de forma más simple, como la deidad empírica interna y es idéntico a la *imago Dei*. Jung ha demostrado que el Sí-mismo tiene una fenomenología característica. Se expresa mediante ciertas imágenes simbólicas llamadas mandalas. Todas las imágenes que enfatizan un círculo con un centro y usualmente con la característica adicional de un cuadrado, una cruz o alguna otra representación de cuaternidad, entran en esta categoría.

También hay otros ámbitos e imágenes relacionados que se refieren al Sí-mismo. Conceptos como la plenitud, la totalidad, la unión de los opuestos, el punto central generador, el ombligo del mundo, el eje del universo, el punto creativo donde Dios y el hombre se encuentran, el punto donde las energías transpersonales fluyen hacia la vida personal, la eternidad en oposición al fluir temporal, la incorruptibilidad, lo inorgánico unido paradójicamente con las estructuras orgánicas y protectoras capaces de hacer surgir el orden del caos, la transformación de la energía, el elixir de la vida. Todos estos conceptos se refieren al Sí-mismo, la fuente central de la energía vital, la fuente de nuestro ser que se describe, de manera sencilla, como Dios. De hecho, las fuentes más ricas para el estudio fenomenológico del Sí-mismo están en las innumerables representaciones que el hombre ha hecho de la deidad.

Como hay dos centros autónomos del ser psíquico, la relación entre los dos centros adquiere una importancia vital. La relación del ego con el Sí-mismo es problemática y se corresponde muy de cerca con la relación entre el hombre y su Creador, tal como se representa en el mito religioso. De hecho, el mito puede verse como una expresión simbólica de la relación entre el ego y el Sí-mismo. Muchos de los problemas del desarrollo psicológico se pueden entender en términos de los cambios de relación entre el ego y el Sí-mismo en las diversas etapas del crecimiento psíquico. Esta es la evolución progresiva de la relación ego/Sí-mismo que me propongo examinar.

Originalmente, Jung describió la fenomenología del Sí-mismo, tal como ocurre en el proceso de individuación, durante la segunda mitad de la vida. Recientemente, hemos empezado a considerar el papel del Sí-mismo en los primeros años de la vida. Neumann, sobre la base de material mitológico y etnográfico, ha representado simbólicamente el estado psíquico original anterior al nacimiento de la conciencia del ego como el *uróboros*, utilizando la imagen circular de la serpiente que se muerde la cola para representar el Sí-mismo primordial, el estado mandala original de totalidad a partir de la cual nace el ego individual. Fordham, sobre la base de las observaciones clínicas en bebés y niños, también ha definido el Sí-mismo como la totalidad original antes del ego.

En general, entre los psicólogos analíticos se acepta que la tarea de la primera mitad de la vida implica el desarrollo del ego con una separación progresiva entre el ego y el Sí-mismo, mientras que la segunda mitad de la vida requiere una rendición o al menos una relativización del ego a medida que experimenta y se relaciona con el Sí-mismo. La fórmula con que se trabaja actualmente es la siguiente: durante la primera mitad de la vida, separación entre el ego y el Sí-mismo; durante la segunda mitad de la vida, reunión del ego con el Sí-mismo. Esta fórmula, aunque tal vez sea cierta en general, pasa por alto muchas observaciones empíricas realizadas en la psicología infantil y en la psicoterapia de adultos. De acuerdo con estas observaciones, una representación más correcta sería circular y se podría esquematizar de la siguiente forma:

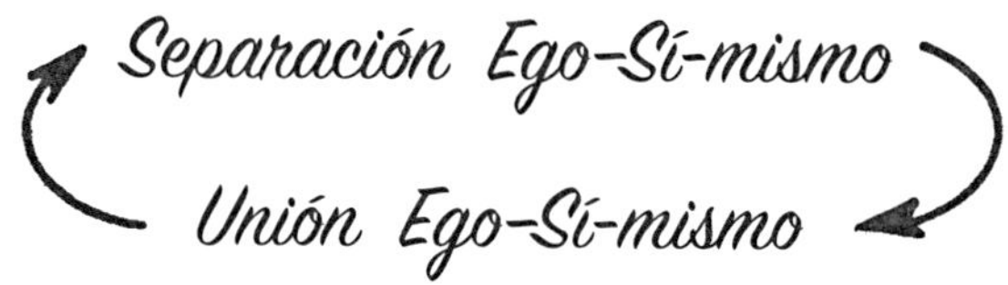

La alternancia entre unión y separación parece ocurrir repetidamente a lo largo de la vida del individuo tanto en la niñez como en la madurez. De hecho, esta fórmula cíclica, o mejor dicho, en espiral, parece expresar el proceso básico del desarrollo psicológico desde el nacimiento hasta la muerte.

De acuerdo con esta visión, la relación en diversas etapas del desarrollo entre el ego y el Sí-mismo podría ser representada por los siguientes gráficos:

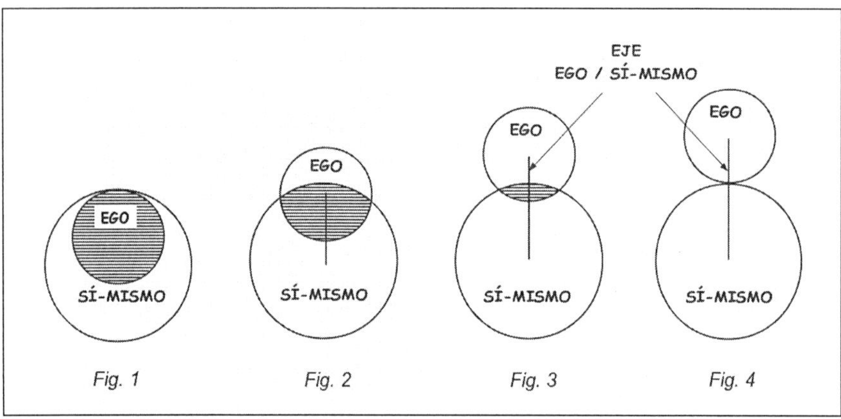

Estos gráficos representan etapas progresivas de la separación entre el ego y el Sí-mismo que aparecen en el curso del desarrollo psicológico. Las áreas de intersección de los círculos representan la identidad residual del ego/Sí-mismo. La línea que conecta el centro del ego con el centro del Sí-mismo representa el eje ego/Sí-mismo, que es el vínculo de conexión vital entre el ego y el Sí-mismo que asegura la integración del ego. Debe entenderse que estos gráficos fueron diseñados para ilustrar un estado en particular y, en consecuencia, son inexactos en otros aspectos. Por ejemplo, generalmente definimos el Sí-mismo como la totalidad de la psique, que necesariamente incluiría el ego. De acuerdo con estos gráficos, parecería que el ego y el Sí-mismo se convierten en dos entidades separadas, siendo el ego el círculo más pequeño y el Sí-mismo el mayor que corresponde a la totalidad. Esta dificultad es inherente al tema que nos ocupa. Si hablamos desde la razón, inevitablemente debemos hacer una distinción entre ego y Sí-mismo que contradice nuestra definición del Sí-mismo. El hecho es que el concepto de Sí-mismo es paradójico. Es al mismo tiempo el centro del círculo de la totalidad y su circunferencia. Considerar ego y Sí-mismo como dos entidades separadas es simplemente un dispositivo racional necesario para la discusión de estas cuestiones.

La *figura 1* corresponde al estado urobórico original de Neumann. No existe nada excepto el mandala Sí-mismo. El germen del ego está presente solo como una potencialidad. Ego y Sí-mismo son uno, lo cual significa que no hay ego. Este es el estado total de identidad primaria entre el ego y el Sí-mismo.

La *figura 2* muestra un ego emergente que está empezando a separarse del Sí-mismo pero que todavía tiene su centro y su mayor área en la identidad primaria con el Sí-mismo.

La *figura 3* representa una etapa de desarrollo más avanzada; sin embargo, aún existe una identidad residual de la identidad ego/Sí-mismo. El eje ego/Sí-mismo, que en los dos primeros diagramas era completamente inconsciente y, por lo tanto, indistinguible de la identidad del ego/Sí-mismo, ahora se ha vuelto parcialmente consciente.

La *figura 4* es un límite teórico ideal que probablemente no exista en la realidad. Representa una separación total del ego y del Sí-mismo y una consciencia completa del eje ego/Sí-mismo.

Estos gráficos están diseñados para ilustrar la tesis de que el desarrollo psicológico se caracteriza por dos procesos que ocurren simultáneamente; la separación progresiva del ego y el Sí-mismo, y el desarrollo creciente del eje ego/Sí-mismo en la consciencia. Si esta es una representación correcta de la realidad, significa que la separación entre el ego y el Sí-mismo y la creciente consciencia del ego como dependiente del Sí-mismo son en realidad dos aspectos de un solo proceso emergente, que es continuo desde el nacimiento hasta la muerte. Por otro lado, nuestros gráficos también demuestran que, en general, es válido situar la consciencia de la relatividad del ego en la segunda mitad de la vida. Si tomamos la *figura 3* como representación de la mediana edad, vemos que es en esta etapa cuando el eje ego/Sí-mismo empieza a emerger a la consciencia.

El proceso por el cual se suceden estas etapas de desarrollo es un ciclo alterno que se representa en el diagrama de la *figura 5* (página 97). A medida que este ciclo se repite una y otra vez a lo largo del desarrollo psíquico, produce una diferenciación progresiva del ego y el Sí-mismo. En las primeras fases, que representan aproximadamente la primera mitad de la vida, el ciclo se experimenta como una alternancia entre dos estados de existencia, la inflación y la alienación. Posteriormente aparece un tercer estado cuando el eje ego/Sí-mismo alcanza la consciencia (*figura 3*) que se caracteriza por una relación dialéctica consciente entre el ego y el Sí-mismo. Este estado es la individuación. En este capítulo consideraremos la primera etapa, la inflación.

2. La inflación y la plenitud original

El diccionario Webster define inflado como: «agrandado, hinchado con aire, irrealmente grande y poco realista, más allá de los límites del tamaño apropiado; en sentido figurado, ser vanidoso, pomposo, orgulloso, presuntuoso».[1] Uso el término *inflación* para describir la actitud y el estado que acompaña la identificación del ego con el Sí-mismo. Es un estado en el que algo pequeño (el ego) se ha atribuido las cualidades de algo más grande (el Sí-mismo) y, por lo tanto, se ha hinchado más allá de los límites de su tamaño adecuado.

Nacemos en un estado de inflación. En la primera infancia, no existe el ego o la consciencia. Todo está en el inconsciente. El

[1] Webster's New International Dictionary, Segunda Edición.

ego latente está en completa identificación con el Sí-mismo. El Sí-mismo se encarna, pero el ego se desarrolla; al principio todo es Sí-mismo. Este estado es descrito por Neumann como el uróboros (la serpiente que se muerde la cola). Como el Sí-mismo es el centro y la totalidad de la existencia, el ego, totalmente identificado con el Sí-mismo, se experimenta a sí mismo como una deidad. En retrospectiva, podemos ponerlo en estos términos aunque, por supuesto, el niño no piensa de esta manera. Todavía no puede pensar, pero su ser total y su experiencia están ordenados en torno a la suposición *a priori* de ser la deidad. Este es el estado original de plenitud y perfección inconscientes que es responsable de la nostalgia que todos tenemos hacia nuestros orígenes, tanto personales como ancestrales.

Muchos mitos representan el estado original del hombre como un estado de plenitud, de integridad, de perfección o de paraíso. Por ejemplo, tenemos el mito griego de las cuatro edades del hombre, registrado por Hesíodo. La edad original era la edad de oro, un paraíso. La segunda fue la edad de plata, un período matriarcal donde los hombres obedecían a las madres. La tercera edad fue la de bronce, un período de guerras. Y la cuarta edad fue la edad de hierro, el período completamente degenerado en el que Hesíodo estaba escribiendo. Acerca de la edad dorada y paradisíaca, Hesíodo dice:

> (La dorada estirpe de los hombres que) vivían como dioses, con el corazón libre de preocupaciones, sin fatiga ni miseria [...]. Poseían toda clase de alegrías, y el campo fértil producía espontáneamente abundantes y excelentes frutos. Ellos, contentos y tranquilos, alternaban sus faenas con numerosos deleites. Eran ricos en rebaños y entrañables a los dioses bienaventurados.[2]

[2] Hesíodo,»Works and Days», *The Homeric Hymns and Homerica*, traducido al inglés por Hugh G. Evelyn-White, Loeb Classical Library, Cambridge, Harvard University Press, 1959, pág. 11. Para el texto en castellano se ha utilizado *Obras y Fragmentos de Hesíodo,* traducción de Aurelio Pérez Jiménez. Madrid, Editorial Gredos,1990.

En la era paradisíaca, las personas están en unión con los dioses. Representa el estado del ego que aún no ha nacido, que aún no está separado del útero del inconsciente y, por lo tanto, todavía participa de la plenitud y totalidad divinas.

Otro ejemplo es el mito platónico del hombre original. Según este mito, el hombre original era redondo, en forma de mandala. En *El banquete*, Platón dice:

> La forma de cada persona era redonda en su totalidad, con la espalda y los costados en forma de círculo [...] Eran también extraordinarios en vigor y tenían un inmenso orgullo, hasta el punto de que conspiraron contra los dioses [...] intentaron subir hasta el cielo [...] [los dioses] no podían permitirles seguir siendo insolentes.[3]

Aquí la actitud inflada y arrogante es evidente. Ser redondo en el período inicial de la existencia es equivalente a asumir que uno es total y completo y, por lo tanto, un dios que puede hacer todas las cosas. Existe un paralelo interesante entre el mito del hombre redondo original y los estudios de Rhoda Kellog sobre el arte preescolar.[4] Kellog ha observado que el mandala o la imagen circular parece ser la que predomina en los niños pequeños que están aprendiendo a dibujar por primera vez. Inicialmente, un niño de dos años con un lápiz o una cera simplemente garabatea, pero pronto parece atraído por la intersección de las líneas y empieza a hacer cruces. Más adelante encierra la cruz en un círculo y tenemos el patrón básico del mandala. A medida que el niño intenta hacer figuras humanas, primero emergen como círculos, contrariamente a toda experiencia visual, con los brazos y las piernas representados solo como extensiones que salen del

---

[3] Platón, *Symposium, Dialogues of Plato,* traducción de Jowett, B., New York, Random House,1937. Seccioness 189 y 190. Para la traducción al castellano se ha utilizado Platón, *Diálogos III. Fedón, Banquete y Fedro,* traducción de García Gual, C., Martínez Hernández, M. y Lledó Iñigo, E. Madrid, Editorial Gredos, 1988,pág. 222.

[4] Kellog, Rhoda, *Analyzing Children's Art*, Palo Alto, Calif., National Press Books, 1969,1970.

círculo *(imagen 1).* Estos estudios proporcionan datos empíricos claros que indican que el niño pequeño experimenta al ser humano como una estructura circular, similar a un mandala, y verifica de forma impresionante la verdad psicológica del mito platónico del hombre redondo original. Los terapeutas infantiles también

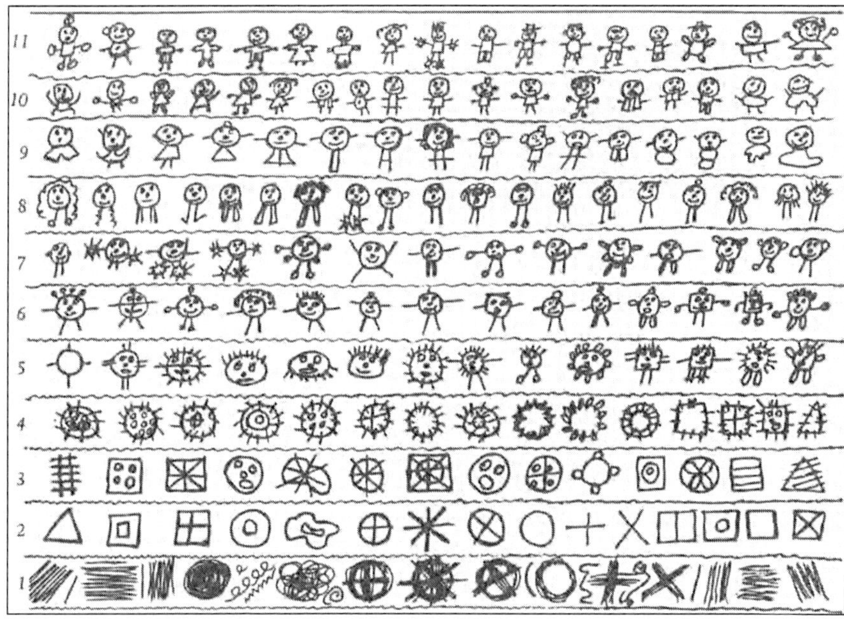

Imagen 1. La secuencia de Gestalts de abajo hacia arriba representa la evolución probable de las figuras humanas en los dibujos de niños pequeños.

encuentran que el mandala es una imagen operativa y sanadora en los niños pequeños *(imagen 2).* Todo esto indica que, simbólicamente hablando, la psique humana era originalmente redonda, plena, completa; en un estado de unidad y autosuficiencia que es equivalente a la deidad misma.

La misma idea arquetípica que conecta la infancia con la cercanía a la deidad se presenta en la *Oda a los indicios de inmortalidad en la tierna infancia de* William Wordsworth:

Nuestro nacimiento no es más que un sueño y un olvido:
el alma que se levanta con nosotros,
nuestra estrella vital,
ha tenido en otra parte su origen
y viene de lejos.
Ni en completo olvido
ni en desnudez absoluta,
sino que arrastrando nubes de gloria desde donde venimos,
de Dios, que es nuestro hogar.
¡El cielo nos envuelve ya en la infancia![5]

Desde el punto de vista de los estudios recientes, la estrecha conexión del ego del recién nacido con la divinidad es un estado de inflación. Muchas de las dificultades psicológicas posteriores se deben a los residuos de esta identificación con la deidad. Consideremos, por ejemplo, la psicología del niño hasta los cinco años aproximadamente. Por un lado, es un tiempo de gran frescura en la percepción y en la respuesta; el niño está en contacto inmediato con las realidades arquetípicas de la vida. Está en la etapa de la poesía original; poderes transpersonales, magníficos o terroríficos, acechan en cada suceso común. Pero, por otro lado, el niño puede ser una pequeña bestia egoísta, llena de crueldad y de codicia. Freud describió el estado de la infancia como una perversión polimorfa. Esta es una descripción despiadada, pero es parcialmente cierta. La infancia es inocente, pero también es irresponsable. Por lo tanto, el niño tiene todas las ambigüedades de estar firmemente conectado con la psique arquetípica y su energía extrapersonal, y al mismo tiempo se identifica inconscientemente con la psique arquetípica y se relaciona de manera irreal con ella.

Los niños comparten con el hombre primitivo la doble identificación del ego; con la psique arquetípica y con el mundo exterior. En los hombres primitivos, el interior y el exterior no se distinguen en absoluto. Para la mente civilizada, los hombres primiti-

[5] Wordsworth, W., *Poetical Works*, London, Oxford University Press, 1961, pág. 460.

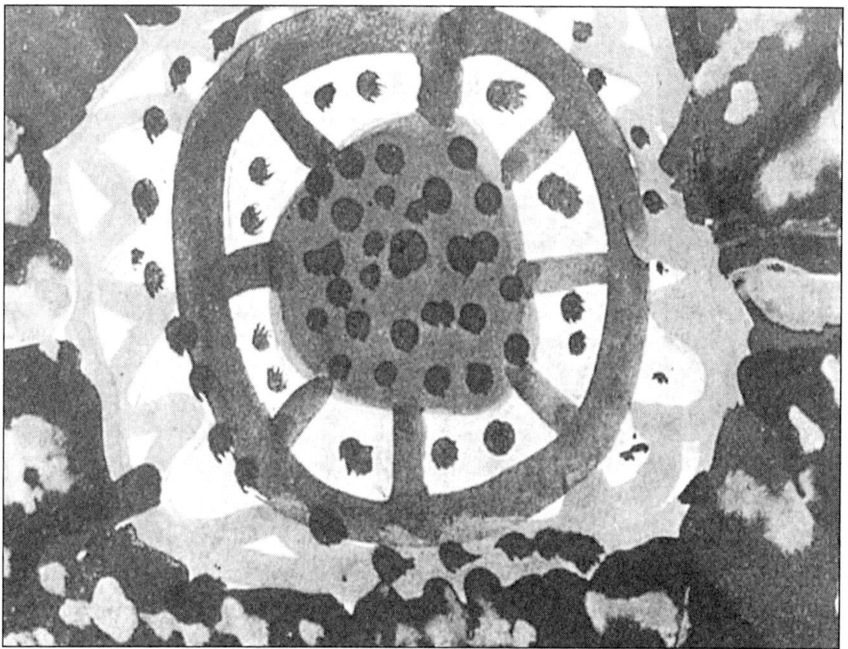

Imagen 2. Esta pintura hecha por una niña de siete años durante la psicoterapia indica el restablecimiento de la estabilidad psíquica.

vos estaban más relacionados con la naturaleza y en sintonía con el proceso de la vida; pero también eran salvajes y caían en los mismos errores de inflación que los niños. El hombre moderno, alienado de la fuente del significado de la vida, anhela la conexión con el todo del hombre primitivo. Esto explica el atractivo del concepto de Rousseau del «noble salvaje» y de obras más recientes de otros autores que expresan la nostalgia de la mente civilizada por la comunión mística con la naturaleza, que un día se perdió. Este es un aspecto, pero también hay un aspecto negativo. La vida real del hombre primitivo es sucia, degradante y obsesionada con el terror. Ni por un momento querríamos esa realidad. Lo que anhelamos es el hombre primitivo simbólico.

Cuando uno mira hacia atrás, a su origen psicológico, se encuentra con un doble significado: primero, este origen es como una condición del paraíso, la plenitud, un estado de armonía con la naturaleza y con los dioses, algo infinitamente deseable; pero en segundo lugar, según nuestros estándares humanos conscientes, que están relacionados con la realidad del tiempo y del espacio, es un estado inflado, una condición de irresponsabilidad, de lujuria permanente, de arrogancia y de crudo deseo. El problema básico para el adulto es cómo lograr la unión con la naturaleza y los dioses, con los que el niño comienza, sin provocar la inflación de la identificación.

La misma pregunta se aplica a los problemas de la crianza de los hijos. ¿Cómo podemos apartar con éxito al niño de su estado inflado y darle una noción realista y responsable de su relación con el mundo, mientras que, al mismo tiempo, mantenemos ese vínculo vivo con la psique arquetípica, necesario para hacer que su personalidad sea fuerte y resistente? El problema es cómo mantener la integridad del eje ego/Sí-mismo mientras se disuelve la identificación del ego con el Sí-mismo. Sobre esta cuestión descansan todas las disputas sobre si, en la crianza de los hijos, es más adecuada la permisividad o la disciplina.

La permisividad enfatiza la aceptación y el estímulo de la espontaneidad del niño y nutre su contacto con la fuente de energía vital con la que nace. Pero también mantiene y fomenta la inflación del niño, que no es realista en sus demandas a la vida exterior. La disciplina, por otro lado, enfatiza los límites estrictos de la conducta, alienta la disolución de la identidad entre el ego y el Sí-mismo y trata la inflación con bastante éxito; pero al mismo tiempo tiende a dañar la conexión vital y necesaria entre el ego en crecimiento y sus raíces en el inconsciente. No hay elección entre una u otra: son un par de opuestos y deben operar juntas.

El niño se experimenta literalmente como el centro del universo. Al principio, la madre responde a esta demanda; en consecuencia, la relación inicial tiende a alentar al niño a sentir que su deseo es el mandato para el mundo, y es absolutamente necesario que así sea. Si no se experimenta el compromiso constante y total de la madre con las necesidades del niño, el niño no se puede desarrollar psicológicamente. Sin embargo, al cabo de poco tiempo, el mundo necesariamente empieza a rechazar las demandas del bebé. Ante esto, la inflación original comienza a disolverse, siendo insostenible frente a la experiencia. Pero también empieza la alienación; el eje entre ego y Sí-mismo está dañado. En el proceso de aprender que no es la deidad que pensó que era, el niño experimenta una especie de herida psíquica abierta. Está exiliado del paraíso, y aparecen el daño y la separación permanentes.

Las recurrentes experiencias de alienación continúan progresivamente hasta la vida adulta. Uno se encuentra constantemente en un proceso doble. Por un lado, estamos expuestos a los encuentros con la realidad que proporciona la vida, y que contradicen constantemente las suposiciones inconscientes del ego. Así es como el ego crece y se separa de su identidad inconsciente con el Sí-mismo. Al mismo tiempo, debemos tener reencuentros recurrentes entre el ego y el Sí-mismo, para mantener la personalidad total integrada; de lo contrario, existe un peligro real de que, a medida que el ego se separe del Sí-mismo, se dañe el vínculo de conexión vital entre ellos. Si esto sucede en una medida grave, estamos alienados de lo más profundo de nosotros mismos y se allana el terreno para una enfermedad psicológica.

En el estado original, experimentarse uno mismo como el centro del universo, puede persistir desde la niñez. Por ejemplo, recuerdo a un joven que pensaba con bastante ingenuidad: «El mundo es mi cuento ilustrado». Todas las cosas que encontraba le parecían pensadas para sus propósitos, para su entretenimiento o para su instrucción. Literalmente, consideraba que el mundo era su caparazón. Las experiencias externas no tenían una realidad o significado intrínseco, excepto cuando se relacionaban con él. Otro paciente tenía la convicción de que cuando él muriera, ¡el mundo llegaría a su fin! En el estado mental que genera esa idea, la identificación con el Sí-mismo también es la identificación con el mundo. El Sí-mismo y el mundo son equivalentes. Esta forma de experimentar las cosas tiene algo de verdad, una validez legítima; pero es un punto de vista absolutamente tóxico en las primeras fases de desarrollo cuando el ego intenta salir de la plenitud original. Mucho más adelante, la comprensión de que hay una continuidad entre los mundos interno y externo puede tener un efecto sanador. Aquí hay un ejemplo más del *Mercurius* de los alquimistas que puede ser la panacea para algunos y el veneno para otros.

Muchas psicosis ilustran la identificación del ego con el Sí-mismo como el centro del universo, o el principio supremo. Por ejemplo, la ilusión común entre los locos de que uno es Cristo o Napoleón se explica mejor como una regresión al estado infantil original donde el ego se identifica con el Sí-mismo. Los delirios de referencia[6] son también síntomas de egoísmo extremo. En estos casos, el individuo imagina que ciertos acontecimientos objetivos tienen una relación oculta con él mismo. Si él es paranoico, la ilusión será de naturaleza persecutoria. Por ejemplo, recuerdo a una paciente que vio a unos hombres arreglar los cables en un poste de teléfono fuera de la ventana de su apartamento. La paciente interpretó esto como una evidencia de que se estaba instalando un dispositivo de escuchas telefónicas para espiar sus llamadas telefónicas y así obtener pruebas en su contra. Otro paciente pensaba que el comentarista de noticias en la televisión le estaba transmitiendo un mensaje privado. Estos delirios derivan de un estado de identidad entre el ego y el Sí-mismo que supone que uno mismo es el centro del universo y, por lo tanto, atribuye una importancia a los sucesos externos que, en realidad, no tienen que ver con la propia existencia.[7]

Un ejemplo común del estado inflado de la identidad ego/

---

[6] N. de T.: Los delirios o ideas de referencia o de autorreferencialidad suceden cuando una persona experimenta eventos inocuos o meras coincidencias, con la convicción de que la gente habla de ella incluso desde los medios de comunicación.

[7] Para un análisis más extenso sobre las manifestaciones psicóticas de la identidad entre ego y Sí-mismo, ver Perry, John Weir,*The Self in Psychotic Process*, Berkeley y Los Ángeles, University

Sí-mismo lo proporciona lo que H.G. Baynes ha llamado «la vida provisional». Baynes describe este estado de la siguiente manera:

> (La vida provisional) indica una actitud que no quiere responsabilidades ante los desafíos de la realidad y deja las soluciones en manos de otros, ya sean los padres, el Estado o la Providencia [...] Se refiere a una actitud de irresponsabilidad y dependencia infantil.[8]

Marie-Lousie Von Franz describe la misma condición como una identificación con la imagen del *Puer Aeternus*. Para la persona que se identifica con esta imagen, lo que está haciendo:

> [...] no es *todavía* lo que realmente se quiere, y siempre existe la fantasía de que en algún momento en el futuro se producirá lo real. Si esta actitud se prolonga, significa un constante rechazo interno a comprometerse con el momento. A menudo, se presenta también, en mayor o menor medida, un complejo salvador o complejo del Mesías, con el pensamiento secreto de que algún día uno podrá salvar al mundo; uno tendrá la última palabra en cuanto a la filosofía, a la religión, a la política, al arte o a cualquier otra cosa. Esto puede llegar a ser una megalomanía patológica típica, o puede haber rastros menores de ella en la idea de que el tiempo «todavía no ha llegado». Lo único que teme este tipo de persona es estar obligado a algo. Existe un temor terrible de ser coaccionado, de entrar en el espacio y en el tiempo por completo, y temor a ser el ser humano que uno es.[9]

El psicoterapeuta con frecuencia ve casos de este tipo. Este tipo de persona se considera a sí mismo como el individuo más prometedor. Está lleno de talentos y potencialidades. Una de sus quejas es, a menudo, que sus capacidades e intereses abarcan de-

of California Press, 153.

[8] Baynes, H. G., «The Provisional Life» en *Analytical Psychology and the English Mind*, London, Methuen and Co. Ltd., 1950, pág. 61.

[9] Von Franz, M.L:, *The Problem of the Puer Aeternus*, New York, Spring Publications, Analytical Psychology Club of New York, 1970, pág. 2.

masiado. Está maldito por su gran cantidad de talentos. Podría hacer cualquier cosa pero no puede decidirse sobre una cosa en particular. El problema es que el individuo es todo promesas no cumplidas. Para obtener un verdadero logro, debe sacrificar una gran cantidad de otras potencialidades. Debe abandonar su identificación con la totalidad inconsciente original y voluntariamente aceptar ser un fragmento real en lugar de un todo irreal. Para ser algo en la realidad, debe dejar de ser todo en la potencialidad. El arquetipo del *Puer Aeternus* es una de las imágenes del Sí-mismo, pero identificarse con este arquetipo significa que uno no puede alumbrar la realidad.[10]

Existen numerosos ejemplos menores de inflación, que podríamos llamar la inflación en la vida cotidiana. Podemos identificar un estado de inflación cada vez que vemos que alguien (incluyéndonos a nosotros mismo) exhibe un atributo de la deidad, es decir, cada vez que uno trasciende los límites humanos aceptables. Los ataques de ira son un ejemplo de estado inflado. El intento de forzar y coaccionar el propio entorno es la motivación predominante de la ira. Es una especie de complejo de Yahvéh. El impulso de venganza también es una forma de identificación con la deidad. En esos momentos uno podría recordar el mandato: «*La venganza es mía*, dice el Señor», es decir, no es tuya. Todo el cuerpo de la tragedia griega describe las consecuencias fatales que se producen cuando el hombre toma la venganza de Dios en sus propias manos.

La motivación por el poder de todo tipo es un síntoma de la inflación. Cuando uno actúa por un motivo de poder, la omnipotencia está implícita. Pero la omnipotencia es un atributo solo de Dios. La rigidez intelectual que intenta equiparar la propia verdad o la propia opinión con la verdad universal también es inflación. Es la suposición de la omnisciencia. La lujuria y todas las

[10] Un ejemplo literario de un *Puer Aeternus* se encuentra en la novela *The Beast in the Jungle* de Henry James, *Selected Fiction*, Every man's Library, New York, E.P. Dutton & Co,1953.

relaciones que buscan solo la satisfacción propia, son igualmente inflacción. Al igual que cualquier deseo que considere su propia satisfacción como el valor central.

En la práctica, todos nosotros, en el fondo, tenemos un residuo de inflación que se manifiesta como una ilusión de inmortalidad. Apenas hay alguien que no esté identificado con este aspecto de la inflación. Por lo tanto, cuando uno tiene una experiencia cercana a la muerte, a menudo se convierte una experiencia reveladora. De repente, te das cuenta de lo precioso que es el tiempo porque es limitado. Casi siempre, esa experiencia da una orientación totalmente nueva a la vida, haciendo que sea más productiva y esté más relacionada con el ser humano. Puede representar un nuevo avance en el desarrollo de uno mismo, porque se ha disuelto un área de la identidad entre ego y Sí-mismo, liberando una nueva cantidad de energía psíquica para la consciencia.

También existe la inflación negativa. Se puede describir como la identificación con la víctima divina: un sentimiento excesivo e ilimitado de culpa y sufrimiento. Vemos esto en casos de melancolía que expresan la sensación de que «nadie en el mundo es tan culpable como yo». Esto es demasiada culpa. De hecho, asumir demasiado en uno mismo indica inflación porque trasciende los límites humanos adecuados. Demasiada humildad y demasiada arrogancia, demasiado amor y demasiado altruismo, así como demasiado esfuerzo de poder y egoísmo, son todos síntomas de inflación.

Los estados de identificación con el animus y el anima también pueden verse como inflación. Los pronunciamientos arbitrarios del ánimus son una deidad que habla, y también lo son los hoscos resentimientos del hombre poseído por el anima que dice: «Tienes que hacer lo que te digo que hagas, o te dejaré; y si te dejo, no sabes subsistir».

Existe todo un sistema filosófico basado en el estado de identidad del ego con el Sí-mismo. Este sistema entiende que todo en el mundo deriva y está relacionado con el ego individual. Se llama solipsismo, de la expresión latina *solus ipse*, yo solo. F. H. Bradley presenta el punto de vista del solipsismo en estas palabras:

> No puedo trascender la experiencia, y la experiencia es *mi* experiencia. De esto se desprende que no existe nada más allá de mí.[11]

Schiller, con algo más de humor, define el solipsismo «como la doctrina de que toda la existencia es experiencia y que solo hay un experimentador. ¡El solipsista piensa que él es único!».[12]

3. Adán y Prometeo

Lo que sigue al estado de inflación original se representa claramente en la mitología. Un excelente ejemplo es el mito del Jardín del Edén que se refiere a la caída del hombre. Acerca de este mito, Jung escribe:

> Hay una doctrina profunda en la leyenda de la caída; es la expresión del oscuro presentimiento de que la emancipación de la conciencia del ego fue una acción luciferina. Toda la historia del hombre consiste, desde el principio, en un conflicto entre su sentimiento de inferioridad y su arrogancia.[13]

Según el relato del Génesis, Dios puso al hombre en el jardín del Edén diciendo: «De todos los árboles del paraíso puedes comer; pero del árbol de la ciencia del bien y del mal no comas: porque el día que de él comieres, ciertamente morirás». Luego sigue la creación de Eva a partir de la costilla de Adán y la tentación de Eva por parte de la serpiente que le dijo «No, no moriréis. Es que sabe Elohim que el día que de él comáis, se os abrirán los ojos, y

[11] Bradley, F.H., *Appearance and Reality*, London, Oxford University Press, 1966, pág. 218.
[12] *Encyclopaedia Britannica*, 1955, xx, pág. 951.
[13] Jung, C.G., *The Archetypes and the Collective Unconscious*, C. W., Vol 9 i. par. 420 y sig.

seréis como Elohim, conocedores del bien y del mal». A continuación, Adán y Eva comieron el fruto. «Abriéronse los ojos de ambos, y viendo que estaban desnudos; cosieron una hojas de higuera y se hicieron unos ceñidores». Dios descubrió su desobediencia y los maldijo, con estas palabras significativas. «Díjose Yahvé Dios: He ahí a Adán hecho como uno de nosotros, conocedor del bien y del mal; que no vaya ahora a tender su mano al árbol de la vida y comiendo de él viva para siempre. Y le arrojó Yahvé Elohim del jardín de Edén a labrar la tierra de la que había sido tomado. Expulsó a Adán y puso delante del jardín del Edén un querubín, que blandía flameante espada para guardar el camino del árbol de la vida».[14]

Este es el mito que se encuentra al principio de la rama hebrea de nuestra tradición cultural y es rico en significado psicológico. El jardín del Edén es comparable al mito griego de la edad de oro y al hombre redondo original de Platón. El jardín del Edén tiene ciertas características de un mandala con cuatro ríos que fluyen de él y el árbol de la vida en su centro (*Lámina 1*). El jardín-mandala es una imagen del Sí-mismo que en este caso representa la unidad original del ego con la naturaleza y la deidad. Es el estado animal inicial, inconsciente, de estar en armonía con el Sí-mismo. Es paradisíaco porque la consciencia aún no ha aparecido y, por lo tanto, no hay conflicto. El ego está contenido en el útero del Sí-mismo *(imagen 3).*

Otra característica que indica la plenitud original es la creación de Eva a partir de la costilla de Adán. Claramente, Adán era hermafrodita, de lo contrario una mujer no podría haber sido hecha de él. Es probable que tengamos aquí vestigios de un mito anterior en el que el hombre original era definitivamente hermafrodita. Sin lugar a dudas, este mito anterior fue modificado por la actitud patriarcal unilateral de los hebreos, que depreciaba el componente femenino de la psique, reduciéndolo tan solo a una

[14] Génesis. 2-3, La Biblia, edición Nácar-Colunga,1944,

costilla de Adán. La separación de Adán en componentes masculinos y femeninos es un proceso que es paralelo y equivalente a su

Imagen 3. EL PARAÍSO COMO UN RECIPIENTE de un manuscrito italiano del siglo XV.

separación del jardín del Edén. En cualquier caso, el efecto es que el hombre se separa y se distancia de su plenitud original.

El drama de la tentación y la caída empieza cuando el estado original de inflación pasiva se convierte en la inflación activa de una acción específica. El enfoque y la persuasión de la serpiente se expresan en términos inflacionarios: cuando comas de este fruto, tus ojos se abrirán y *serás como Dios*. A partir de ahí, comen el fruto del árbol y se desencadenan las consecuencias inevitables. Todo comienza porque Adán y Eva se atreven a actuar según su deseo de ser como Dios.

El mito describe el nacimiento de la consciencia como un crimen que aliena al hombre de Dios y de su totalidad preconscien-

Lámina 1
EL JARDÍN DEL EDÉN COMO UN CÍRCULO
Ilustración del devocionario *Très Riches Heures* de Jean, duque de Berry

te original. El fruto es, claramente, un símbolo de la consciencia. Es el fruto del árbol del conocimiento del bien y del mal, lo que significa que trae conocimiento de los opuestos, la característica específica de la consciencia. Por lo tanto, de acuerdo con este mito y con las doctrinas teológicas que se basan en él, la consciencia es el pecado original, la *hybris*[15] original y la raíz de todo mal en la naturaleza humana. Sin embargo, otros lo han entendido de manera diferente. Los ofitas, una secta gnóstica, adoraban a la serpiente. Tenían esencialmente el mismo punto de vista que la psicología moderna. Para ellos, la serpiente representaba el principio espiritual que simboliza la redención de la esclavitud del demiurgo que creó el Jardín del Edén y que mantenía al hombre en la ignorancia. La serpiente fue considerada buena y Yahvé malo. Desde el punto de vista psicológico, la serpiente es el principio de la *gnosis*, el conocimiento o la consciencia emergente. La tentación de la serpiente representa el impulso de autorrealización en el hombre y simboliza el principio de individuación. Algunas sectas gnósticas incluso identificaron a la serpiente en el Jardín del Edén con Cristo.

Comer la fruta prohibida señala la transición del estado eterno de unidad inconsciente con el Sí-mismo (el estado instintivo) a una vida real y consciente en el espacio y en el tiempo. En resumen, el mito simboliza el nacimiento del ego. El efecto de este proceso de nacimiento es alejar al ego de sus orígenes. Ahora se mueve hacia un mundo de sufrimiento, conflicto e incertidumbre. No es de extrañar que nos mostráramos reacios a dar el paso hacia una mayor consciencia *(imagen 4)*.

Otra característica de la «caída» a la consciencia es que Adán y Eva se dieron cuenta de su desnudez. De repente, la sexualidad y los instintos en general se convierten en tabú y objetos de vergüenza. La consciencia como principio espiritual ha creado un polo opuesto a la función animal natural e instintiva. La dualidad,

[15] N. de T.: En griego clásico significa orgullo, soberbia (Diccionario Interactivo Griego-Español).

Imagen 4. LA EXPULSIÓN DE ADÁN Y EVA de Masaccio.

la disociación y la represión han nacido en la psique humana simultáneamente con el nacimiento de la consciencia. Esto significa simplemente que la consciencia para existir por derecho propio debe, inicialmente al menos, ser antagónica al inconsciente. Esta idea nos enseña que están equivocadas todas las utópicas teorías psicológicas que suponen que la personalidad humana puede ser completa y saludable siempre que no haya estado sujeta a represiones sexuales e instintivas en la infancia. Las etapas innatas y necesarias del desarrollo psíquico requieren una polarización de los opuestos, consciente versus inconsciente, espíritu versus naturaleza.

Pero nuestro estudio del mito de la caída no está completo si lo dejamos con la imagen de Adán y Eva emprendiendo su dura vida en el mundo de la realidad, ganándose el pan con el sudor de la frente y dando a luz con dolor. Había dos árboles en el paraíso del Edén, no solo el árbol del conocimiento del bien y del mal, sino también el árbol de la vida. Y de hecho Yahvé demostró cierta preocupación por que el hombre descubriera el segundo árbol y participara de sus bendiciones. ¿Qué puede significar esto? Hay una leyenda interesante sobre el árbol de la vida narrada en *Legends of the Jews* de Louis Ginzberg, que ofrece algunas ideas sobre la cuestión:

> En el paraíso se encuentra el árbol de la vida y el árbol del conocimiento, este último esconde al primero. Sólo el que se ha abierto camino a través del árbol del conocimiento puede acercarse al árbol de la vida, que es tan enorme que le tomaría a un hombre quinientos años atravesar una distancia igual al diámetro del tronco, y no menos extenso es el espacio que sombrea su corona de ramas. Desde abajo fluye el agua que irriga toda la tierra, que de allí se divide en cuatro corrientes, el Ganges, el Nilo, el Tigris y el Éufrates.[16]

[16] Ginzberg,L., *Legends of the Jews*, versión resumida, *Legends of the Bible*. New York, Simon and Schuster, 1956, pág. 37.

Las leyendas que crecen alrededor de un mito a menudo amplifican y elaboran aspectos que fueron omitidos en la historia original, como si la psique colectiva necesitara completar el cuadro y aclarar el significado simbólico completo. Tal es, creo, el caso de la leyenda citada. El relato bíblico ofrece una imagen bastante ambigua sobre la relación entre el árbol del conocimiento y el árbol de la vida. Esta leyenda presenta una imagen mucho más clara y satisfactoria. La leyenda presenta el árbol de la vida como el *omphalos* u ombligo del mundo, análogo al árbol del mundo *Yggdrasil.*[17] La Biblia nos dice que el fruto del árbol de la vida transmite la inmortalidad. Adán y Eva eran inmortales antes de la caída, pero también eran inconscientes. Si pudieran comer del fruto del árbol de la vida después de la caída, lograrían tanto la consciencia como la inmortalidad. Para evitar que esto suceda Yahvé sitúa los querubines con la espada llameante como guardas. Sin embargo, la cita de la leyenda judía nos da alguna pista sobre cómo se puede encontrar el árbol de la vida; se puede alcanzar despejando un camino a través del árbol que lo esconde, a través del del conocimiento del bien y el mal. Es decir, uno debe aceptar repetidamente la tentación de la serpiente, comer repetidamente el fruto del conocimiento y de esta manera abrirse camino hasta el árbol de la vida. En otras palabras, la recuperación de nuestra totalidad perdida solo puede lograrse al probar e integrar al máximo los frutos de la conciencia.

El mito de la caída expresa un patrón y un proceso no solo del nacimiento original de la consciencia desde el inconsciente, sino también del proceso por el que uno pasa, de una u otra manera, con cada nuevo incremento de consciencia. Estoy de acuerdo con los ofitas en que representar a Adán y Eva como avergonzados ladrones es una visión muy unilateral. Su acción también podría

[17] N. de T.: El *onpahlos* o ónfalo,es la piedra de uso religioso ubicada en el oráculo de Delfos y que según la mitología sería la piedra que Zeus dejó en el centro del mundo. Yggdrasil es, en la mitología nórdica un fresno perenne cuyas raíces y ramas mantienen unidos a los nueve mundos y de cuyas raíces mana la fuente que llena el pozo del conocimiento.

describirse como heroica. Sacrifican la comodidad pasiva de la obediencia para alcanzar una mayor consciencia. La serpiente en realidad demuestra ser un benefactor a la larga si le otorgamos a la consciencia un valor mayor que a la comodidad.

En el curso del tratamiento analítico, vemos fragmentos de este tema de la caída original del hombre en muchos sueños. Son muy comunes cuando emergen nuevas símbolos a la consciencia. El tema de encontrar una serpiente o ser mordido por ella es común en los sueños. Generalmente tiene el mismo significado que tuvo el sucumbir a la tentación de la serpiente en el Paraíso del Edén para Adán y Eva; es decir, se está dejando atrás el viejo estado de las cosas y se está naciendo a una nueva percepción consciente. Esto a menudo se experimenta como algo extraño y peligroso; por lo tanto, nunca es un sueño agradable. Pero al mismo tiempo, una mordedura de este tipo generalmente da lugar a una actitud y una orientación nuevas. En general, es un sueño de transición de considerable importancia. Además, los sueños de haber cometido un crimen pueden tener el mismo significado que el crimen original de coger la fruta prohibida. Lo que es un crimen en una etapa del desarrollo psicológico es legal en otra y no se puede alcanzar una nueva etapa de desarrollo psicológico sin atreverse a desafiar el código de la etapa anterior. Por lo tanto, cada nuevo paso se experimenta como una transgresión y viene acompañado de culpa porque los viejos estándares, la antigua forma de ser, aún no se han trascendido. Entonces, el primer paso tiene como consecuencia la sensación de ser un criminal. Los sueños de recibir frutos para comer (manzanas, cerezas, tomates) pueden tener el mismo significado. Son alusiones al tema de comer el fruto prohibido y representan la introducción a una nueva área de consciencia con las mismas consecuencias que la ingesta original del fruto.

El siguiente es un ejemplo de un sueño moderno que trata del viejo tema de la tentación en el Jardín del Edén. Fue soñado por un hombre de unos cuarenta años. Primero vino a verme quejándose de estar afectado del llamado *bloqueo del escritor* o *síndrome de la página en blanco* y aquejado de ataques de ansiedad. Era un hombre con talento, lleno de ideas creativas y de inspiración. Podía tener los sueños más increíbles, obras de teatro completas hasta el último detalle de vestuario y música, salidas y entradas; pero nunca consiguió escribirlas. Parecía que los sueños en sí mismos eran una realidad suficiente, como si por el solo hecho de que pudiera tener esas composiciones tan magníficas en la fantasía quedara liberado de cualquier obligación de llevarlas a cabo. Esa actitud es una identificación con la plenitud inconsciente original, la vida provisional, que evita el trabajo duro necesario para que de los sueños pase a la realidad. Aunque creía que quería escribirlas, inconscientemente consideraba que eran realidad suficiente en sí mismas. Ese tipo de personas tienen miedo a adquirir el compromiso necesario para crear algo real. Perdería la seguridad del anonimato y se expondría a la desaprobación. Temía someter su obra acabada a la crítica. Esto equivale a vivir en el estado del «Jardín del Edén» y no atreverse a comer el fruto de la consciencia.

Este era su sueño: *estoy en un entorno y una atmósfera que me recuerda a Kierkegaard. Voy a una librería buscando un libro en particular. Lo encuentro y lo compro. El título es «Un hombre entre espinas».*

Entonces la escena cambia. Mi hermana me ha hecho un inmenso pastel de chocolate negro. Está cubierto con una fina capa de glaseado rojo que parece como unos leotardos rojos. Aunque siempre he tenido prohibido el chocolate porque soy alérgico a él, me como el pastel sin efectos negativos.

Algunas de las asociaciones del paciente fueron las siguientes. Vio a Kierkegaard como una figura problemática, un hombre en conflicto entre dos tesis contrarias, en particular el conflicto entre las actitudes estéticas y las religiosas. Su libro *O lo uno o lo otro* representa todo el problema de los opuestos. El título del libro, *Un hombre entre espinas* le recordaba al paciente a Cristo y su corona de espinas. Acerca del pastel de chocolate, el soñador dijo que siempre lo consideró veneno porque lo enfermaría. El glaseado rojo como «leotardos rojos» le recordó a «algo que el diablo podría llevar puesto».

Este sueño, aunque esté expresado en imágenes modernas y personales, tiene un estrecho paralelismo con el antiguo mito de la caída de Adán en el paraíso. Sobre la base de este paralelismo arquetípico podemos formular la hipótesis de que representa una transición potencial en el desarrollo personal de este hombre. La característica más sorprendente del sueño es comer el pastel. Es negro y tiene una cubierta roja que asocia con el diablo. El negro como antítesis del blanco conlleva las asociaciones del mal y la oscuridad. En el caso del soñador, el pastel de chocolate se consideraba veneno, lo que indica su miedo consciente al inconsciente. Comer este pastel venenoso es simbólicamente equivalente a ser mordido por una serpiente o a comer el fruto prohibido. La consecuencia es la consciencia de los opuestos (conocer el bien y el mal) y esto significa ser arrojado a un estado de conflicto consciente. Con cada nuevo incremento de consciencia, el conflicto también llega. Así es como una nueva pieza de consciencia anuncia su presencia: mediante el conflicto.

Aunque el soñador afirme que comió la tarta sin efectos negativos, las consecuencias se presentan simbólicamente en la primera escena del sueño. No importa que esta escena precediera a comer el pastel. La secuencia temporal y la causalidad no se aplican en los sueños. Cuando un sueño tiene varias escenas, generalmente se las puede entender mejor como formas variadas de describir la misma idea central. En otras palabras, la corriente de imágenes en los sueños circunvala ciertos centros en lugar de proceder en línea recta como lo hace el pensamiento racional. Por lo tanto, estar en una atmósfera kierkegaardiana y comprar un libro llamado «Un hombre entre espinas» es solo una variante simbólica de la imagen de comer una tarta negra venenosa. Comer el pastel significa entrar en la experiencia del conflicto de Kierkegaard y entender al hombre entre espinas, ya sea Cristo que soportó la tensión más extrema de los opuestos siendo Dios y hombre, o Adán que al ser expulsado del Jardín del Edén se vio obligado a cultivar la tierra que producía espinas y cardos.

¿Qué significaba este sueño para el paciente? No condujo a ninguna percepción o cambio repentino. Él no era consciente de ser distinto después del sueño. Pero nuestro análisis al respecto, junto a los sueños posteriores, allanó el camino para un incremento progresivo de la consciencia.

Cuando este paciente empezó la psicoterapia por primera vez, tenía síntomas pero no conflictos. Poco a poco los síntomas, desaparecieron y fueron reemplazados por un conocimiento consciente del conflicto de su interior. Se dio cuenta de que no escribía porque una parte de él no quería escribir. Se dio cuenta de que su ansiedad no era un síntoma sin sentido, sino una señal de peligro que intentaba advertirle de que su prolongada residencia en el Jardín del Edén podría tener consecuencias psicológicas fatales. Como le sugirió el sueño, era hora de comer el fruto del árbol del conocimiento del bien y el mal y aceptar los conflictos inevitables de ser un individuo consciente. En esta transición no es todo dolor y sufrimiento, el mito es muy parcial en esto. Si se persiste durante mucho tiempo en el estado paradisíaco, este se convierte en una prisión, y la expulsión ya no se experimenta como algo indeseable sino como una liberación.

En la mitología griega hay un paralelo con el drama del Jardín del Edén. Me refiero al mito de Prometeo. A continuación lo podemos leer esquematizado:

> Prometeo se ocupaba de dividir la carne de las víctimas del sacrificio entre dioses y hombres. Anteriormente no había necesidad de división porque los dioses y los hombres comían juntos (identidad entre ego y Sí-mismo). Prometeo engañó a Zeus al ofrecerle solo los huesos del animal cubiertos por una capa de grasa tentadora. Para el hombre reservó toda la carne comestible. Zeus, enojado por este engaño, ocultó el fuego al hombre.

> Pero Prometeo entró a escondidas en el cielo, robó el fuego de los dioses y se lo dio a la humanidad. Como castigo por este crimen, Prometeo estuvo encadenado a una roca donde todos los días un buitre le desgarraba el hígado y cada noche se curaba nuevamente. Su hermano Epimeteo también recibió un castigo. Zeus creó una mujer, Pandora, a quien envió a Epimeteo con una caja. De la caja de Pandora surgieron todos los males y sufrimientos que asolan a la humanidad: la vejez, el trabajo, la enfermedad, el vicio y la pasión.

El proceso de dividir la carne del animal sacrificado entre dioses y hombres representa la separación del ego de la psique arquetípica o el Sí-mismo. El ego, para establecerse como una entidad autónoma, debe apropiarse de la comida (energía) por sí mismo. El robo del fuego es una imagen análoga del mismo proceso. Prometeo es la figura luciferina cuya audacia inicia el desarrollo del ego, pagando el precio del sufrimiento.

Considerando a Prometeo y Epimeteo como dos aspectos de la misma imagen, podemos notar muchos paralelismos entre los mitos de Prometeo y el del Jardín del Edén. Zeus esconde el fuego. Jahvé prohibe el fruto del árbol del conocimiento. Tanto el fuego como el fruto simbolizan la conciencia que conduce a cierto grado de autonomía humana y de independencia de Dios. Así como Prometeo roba el fuego, también Adán y Eva roban el fruto en desobediencia a Dios. En cada caso, se comete un acto voluntario contra la autoridad dominante. Este acto voluntario es la comprensión de la consciencia que se simboliza en cada uno de los mitos como un crimen seguido de un castigo. Prometeo es maldecido con una herida que no cicatriza, y Epimeteo recibe la maldición mediante Pandora y todo el contenido de su caja. La herida que no cicatriza es análoga a la expulsión del Paraíso, que también es una especie de herida. El dolor, el trabajo y el sufrimiento que Pandora liberó son equivalentes al trabajo, al sufrimiento y a la muerte que Adán y Eva encontraron después de dejar el Jardín del Edén.

Todo esto se refiere a las consecuencias inevitables de volverse consciente. El dolor, el sufrimiento y la muerte existen antes del nacimiento de la consciencia, pero si no hay consciencia para experimentarlos, no existen psicológicamente. La angustia se anula si la consciencia no está presente para darse cuenta. Esto explica la tremenda nostalgia por el estado inconsciente original. En ese estado uno se libera de todo el sufrimiento que la consciencia inevitablemente trae. El hecho de que el buitre devore el hígado de Prometeo durante el día y que este se restaure por la noche, transmite una idea significativa. El día es el tiempo de la luz, la consciencia. La noche es oscuridad, inconsciencia. Cada uno de nosotros en la noche regresa a la totalidad original de la cual nacimos, lo cual es sanador. Es como si la influencia que puede causar daño no estuviera activa. Ello indica que la consciencia misma produce las heridas. La herida eternamente abierta de Prometeo simboliza las consecuencias de la ruptura con la plenitud inconsciente original, la alienación de la unidad original. Es la espina constante en la carne.

Estos dos mitos dicen esencialmente lo mismo porque expresan la realidad arquetípica de la psique y su desarrollo. La adquisición de la consciencia es un crimen, un acto de *hybris* contra los poderes establecidos; pero es un crimen necesario, que conduce a una necesaria obligada alienación del estado original de plenitud inconsciente. Si queremos ser leales al desarrollo de la consciencia, debemos considerarlo un crimen necesario. Es mejor ser consciente que permanecer en el estado animal. Pero para emerger del todo, el ego está obligado a enfrentarse al inconsciente del que proviene y afirmar su autonomía relativa mediante un acto de inflación.

Podemos entenderlo en relación a niveles distintos. En el nivel más profundo, es un crimen contra los poderes universales, los poderes de la naturaleza o de Dios. Pero en realidad, en la vida cotidiana generalmente no se experimenta en esas categorías religiosas, sino de forma bastante personal. A nivel personal, el acto de atreverse a adquirir una nueva consciencia se experimenta como un crimen o rebelión contra las autoridades que existen en el entorno personal, contra los padres y, más tarde, contra otras autoridades externas. Cualquier paso en la individuación se experimenta como una transgresión contra el colectivo, porque desafía la identificación del individuo con algún representante del colectivo, ya sea la familia, el partido, la iglesia o la nación. Al mismo tiempo, cada paso, dado que es verdaderamente un acto de inflación, no solo va acompañado de culpa, sino que también corre el riesgo real de que uno quede atrapado en una inflación que conlleva las consecuencias de una caída.

Nos encontramos con muchas personas en psicoterapia cuyo desarrollo se ha detenido justo en el momento en que es necesario acometer la desobediencia o la transgresión necesaria. Algunos dicen: «No puedo defraudar a mis padres ni a mi familia». El hombre que vive con su madre dice: «Me gustaría casarme, pero eso mataría a mi pobre madre». Y podría hacer justamente eso porque la relación simbiótica que puede existir puede ser, literalmente, un tipo de alimentación psíquica; si se retira esa alimentación, ¡el compañero puede morir! En tal caso, las obligaciones con la madre se consideran demasiado fuertes como para prever cualquier otro conjunto de estándares de vida. Simplemente, el sentido de responsabilidad hacia el propio desarrollo individual no ha nacido todavía.

Vemos el mismo tema actuando a veces en la relación psicoterapéutica. Tal vez ha surgido una reacción negativa o rebelde hacia el terapeuta. Tal reacción puede ir acompañada de gran cantidad de culpa y ansiedad, particularmente si el terapeuta está llevando la proyección de la autoridad arquetípica. En estas circunstancias, expresar una reacción negativa con autenticidad, es percibido como atentar contra los dioses. Parecerá ser un acto peligroso de inflación que traerá represalias. Pero hay un momento en que, a menos que se coma el fruto prohibido, a menos que uno se atreva a robar el fuego de los dioses, se permanecerá atrapado en una transferencia dependiente y el desarrollo no continuará.

4. Hybris y Némesis

Hay muchos otros mitos que describen el estado de inflación, por ejemplo, el mito de Ícaro:

> Dédalo y su hijo Ícaro fueron encarcelados en Creta. El padre hizo un par de alas de cera para cada uno, y con ellas pudieron escapar. Pero Dédalo advirtió a su hijo: «No vueles demasiado alto o el sol derretirá la cera de tus alas y caerás. Sígueme de cerca. No establezcas tu propio rumbo». Pero Ícaro se entusiasmó tanto por su capacidad de volar, que olvidó la advertencia y siguió su propio camino. Voló demasiado alto, la cera se derritió, e Ícaro cayó al mar.

En este mito, se enfatiza el aspecto peligroso de la inflación. Aunque hay momentos en que es necesario un acto de inflación para alcanzar un nuevo nivel de consciencia, hay otros momentos en que es temerario y desastroso. Uno no debe atreverse a seguir su propio camino sin saber qué tiene que hacer para que este sea seguro. Considerar la sabiduría alcanzada por otros puede ayudar a realizar una evaluación más precisa de la realidad. Como dijo Nietzsche, «Más de uno hay que arrojó de sí su último valor al arrojar su servidumbre».[18] He hablado de un delito de inflación necesario, pero es un crimen real y tiene consecuencias reales. Si no se calcula bien la situación, se sufre el destino de Ícaro.

Creo que todos los sueños de volar tienen alguna alusión al mito de Ícaro; esto es particularmente cierto en los sueños de vuelo sin ningún medio de soporte mecánico. Cuando uno está fuera del suelo, existe el peligro de caer. El impacto abrupto con la realidad, simbolizado por la tierra, puede ser un peligroso sobresalto. Los sueños o imágenes sintomáticas de aviones que se estrellan, de caídas desde lugares altos, de miedo fóbico a las alturas, etc.,

[18] Nietzsche, F., «Thus Spake Zarathustra», I, 17, en *The Philosophy of Nietzsche*, New York, Modern Library, Random House, 1942, pág. 65. Para el texto en castellano se ha utilizado la traducción de Andrés Sánchez Pascual, Madrid, Alianza Editorial, 2003, pág. 57.

todo se deriva de la configuración psíquica básica representada por el mito de Ícaro.

El siguiente es un ejemplo de un sueño en relación a Ícaro. Fue soñado por un joven que se identificó con un pariente famoso. Había pedido prestadas unas alas construidas por otro hombre y voló con ellas: *yo estaba con gente al borde de un alto acantilado. La gente se tiraba en aguas poco profundas, y estaba seguro de que se matarían. Mientras estaba todavía en el sueño o inmediatamente después de despertar, pensé en la pintura de Brueghel, la «Caída de Ícaro».*

La «Caída de Ícaro» de Brueghel *(imagen 5)* es una pintura de la campiña italiana. A la izquierda, los agricultores están arando y trabajando en sus campos. A la derecha se ve el mar con algunos barcos. En la esquina inferior se ven las piernas de Ícaro mientras desaparecen en el agua. Una de las características significativas de la pintura es que el destino de Ícaro en el lado derecho pasa completamente desapercibido a las figuras del lado izquierdo, que no son conscientes de que, ante sus ojos, se está presentando un acontecimiento arquetípico. El paciente comentó este aspecto de la pintura y sugirió que él mismo era inconsciente del significado de lo que le sucedía. Estaba en el proceso de caída desde las alturas de la irrealidad, pero esta idea se le ocurrió poco después.

Otro ejemplo de un sueño relacionado con Ícaro, soñado por una mujer, es el siguiente: *estoy viajando por un camino y veo a un hombre, como Ícaro, en el cielo. Está sosteniendo una antorcha. De repente, sus alas se incendian y todo se enciende. Los camiones de bomberos en el suelo le acercan las mangueras y logran apagar el fuego, pero él cae pesadamente, hacia su muerte, sosteniendo aún la antorcha. Lo veo aterrizar cerca de mí y estoy horrorizada y grito «¡Oh Dios, oh Dios!»*

La paciente fue víctima de las proyecciones frecuentes de su ánimus intenso e idealista. Este sueño señaló la muerte de esa proyección que la había llevado a una actitud inflada sobre sí misma.

Imagen 5. LA CAÍDA DE ÍCARO de Pieter Brueghel

Otro mito relacionado con la inflación es el mito de Faetón:

> La madre de Faetón le dijo que su padre era Helios, el dios del sol. Para probarlo, Faetón viajó al lugar del sol y le preguntó a Helios: «¿De verdad eres mi padre?» Helios le aseguró que sí y cometió el error de decirle: «Para demostrarlo, te daré lo que me pidas». Faetón le pidió que le permitiera conducir el carro solar por el cielo. Inmediatamente Helios se arrepintió de su promesa precipitada, pero Faetón insistió y su padre cedió, aunque pensaba que no era lo más sabio. Faetón condujo el carro solar, pero debido a que la tarea estaba más allá de las capacidades del joven, se estrelló en medio de llamas y destrucción.

De nuevo, el mito nos dice que la inflación tiene, como consecuencia inevitable, una caída. Faetón es el prototipo del moderno «hot rod».[19] Y tal vez el mito también tiene algo que decir al padre permisivo que, en contra de su buen juicio, da a su hijo mucho poder muy pronto, ya sea dejándole el automóvil de la familia o concediéndole demasiada independencia, antes de que el hijo sea lo suficientemente responsable para saber comportarse.

Recuerdo a un paciente con un «complejo de Faetón». La impresión inicial que me dio fue la de tener una actitud alegre y desenfadada. Las reglas que otros seguían no se aplicaban a él. Había tenido un padre débil a quien no respetaba y, sistemáticamente, menospreciaba o ridiculizaba a las figuras que tenían autoridad sobre él. Soñó varias veces que estaba en lugares altos. En el transcurso de la puesta en común sobre uno de estos sueños, el terapeuta le contó el mito de Faetón. Por primera vez en la psicoterapia, el paciente se conmovió profundamente. Nunca antes había escuchado el mito, pero inmediatamente lo reconoció como su mito. Vio su vida representada en el mito y de repente se dio cuenta del drama arquetípico que había estado viviendo.

De todos modos, todas las imágenes míticas son ambiguas. Nunca podemos estar seguros de antemano si debemos interpretarlas de manera positiva o negativa. Por ejemplo, este es un sueño de Faetón de carácter positivo soñado por el mismo hombre que tuvo el sueño de la tarta de chocolate. Tuvo este sueño la noche anterior a una experiencia más significativa en la que, por primera vez, fue capaz de afirmarse de forma eficaz contra una figura de autoridad arbitraria e intimidatoria en su lugar de trabajo. Si este sueño hubiera sucedido después del suceso, podríamos considerar que fue «causado» por la experiencia externa. Pero como el sueño fue primero y el valiente encuentro sucedió después, tenemos el argumento para pensar que el sueño causó el acontecimiento exterior, o al menos creó la actitud psicológica que lo hizo posible.

---

[19] N. de T.: literalmente, «biela caliente». Es el nombre que, en Estados Unidos, reciben los coches viejos preparados mecánica y aerodinámicamente, para intentar ir más rápido y batir records de velocidad, o participar en carreras. El símil que hace el autor proviene seguramente de las grandes llamaradas que, a veces, producen estos vehículos.

Este es el sueño: *soy Faetón y acabo de conducir el carro solar por el cielo. Es una escena magnífica: cielo azul brillante y nubes blancas. Tengo una sensación de inmensa alegría y realización. Mi primer pensamiento fue, «Al fin y al cabo, Jung tenía razón sobre los arquetipos».*

Aquí el mito de Faetón se incorpora al sueño, pero cambia para adaptarse a los propósitos del sueño. El paciente que soñó ser Faetón tuvo éxito donde el mítico Faetón había fallado. Obviamente, el soñador estaba dando un paso que no estaba más allá de sus poderes, pero era arriesgado. Implicaba cierta cantidad de inflación. Sin embargo, después del sueño descrito anteriormente, entiendo que se refiera a una inflación heroica necesaria que relacionaría al paciente con un nuevo nivel de comprensión dentro de sí mismo, como efectivamente sucedió. Es evidente que toda la cuestión de la inflación es ambigua. Por un lado, es algo arriesgado y, por otro lado, es muy necesario. Qué aspecto se debe enfatizar depende del individuo y la situación particular en la que se encuentre.

Otro mito de la inflación es el mito de Ixíon. El acto inflado de Ixíon fue su intento de seducir a Hera. Zeus frustró el intento dando forma de falsa Hera a una nube, a quien Ixíon poseyó. Zeus lo sorprendió en el acto y lo castigó atándolo a una rueda de fuego que giraba sin fin por el cielo *(imagen 6).* En este caso, la inflación se manifestó en la lujuria y en la búsqueda del placer. Ixíon, que representa el ego inflado, intenta apropiarse de lo que pertenece a los poderes supra-personales. El intento está condenado al fracaso antes de empezar. Lo máximo con lo que Ixíon puede hacer contacto es solo una nube: su Hera es tan solo una fantasía. Su castigo, estar atado a una rueda de fuego, tiene una simbología que nos interesa. La rueda es básicamente un mandala. Representa al Sí-mismo y a la plenitud que pertenece al Sí-mismo, pero en este caso se ha transformado en un instrumento de tortura. Esto representa lo que puede suceder cuando la identificación del ego con el Sí-mismo dura demasiado tiempo. La identificación se convierte entonces en tortura, y las ardientes pasiones de los instintos se convierten en una atadura infernal con la rueda, hasta que el ego es capaz de separarse del Sí-mismo y ver su energía instintiva como un dinamismo suprapersonal. Mientras el ego considere la energía instintiva como su placer personal, permanecerá unido a la ardiente rueda de Ixíon.

Imagen 6. IXÍON ATADO A LA RUEDA, pintura antigua en vasija.

Los griegos tenían un tremendo temor de lo que llamaban *hybris*. Originalmente, este término significaba violencia sin sentido o pasión derivada del orgullo. Es sinónimo de un aspecto de lo que llamo inflación. *Hyibris* es la arrogancia humana que hace que el hombre se apropie de lo que le pertenece a los dioses. Es el trascender los límites humanos establecidos. Gilbert Murray lo explica de este modo:

> Hay barreras invisibles que un hombre que tiene *aidos (humildad)* no desea traspasar. La *hybris las traspasa todas. La hybris no ve que la condición de pobre o de exiliado han venido de Zeus. La hybris es la insolencia del orgullo: la arrogancia de la*

> *fuerza. Es un pecado de soberbia miserable y débil; la ausencia de aidos (humildad) en presencia de algo más elevado. Casi siempre es un pecado del fuerte y del orgulloso. Nace del Koros, de la sobre-abundancia, de «vivir demasiado bien»; no afecta a los débiles e indefensos en su camino. La hybris, como dice Esquilo «rechaza el gran altar de la justícia» (Agamenón, 383). Hybris es también el pecado por excelencia en la Grecia clásica. Los demás pecados, excepto algunos relacionados con tabúes religiosos específicos y algunos que tienen que ver con lo que es «feo» o «inadecuado», parecen formas de hybris o derivados de ella.*[20]

Murray considera que *Aidos* y *Némesis* son conceptos centrales de la experiencia emocional de los griegos. *Aidos* significa la reverencia hacia los poderes suprapersonales y también el sentimiento de vergüenza cuando estos poderes han sido transgredidos. *Némesis* es la reacción provocada por la falta de *Aidos*, es decir, *Hybris*.

Un buen ejemplo del miedo de los griegos a ir más allá de los límites humanos razonables se presenta en la historia de Polícrates registrada por Herodoto. Polícrates fue un tirano de Samos en el siglo VI a. C. Era un hombre increíblemente exitoso. Todo lo que emprendió le salió bien. Su buena suerte parecía infalible. Herodoto escribe:

> Entretanto, Amasis no miraba con indiferencia la gran prosperidad de Polícrates su amigo, antes se informaba con gran curiosidad del estado de sus negocios; y cuando vio que iba aumentando la fortuna de su amigo, escribió en un papel esta carta y se la envió en estos términos: - «Amasis a Polícrates - Por más que suelan ser de gran consuelo para el hombre las felices nuevas que oye de los asuntos de un huésped y amigo suyo, con todo, no me satisface lo mucho que os lisonjea y halaga la fortuna, por cuanto sé bien que los dioses tienen su poco de celos o de envidia. En verdad prefiriera yo para mí, no menos que para las

[20] Murray, Gilbert, *The Rise of the Greek Epic*, London, Oxford University Press, 1907, pág. 264 y sig.

> personas que de veras estimo, conseguir a veces mis objetivos, y a veces que se frustraran, pasando así la vida en una alternativa de ventura y desventura, que verlo todo llegar prósperamente. Dígote esto, porque te aseguro que de nadie hasta ahora oí decir que después de haber sido siempre y en todo feliz, a la postre no viniera al suelo estrepitosamente con toda su dicha primera. Sí, amigo, créeme ahora, y toma de mí el remedio que voy a darte contra los engañosos halagos de la fortuna. Ponte sólo a pensar cuál es la cosa que más estima te merece, y por cuya pérdida más te dolieras en tu corazón: una vez hallada, apártala lejos de ti, de modo que nunca jamás vuelva a aparecer entre los hombres. Aun más te diré: que si practicada una vez esta diligencia no dejara de perseguirte con viento siempre en popa la buena suerte, no dejes de valerte a menudo de este remedio que aquí te receto».[21]

Polícrates hizo caso de este consejo y arrojó un precioso anillo de esmeralda en el mar. Sin embargo, unos días después, un pescador atrapó un pez tan grande y hermoso que pensó que no debía venderlo, sino que debía presentarlo como regalo al rey Polícrates. Cuando se abrió el pez, en su vientre estaba el anillo de esmeralda que el rey había tirado. Cuando Amasis se enteró de este acontecimiento, se atemorizó tanto que puso fin a su amistad con Polícrates por temor a que él (Amasis) pudiera verse involucrado en el desastre final que seguramente seguiría a tan extraña fortuna. Efectivamente, Polícrates finalmente murió crucificado después de un levantamiento y de una rebelión que logró imponerse.

El miedo a la excesiva buena fortuna está profundamente arraigado en el hombre. Existe un sentido instintivo de que los dioses envidian el éxito humano. Psicológicamente, esto significa que la personalidad consciente no puede ir demasiado lejos sin tener en cuenta el inconsciente. El temor a la envidia de Dios es

---

[21] Heródoto, *The Persian Wars*, trad. Por George Rawlinson, New York, Modern Library, Random House, 1942, pág. 231.

una tenue comprensión de que la inflación será puesta a prueba. Los límites existen en la naturaleza de las cosas y en la naturaleza de la propia estructura psíquica. Por supuesto, a veces el miedo a la envidia de Dios se puede llevar a extremos excesivos. Ciertos individuos no se atreven a aceptar ningún éxito ni ningún acontecimiento positivo por temor a que pudiera conducir a un castigo posterior. Como regla, esto parece ser el resultado de un condicionamiento infantil adverso; en consecuencia, necesita una nueva evaluación. Pero más allá de este condicionamiento personal hay una realidad arquetípica involucrada. Todo lo que asciende debe descender. Oscar Wilde dijo una vez: «Solo hay una cosa peor que no obtener lo que quieres, y es conseguirlo». Polícrates sería un ejemplo de ello.

Emerson expresó la misma idea. Trata el tema en su ensayo *Compensation*, que es una exposición literaria de la teoría que Jung desarrolló más tarde sobre la relación compensatoria entre lo consciente y lo inconsciente. Aquí ofrecemos algunos pasajes de ese ensayo. En pasajes anteriores, Emerson había estado describiendo cómo cada suceso, para bien o para mal, tiene su compensación en alguna parte de la naturaleza de las cosas. Y, a continuación, escribe:

> El hombre sabio aplicará esta lección a todas las circunstancias de la vida, y comprenderá que la prudencia consiste en hacer frente a sus acreedores y pagar cada justa demanda de su tiempo, de sus talentos o de su corazón. Paga siempre. Más tarde o más temprano deberás pagar toda tu deuda. Las personas y los acontecimientos se pueden interponer, durante un tiempo, entre tú y la justicia, pero no es más que un aplazamiento. Al final, deberás pagar tu propia deuda. Si eres sabio temerás una prosperidad que solo te endeudaría más [...] por cada beneficio que se recibe, se impone una obligación.[22]

El terror del cielo sin nubes, la esmeralda de Polícrates, el

[22] *The Writings of Ralph Waldo Emerson*, New York, Modern Library, Random House, 1940, pág.181.

> temor a prosperar, el instinto que lleva a cada alma generosa a imponerse prácticas de noble ascetismo y de virtud humanitaria, son las oscilaciones de la balanza de la justicia en el corazón y en la mente del hombre.[23]

Encontramos más expresiones de la idea de la inflación en el concepto del pecado propio de las teologías hebrea y cristiana. El concepto de pecado en las escrituras hebreas surgió, aparentemente, de la psicología del tabú.[24] Lo que es tabú es considerado impuro, pero también tiene las implicaciones añadidas de ser algo sagrado, santo y cargado con un exceso de energía peligrosa. Inicialmente, el pecado era la violación de un tabú, tocando algo que no debía tocarse porque el objeto tabú transportaba energías suprapersonales. Tocar o apropiarse de ese objeto era un peligro para el ego porque estaba trascendiendo los límites humanos impuestos. Por lo tanto, el tabú puede ser visto como una protección contra la inflación. Más tarde, la idea del tabú se reformuló en términos de la voluntad de Dios y la inevitabilidad del castigo si se transgrede su voluntad. Pero la idea de tabú y el temor a la inflación aún acecha detrás de la nueva formulación.

En la práctica, el cristianismo también equipara el pecado con la inflación del ego. Las bienaventuranzas, consideradas desde un punto de vista psicológico, se pueden entender mejor como la alabanza del ego no inflado. En la teología cristiana, el concepto de pecado como inflación es presentado bellamente por Agustín. En sus *Confesiones*, da una viva descripción de la naturaleza de la inflación. Al recordar sus motivaciones de niño por robar fruta del árbol de peras de un vecino, afirma que no quería las peras en sí, sino que disfrutaba del pecado en sí mismo, es decir, del sentimiento de omnipotencia. Luego pasa a describir la naturaleza del pecado como la imitación de la deidad:

---

[23] Ibíd.

[24] Burrows, Millar, *An Outline of Biblical Theology*, Philadelphia, Westminster Press, 1956, pág. 165.

> El orgullo, por ejemplo, imita una manera de alteza, siendo tú el único Dios, excelso y alto sobre todas las cosas. O la ambición, que sólo busca los honores y la gloria, siendo tú el único digno de ser honrado y eternamente glorioso. La crueldad es el arma del poderoso que usa para ser temido; sin embargo, sólo Dios ha de ser temido [...] la curiosidad aparece como amor a la ciencia, pero tú tienes el supremo conocimiento de todas las cosas [...] la indolencia busca el descanso, pero ¿qué descanso seguro hay fuera del Señor? El lujo se disfraza de saciedad y abundancia, pero tú eres la plena e indeficiente abundancia de eterna suavidad [...]. La avaricia quiere poseer muchas cosas, y tú las posees todas. La envidia nace del apetito de la excelencia, ¿y quién más excelente que tú? La ira exige venganza, pero ¿qué venganza más justa que la tuya? [...]. La tristeza nos aflige cuando se pierden las cosas en que se deleitaba nuestra codicia, porque nadie quiere que le quiten sus cosas, como tú, a quien nada se puede quitar [...]. Mal te imitan, Señor, todos los que se alejan de ti y se levantan contra ti.[25]

La misma idea de inflación está implícita en el concepto budista de *avidya*, «no saber» o inconsciencia. De acuerdo con la visión budista, el sufrimiento humano es causado por el anhelo y el deseo personal derivados de la ignorancia de la realidad. Este estado de cosas está representado pictóricamente por la imagen del hombre ligado a la rueda de la vida girada por el cerdo, el gallo y la serpiente, que representan las diversas formas de concupiscencia. *(imagen 7)*. La rueda de la vida india es equivalente a la rueda de fuego giratoria de Ixíon; ambas significan el sufrimiento que acompaña la identificación del yo con el Sí-mismo, cuando el primero intenta apropiarse de las energías transpersonales de este último para su uso personal. La rueda es el Sí-mismo, el estado

---

[25] *The Confessions of St.Augustine*, trad. Edward B. Pusey, New York, Modern Library, Random House, 1949, pág 31 y sig. Para el texto en castellano se ha utilizado la traducción de l Pedro Rodríguez Santidrián. Madrid. Alianza Editorial, 2016.

de plenitud, pero mientras el ego permanezca inconscientemente identificado con ella, es una rueda de tortura.

Hay varios estados de inflación, debidos a la identidad residual entre ego y Sí-mismo, que son lugares comunes de la práctica

Imagen 7. LA RUEDA DE FUEGO, pintura, Tibet.

psicoterapéutica. Surgen todo tipo de actitudes y conjeturas grandiosas y poco realistas cuando el proceso terapéutico descubre el trasfondo inconsciente. Las teorías y técnicas de Freud y Adler han prestado una atención casi exclusiva a estas suposiciones infantiles-omnipotentes. Los métodos reductivos de estos enfoques son válidos para tratar con los síntomas de la identidad del ego/Sí-mismo. Pero no se debe olvidar la necesidad de mantener el eje ego/Sí-mismo. El paciente experimenta el método reductivo como crítica y descrédito. Y, de hecho, estas características están objetivamente presentes. Una interpretación que reduce un contenido psíquico a sus fuentes infantiles es un rechazo de su significado consciente y evidente y, por lo tanto, hace que el paciente se sienta menospreciado y desacreditado. Este método puede ser necesario para promover la separación entre ego y Sí-mismo, pero es una espada de dos filos que hay que manejar con cuidado. El propósito es desinflar y es este propósito subyacente el que se expresa en el habla común cuando al psiquiatra se le llama «comecocos». A quienes se molestan por el método reductivo, incluso cuando se usa acertadamente, les citaría las palabras de Lao-Tze:

> El que se siente pinchado
> debe haber sido una vez una burbuja,
> el que se siente desarmado
> debe haber llevado armas,
> el que se siente menospreciado
> debe haber sido relevante,
> el que se siente privado
> debe haber tenido privilegios.[26]

[26] Lao-Tse, *Tao Te Ching*, verso 36. Traducido al inglés por Witter Bynner como *The Way of Life*, New York, The John Day Co., 1944.

CAPITULO DOS

El ego alienado

El peligro alberga en sí mismo el poder para el rescate.

Friedrich Hölderlin[1]

1. El eje ego/Sí-mismo y el ciclo de la vida psíquica

Aunque el ego comienza en un estado de inflación debido a la identificación con el Sí-mismo, esta condición no puede persistir. Los encuentros con la realidad frustran las expectativas infladas y provocan un distanciamiento entre el ego y el Sí-mismo. Este distanciamiento está simbolizado por imágenes tales como la caída, el exilio, la herida abierta, la tortura perpetua. Obviamente, cuando tales imágenes entran en juego, no solo se ha castigado al ego, sino que ha resultado herido. Esta lesión se puede entender mejor como un daño al eje ego/Sí-mismo, un concepto que requiere una mayor exposición.

La observación clínica nos lleva a la conclusión de que la inte-

[1] Del poema «Patmos», (*Wo aber Gefahr ist, wächst das Rettende auch.*)

gridad y la estabilidad del ego dependen, en todas las etapas del desarrollo, de una conexión viva con el Sí-mismo. Fordham[2] da ejemplos de imágenes de mandalas hechos por niños, que aparecen como círculos mágicos protectores en momentos en que el ego se ve amenazado por fuerzas perturbadoras. También cita diversas ocasiones en que los niños asociaban el dibujo de un círculo con la palabra «yo», dando lugar a una acción eficaz que el niño no había podido realizar anteriormente. Casos similares tienen lugar en la psicoterapia de adultos, cuando el inconsciente puede producir una imagen de mandala que transmite una sensación de calma y contención a un ego desordenado y confundido. Estas observaciones indican que el Sí-mismo está detrás del ego y puede actuar como garante de su integridad. Jung expresa la misma idea cuando dice: «El ego es atraído por el Sí-mismo con la fuerza de un imán [...] El Sí-mismo es un *a priori* a partir del cual el ego evoluciona. Es, por así decirlo, una prefiguración inconsciente del ego».[3] Así, el ego y el Sí-mismo tienen una estrecha afinidad estructural y dinámica. El concepto del eje ego/Sí-mismo ha sido utilizado por Neumann para designar esta afinidad vital.[4]

Esta afinidad entre ego y Sí-mismo está ilustrada mitológicamente por la doctrina del Antiguo Testamento: el hombre (el ego) fue creado a imagen de Dios (el Sí-mismo). El nombre atribuido originalmente a Jahvé, «Yo soy el que soy», también es destacable. ¿Acaso no definen las palabras «Yo soy» la naturaleza esencial del ego? Por lo tanto, parecemos estar en terreno firme cuando postulamos una conexión básica entre el ego y el Sí-mismo que es de crucial importancia para mantener la función y la integridad del ego. Esta conexión está representada en los diagramas expuestos

---

[2] Fordham, M., «Some Observations on the Self and the Ego in Childhood», en *New Developments in Analytical Psychology*, Routledge and Kegan Paul, London 1957.

[3] Jung, C.G. *Psychology and Religion: West and East*, C. W., Vol. 11, par. 391.

[4] Neumann, E. «Narcissism, Normal Self-Formation, and the Primary Relation to the Mother» in *Spring*, published by the Analytical Psychology Club of New York, 1966, pág. 81 y sig. Este influyente artículo merece un estudio exhaustivo por parte de los psicólogos analistas.

al inicio por la línea que conecta el centro del círculo del ego con el centro del círculo del Sí-mismo, etiquetada como eje ego/Sí-mismo. El eje ego/Sí-mismo representa la conexión vital entre el ego y el Sí-mismo que debe estar relativamente intacta si el ego quiere sobrevivir al estrés y crecer. Este eje es la puerta de entrada, o el camino de comunicación, entre la personalidad consciente y la psique arquetípica. El daño al eje ego/Sí-mismo deteriora o destruye la conexión entre consciente e inconsciente, lo que lleva a la alienación del ego de su origen y fundamento.

Antes de considerar cómo se produce el daño al eje ego/Sí-mismo en la infancia, son necesarias algunas observaciones preliminares. Cada imagen arquetípica lleva al menos un aspecto parcial del Sí-mismo. En el inconsciente no hay separación de elementos diferentes. Todo se fusiona con todo lo demás. Por lo tanto, mientras el individuo permanezca inconsciente ante ello, las capas sucesivas que hemos aprendido a distinguir –es decir, la *sombra, el animus o el anima, y el Sí-mismo– no están separados sino fusionados en una totalidad dinámica. Detrás de una sombra o problema de animus o de un problema parental* se esconderá el dinamismo del Sí-mismo. Como el Sí-mismo es el arquetipo central, subordina a todos los demás arquetipos dominantes. Los rodea y los contiene. Todos los problemas de alienación, ya sea la alienación entre el ego y las figuras parentales, entre el ego y la sombra, o entre el ego y el *anima (o el animus)* son, en última instancia, alienación entre el ego y el Sí-mismo. Aunque separamos estas diferentes figuras con fines descriptivos, en la experiencia empírica no están separadas. En todos los problemas psicológicos graves, por lo tanto, nos ocupamos básicamente de la cuestión de la relación entre el ego y el Sí-mismo. Esto es particularmente cierto en la psicología del niño.

Neumann ha sugerido que el Sí-mismo puede experimentarse en la infancia en la relación con los padres, inicialmente con la madre. Neumann llama a esta relación original entre madre e hijo la relación primaria y expone que «[...] en la relación primaria, la madre como fuente directora, protectora y nutritiva representa el inconsciente y, en la primera fase, también el Sí-mismo y [...] el niño dependiente representa el ego y la consciencia infantil».[5] Esto significa simplemente que el Sí-mismo, al principio, se experimenta inevitablemente en proyección sobre los padres. Por lo tanto, la fase temprana de desarrollo del eje ego/Sí-mismo puede ser equivalente a la relación entre padres e hijos. Es precisamente en este punto en el que debemos ser especialmente cuidadosos para hacer justicia tanto a los factores históricos personales como a los factores arquetípicos *a priori*. El Sí-mismo es un determinante interno *a priori*. Sin embargo, no puede surgir sin una relación concreta entre padres e hijos. Neumann ha llamado la atención sobre esto y lo llama «la evocación personal del arquetipo».[6] Durante esta fase de experimentar el Sí-mismo en proyección, es probable que el eje ego/Sí-mismo sea más vulnerable al daño por una influencia ambiental adversa. En este momento, lo que está dentro y lo que está fuera no pueden distinguirse. Por lo tanto, la incapacidad de experimentar la aceptación o la compenetración se percibe como idéntica a la pérdida de la aceptación por parte del Sí-mismo. En otras palabras, el eje ego/Sí-mismo ha sido dañado, causando la alienación. La parte se ha separado del todo. Esta experiencia de rechazo parental de algún aspecto de la personalidad del niño, es parte de la anamnesis de casi todos los pacientes en psicoterapia. Con la palabra rechazo no me refiero al entrenamiento y la disciplina necesarios del niño que le enseña a contener su deseo primitivo; me refiero más bien al rechazo de los padres que se deriva de la proyección de la sombra de los padres sobre el niño. Este es un proceso inconsciente que el niño experimenta como algo inhumano, total e irrevocable. Parece provenir de una deidad implacable. Esta apariencia tiene dos orígenes. En primer lugar, la proyección que el niño tiene del Sí-mismo sobre

[5] Neumann, E. «The Significance of the Genetic Aspect for Analytical Psychology», *Journal of Analytical Psychology* IV, 2, pág. 133.

[6] Ibíd. Pág. 128.

el padre dará a las acciones de ese padre una importancia transpersonal. En segundo lugar, el padre que rechaza que está funcionando inconscientemente actuará en su propia área de identidad entre el ego y el Sí-mismo y por lo tanto se inflará en una identificación con la deidad. La consecuencia desde el punto de vista del niño es un daño a su eje ego/Sí-mismo que puede paralizar su psique permanentemente.

El Sí-mismo, como centro y totalidad de la psique que es capaz de reconciliar todos los opuestos, se puede considerar como el órgano de aceptación por excelencia. Debido a que incluye la totalidad, debe ser capaz de aceptar todos los elementos de la vida psíquica sin importar cuán opuestos sean. Este sentido de aceptación del Sí-mismo le da al ego su fuerza y estabilidad, y se transmite al ego a través del eje ego/Sí-mismo. Un síntoma de que este eje está dañado es la falta de aceptación de uno mismo. El individuo siente que no es digno de existir o de ser quien es. La psicoterapia ofrece a esta persona la oportunidad de experimentar la aceptación. En casos exitosos, esto puede equivaler a la reparación del eje del ego/Sí-mismo que restablece el contacto con las fuentes internas de fortaleza y aceptación, posibilitando que el paciente sea libre para vivir y crecer.

En la psicoterapia, los pacientes con un eje ego/Sí-mismo dañado se impresionan por el descubrimiento de que el terapeuta los acepta. Inicialmente no lo pueden creer. El hecho de la aceptación puede ser cuestionado al considerarlo solo como una técnica profesional que no corresponde a una situación verdadera. Sin embargo, si la aceptación del terapeuta se puede reconocer como un hecho, rápidamente aparece una transferencia poderosa. La fuente de esta transferencia parece ser la proyección del Sí-mismo, especialmente en su función como órgano de la aceptación. En este punto, las características centrales del terapeuta/Sí-mismo se vuelven prominentes. El terapeuta como persona se convierte en el centro de la vida y de los pensamientos del paciente. Las sesiones de terapia se convierten en los puntos centrales de la semana.

Ha aparecido un centro de significado y orden donde antes había caos y desesperación. Estos fenómenos indican que se está produciendo una reparación del eje ego/Sí-mismo. Las reuniones con el terapeuta se experimentarán como un contacto rejuvenecedor con la vida que transmite un sentido de esperanza y optimismo. Al principio, estos efectos requieren contacto frecuente y disminuyen rápidamente entre sesiones. Poco a poco, sin embargo, el aspecto interno del eje ego/Sí-mismo se vuelve cada vez más importante.

La experiencia de la aceptación no solo repara el eje ego/Sí-mismo, sino que también reactiva la identidad residual del ego/Sí-mismo. Esto tiene que ocurrir siempre que el eje ego/Sí-mismo sea completamente inconsciente (condición representada por la *figura 2*, página 48). Por lo tanto, surgirán actitudes infladas, expectativas posesivas, etc., que provocarán un mayor rechazo por parte del terapeuta o del entorno. Una vez más, el eje ego/Sí-mismo se dañará produciendo una condición de alienación relativa. De forma ideal, en la psicoterapia y en el desarrollo natural, uno esperaría una disolución progresiva de la identidad entre ego y Sí-mismo tan suave que no causara ningún daño al eje ego/Sí-mismo. En realidad, esta condición deseable casi nunca sucede.

El proceso del desarrollo de la consciencia parece seguir el curso cíclico representado en la figura 5. Como se indica en el diagrama, el crecimiento psíquico implica una serie de actos inflados o heroicos. Estos provocan el rechazo y son seguidos por la alienación, el arrepentimiento, la restitución y la inflación renovada. Este proceso cíclico se repite una y otra vez en las primeras fases del desarrollo psicológico, produciendo, en cada ciclo, un incremento de la consciencia. Por lo tanto, se construye la consciencia gradualmente. Sin embargo, el ciclo puede completarse mal. Está sujeto a alteraciones, especialmente en las primeras fases de la vida. En la infancia, la conexión del niño con el Sí-mismo es en gran medida idéntica a su relación con sus padres. Por lo tanto, si esta relación es defectuosa, el contacto del niño con su centro interno del ser también será defectuoso. Es este hecho el que hace que las relaciones familiares tempranas sean de crucial importancia en el desarrollo de la personalidad. Si las relaciones familiares interpersonales son demasiado dañinas, el ciclo puede interrumpirse casi por completo. Se puede interrumpir en dos lugares, los puntos A y B en la figura 5.

Se puede desarrollar un bloqueo si no hay suficiente aceptación y renovación del amor en el punto A (figura 5). Si el niño no es completamente aceptado después de ser castigado por mala conducta, el ciclo de crecimiento puede bloquearse. En lugar de completar el ciclo y alcanzar la posición de descanso y reacepta-

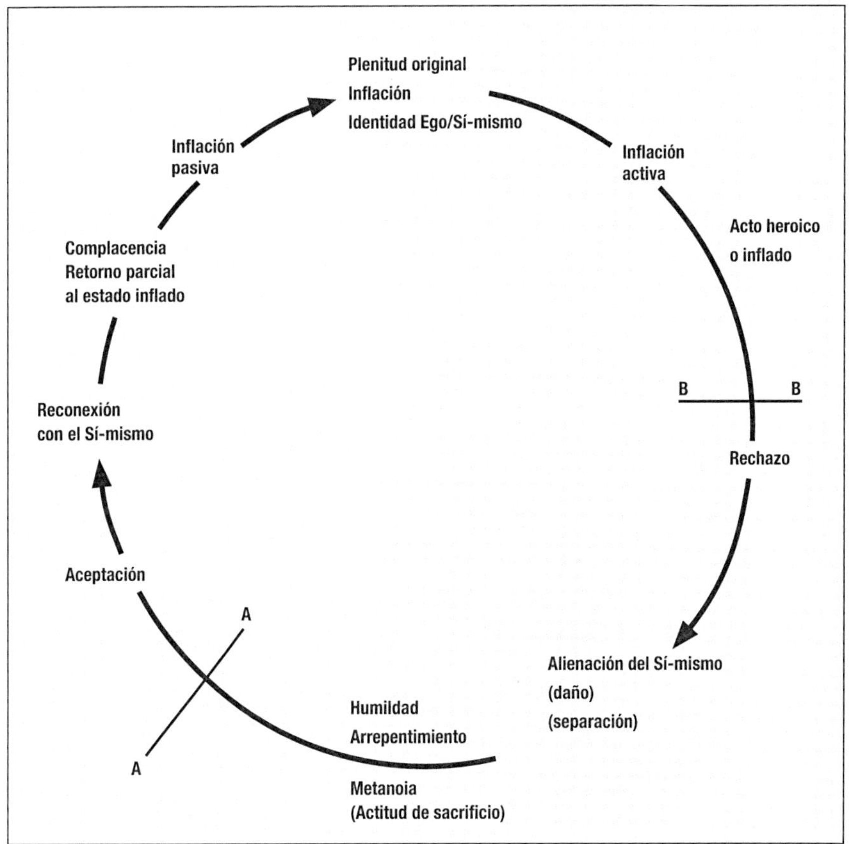

Figura 5. El ciclo de la vida psíquica.

ción, el ego del niño puede verse atrapado en una oscilación estéril entre la inflación y la alienación que genera cada vez más frustración y desesperación.

Otro lugar donde puede ocurrir un bloqueo es en el punto B. Si el entorno del niño es tan permisivo que no tiene experiencias significativas de rechazo, si los padres nunca dicen «no», eso también cortocircuita el ciclo. Se omite toda la experiencia de la alienación, que trae consigo la consciencia, y el niño recibe aceptación por su inflación. Eso lleva a la psicología del niño mimado y contribuye a que en la vida temprana apenas se experimenten las limitaciones y los rechazos.

La Figura 5 representa la alternancia entre inflación y alienación que se produce en las primeras etapas. No tiene en cuenta la etapa posterior de desarrollo cuando el ciclo es reemplazado. Una vez que el ego ha alcanzado un cierto nivel de desarrollo, no tiene que continuar este ciclo repetitivo, al menos no de la misma manera. El ciclo es sustituido por un diálogo más o menos consciente entre el ego y el Ser.

2. Desesperación y violencia

En el estado de alienación, el ego no solo deja de identificarse con el Sí-mismo, lo cual es deseable, sino que también se desconecta de él, lo cual no es nada deseable. La conexión entre el ego y el Sí-mismo es de vital importancia para la salud psíquica. Da fundamento, estructura y seguridad al ego y también proporciona energía, interés, sentido y propósito. Cuando se rompe la conexión, el resultado es el vacío, la desesperación, la falta de sentido y, en casos extremos, la psicosis o el suicidio.

La Biblia presenta varias figuras mitológicas que representan el estado de alienación. Adán y Eva son figuras tristes y alienadas cuando son expulsados del Paraíso *(imagen 4)*. También Caín es un ejemplo de alienación. Leemos en Génesis:

> Fue Abel pastor, y Caín labrador. Y al cabo de tiempo hizo Caín ofrenda a Yahvé de los frutos de la tierra, y se lo hizo también Abel de los primogénitos de sus ganados, de lo mejor de ellos; agradóse Yahvé de Abel y su ofrenda, pero no de Caín y de la suya. Se enfureció Caín y andaba cabizbajo; y Yahvé le dijo: «¿Por qué estás enfurecido y por qué andas cabizbajo?[7]

Jahvé no parece darse cuenta de que lo que causó todo el problema fue su propio rechazo a Caín y su ofrenda.

> Dijo Caín a Abel, su hermano: «Vamos al campo». Y, cuando estuvieron en el campo, se alzó Caín contra Abel, su hermano, y le mató. Preguntó Yahvé a Caín: «Dónde está Abel, tu hermano?» Contestóle: «No sé; ¿soy acaso el guardián de mi hermano?» «¿Qué has hecho? –le dijo Él–. La voz de la sangre de tu hermano está clamando a mí desde la tierra. Ahora, pues, maldito serás de la tierra, que abrió su boca para recibir de mano tuya la sangre de tu hermano. Cuando la labres, te negará sus frutos y andarás por ella fugitivo y errante».[8]

Así, Caín es desterrado al desierto, recreando, a otro nivel, el destierro de Adán del paraíso. Si miramos este mito de manera objetiva en lugar de mirarlo desde la posición tradicional, vemos que el origen de la dificultad fue el rechazo de Dios a Caín sin causa o motivo aparente. Se nos dice que Abel era un pastor de ovejas y Caín un labrador de la tierra. Quizás Caín estaba iniciando la agricultura en una sociedad de pastores. Esto podría explicar el rechazo de Caín. Fue un innovador y sufrió el destino característico de todos los que intentan traer una nueva orientación a una sociedad establecida que teme el cambio. En cualquier caso, Caín es una figura arquetípica que representa la experiencia del rechazo y la alienación. Su reacción a un rechazo excesivo e irra-

[7] Génesis 4:2-6. La Bíblia, edición Nácar-Colunga, 1944.

[8] Génesis 4:8-12. La Biblia, Nácar-Colunga, 1944.

cional es característica, a saber, la violencia. Cada vez que uno experimenta la insoportable alienación y la desesperación, reacciona con violencia. La violencia puede tomar una forma externa o interna. En formas extremas, conduce al asesinato o al suicidio. El punto crucial es que en la raíz de la violencia, en la forma que sea, yace la experiencia de la alienación, un rechazo demasiado severo para ser soportado.

Recuerdo a un paciente que conocí en un hospital psiquiátrico cuya vida recreaba el mito de Caín. Desde la más tierna infancia, su mayor problema, y el tema central de su experiencia de vida, fue la rivalidad con su hermano mayor. Su hermano tuvo éxito en todo lo que emprendió y fue el favorito de ambos padres. Este favoritismo fue tan pronunciado que los padres comúnmente se referían al paciente con el nombre de su hermano. Esto, comprensiblemente, lo enfureció, porque significaba que no tenía experiencia como individuo independediente y apenas existía a sus ojos. El paciente quedó anclado en un estado de amargura y frustración con una sensación de absoluta inutilidad. Su grado de identificación con «el rechazado» se hizo evidente por su reacción cuando fue a ver la película, *Al este del Edén*, basada en la novela de John Steinbeck. Esta historia es una forma moderna del tema de Caín y Abel. Trata sobre dos hermanos, uno es el favorito del padre y el otro es descuidado y rechazado. El paciente se identificó poderosamente con el hermano rechazado y en medio de la película tuvo una reacción tan extrema de ansiedad y angustia que tuvo que irse.

Más tarde, el paciente se casó, pero las cosas no fueron bien entre él y su esposa. Su esposa tuvo una aventura con otro hombre. Esta situación despertó el viejo tema del rechazo con plena intensidad, hasta el punto que intentó asesinar a su esposa, pero no la mató. Más tarde intentó suicidarse. No tuvo éxito la primera vez, pero finalmente, en su tercer intento, logró quitarse la vida. Así vivió su destino mitológico hasta el fin.

Desde el punto de vista interno, hay muy poca diferencia entre asesinato y suicidio. La única diferencia está en la dirección hacia la que se mueve la energía destructiva. En el estado depresivo a menudo se encuentran sueños asesinos; el soñador se asesina a sí mismo de forma interna. Esas imágenes en los sueños indican que el asesinato y el suicidio son, simbólicamente, lo mismo.

Otra figura bíblica, que también es una representación típica del estado alienado, es Ismael *(imagen 8)*. Ismael era el hijo ilegítimo de Abraham y su esclava Agar. Cuando nació Isaac, el hijo legítimo, Ismael y su madre fueron expulsados al desierto. El tema de la ilegitimidad es un aspecto de la experiencia de la alienación. Los hijos ilegítimos reales generalmente tienen un grave problema de alienación, el cual podría denominarse complejo de Ismael.

El libro de Herman Melville, *Moby Dick*, es un bello ejemplo del funcionamiento del complejo de Ismael. El nombre del personaje central es Ismael y la historia representa una alternancia entre los estados de inflación y alienación. El primer párrafo de Moby Dick dice:

> Llamadme Ismael. Hace algunos años – no importa cuánto hace exactamente –, teniendo poco o ningún dinero en el bolsillo, y nada particular que me interesara en tierra, pensé que me iría a navegar un poco por ahí, para ver la parte acuática del mundo. Es un modo que tengo de alejar la melancolía y regular mi circulación. Cada vez que me sorprendo poniendo una boca triste; cada vez que en mi alma hay un noviembre húmedo y lloviznoso; cada vez que me encuentro parándome sin querer ante las tiendas de ataúdes; y, especialmente, cada vez que la hipocondría me domina de tal modo que hace falta un recio principio moral para impedirme salir a la calle con toda deliberación a derribar metódicamente el sombrero a los transeúntes, entonces, entiendo que es más que hora de hacerme a la mar tan pronto como pueda. Es mi sustitutivo de la pistola y la bala. Con floreo filosófico, Catón se arroja sobre su espada; yo, calladamente, me meto en el barco. No hay nada sorprendente en esto. Aunque no lo sepan, casi todos los hombres, en una o

Imagen 8. AGAR E ISMAEL EN EL DESIERTO de Gustave Doré.

en otra ocasión, abrigan sentimientos muy parecidos a los míos respecto al océano.[9]

Todo lo que sucede en el libro fluye, lógicamente, de este primer párrafo. Todo el drama trágico de la violencia y la inflación se desarrolla a partir del estado inicial de desesperación alienada y suicida. Es un ejemplo de bloqueo en el ciclo de la vida psíquica, un estado de alienación que conduce a una inflación renovada, teniendo como consecuencia un desastre aún mayor.

Otros clásicos literarios también comienzan con un estado de alienación. La Divina Comedia de Dante comienza con estas líneas:

En medio del camino de la vida,
errante me encontré por selva oscura,
en que recta vía era perdida.
¡Ay, que decir lo que era es cosa dura,
esta selva salvaje, áspera y fuerte
que en la mente renueva la pavura!
¡Tan amarga es, que es poco más la muerte![10]

El Fausto de Goethe también comienza en un estado de alienación. En la primera escena, expresa su vacío y esterilidad:

¿Y en esa cárcel seguiré viviendo?
Maldecido agujero tan oscuro
do el sol no logra entrar sino rompiendo
el vidrio pintorreado.
Preso entre un doble muro
de libros y papeles polvorientos,
sucia comida de gusano inmundo.[11]

---

[9] Melville H., *Moby Dick*, New York, Hendrick's House, pág 1. Para el texto en español se ha utilizado la traducción de José María Valverde, publicada por Ediciones Perdidas, Almería.

[10] Dante, *Divine Comedy*, traducción de Lawrence Grant White, New York, Pantheon. Para el texto en español se ha utilizado la traducción de Bartolomé Mitre, publicada por Centro cultural «Latium» en 1922.

[11] Goethe, *Faust*, traducción de L.MacNeice, London, Oxford Press. Para el texto en español se ha

Hölderlin expresa la transición de niño a adulto, como transición del cielo al páramo:

> Sed bendecidos, dorados sueños de la niñez.
> Vosotros me ocultasteis la pobreza de la vida,
> criasteis el buen germen del corazón;
> lo que nunca conseguí, ¡vosotros lo proveíais!
> ¡Oh, naturaleza!, en la luz de tu belleza se revelan,
> sin esfuerzo ni violencia, los reales frutos del amor,
> como las cosechas de la Arcadia.
> Ahora, está muerta la que me amamantó y me educó.
> Ahora, está muerto el mundo juvenil;
> este pecho, que una vez sentía un cielo,
> muerto y mísero como un campo de rastrojos.[12]

No nos faltan expresiones modernas del estado alienado. De hecho, son tan omnipresentes que nuestro tiempo bien podría llamarse la era de la alienación. Consideremos, por ejemplo, estos pasajes de *The Waste Land*, de T. S. Eliot:

> ¿Cuáles son las raíces que prenden, qué ramas
> se extienden en estos pétreos escombros? Hijo de hombre,
> no lo puedes decir, ni adivinar, pues sólo conoces
> un manojo de imágenes rotas en las que el sol golpea,
> y el árbol muerto no cobija, ni consuela el grillo
> ni mana el agua de la piedra seca.
> [...]
> Aquí no hay agua, sólo roca,
> roca y no agua por un camino arenoso
> serpenteante sobre las montañas
> que son montañas de roca sin agua.

---

utilizado la traducción de Manuel Antonio Matta, publicada por Pontificia Universidad Católica del Perú.

[12] «To Nature» citada en Jung,C.G., *Symbols of Transformation*,C.W., Vol 5, par. 624. Para el texto en español se ha utilizada la traducción de David Alvarado Archila, publicada en su blog El Montevideano – Laboratorio de Artes .

Si la hubiese nos detendríamos a beber.
Ni pensar ni pararse se puede entre las rocas.
Seco es el sudor y los pies se hunden en la arena.
Si al menos entre las rocas hubiera agua.
Muerta montaña de cariados dientes que no pueden escupir.
Ni sentado, ni de pie, ni tumbado se puede.
No hay silencio siquiera en las montañas
sino el seco y estéril trueno sin lluvia.
No hay soledad siquiera en las montañas,
sólo huraños rostros de mofa y queja
en los umbrales de casas de adobe agrietado.[13]

Este poderoso poema expresa la alienación individual y colectiva que es característica de nuestro tiempo. El «manojo de imágenes rotas» seguramente se refiere a los símbolos religiosos tradicionales que para muchas personas han perdido su significado. Vivimos en un desierto y no podemos encontrar la fuente de agua de vida. Las montañas, originalmente el lugar donde el hombre se encontraba con Dios, no tienen más que truenos secos y estériles que no anuncian lluvia.

El existencialismo moderno puede considerarse como un síntoma del estado alienado colectivo. Muchas novelas y obras de teatro actuales representan vidas perdidas e insignificantes. El artista moderno parece forzado a representar una y otra vez, la experiencia de la falta de sentido. Sin embargo, no es necesario considerar esto como un fenómeno totalmente negativo. La alienación no es un callejón sin salida. Probablemente, puede conducir a una mayor consciencia de las alturas y de las profundidades de la vida.

---

[13] Elliot, T.S., Collected Poems,New York, Harcourt, Brace and Company, pág.69 y 86. Para la versión en español se ha utilizado la traducción de Juan Malpartida, titulada *La tierra baldía* y publicada por Círculo de Lectores, 2001.

3. La alienación y la experiencia religiosa

Igual que la experiencia de la inflación activa es una parte necesaria del desarrollo del ego, la experiencia de la alienación es un preludio necesario para tener consciencia del Sí-mismo. Kierkegaard, la fuente del existencialismo moderno, reconoció el significado de la experiencia de la alienación en este pasaje:

> [...] se habla tanto de vidas desperdiciadas, pero solo se pierde aquella a la cual engañan tanto las alegrías como las penas, de modo que nunca llegará, como un beneficio decisivo para la eternidad, a la consciencia de ser un espíritu, un yo, o dicho de otra manera, nunca llegará a tener una consciencia profunda de la existencia de Dios, ni que ella misma, ella, su yo, existe delante de ese Dios; cuyo beneficio eterno no se obtiene sino por la desesperación.[14]

Jung dice esencialmente lo mismo en términos psicológicos:

> El Sí-mismo, en sus esfuerzos por realizarse, va más allá de la personalidad del ego en todos los aspectos; debido a su naturaleza que lo abarca todo, es más brillante y más oscuro que el ego, y en consecuencia lo confronta con problemas que al ego le gustaría evitar. O bien falla el coraje moral, o la percepción, o ambos, hasta que al final el destino decide.
>
> [...] te has convertido en víctima de una decisión difícil de comprender o que desafía al corazón. En esto podemos ver el poder numinoso del Sí-mismo, que difícilmente puede experimentarse de otra manera. Por esta razón, la experiencia del Sí-mismo es siempre una derrota del ego.[15]

Hay numerosas descripciones de experiencias religiosas que

---

[14] Kirkegaard, S., *Fear and Trembling, the Sickness Unto Death*, Garden City, N. Y., Doubleday Anchor Books, 1954, pág. 159 y sig.

[15] Jung, C.G., *Mysterium Coniunctionis*, C. W., Vol 14, par. 778.

Imagen 9. LOS ISRAELITAS RECOLECTANDO MANÁ de Las Horas de Catalina de Cleves.

generalmente están precedidas por lo que San Juan de la Cruz llamó «la noche oscura del alma», lo que Kierkegaard llamó «la desesperación» y lo que Jung llamó «la derrota del ego». Todos estos términos se refieren al mismo estado psicológico de alienación. Una y otra vez, encontramos en la documentación de las experiencias religiosas un profundo sentimiento de depresión, culpa, pecado, indignidad y la completa ausencia de cualquier sentido de apoyo transpersonal o fundamento de la existencia.

El símbolo clásico de la alienación es la imagen del desierto.

Y es aquí, de manera característica, donde uno se encuentra con alguna manifestación de Dios. Cuando el vagabundo perdido en el desierto está a punto de perecer, aparece una fuente de alimento divino. Los israelitas en el desierto son alimentados por el maná del cielo (Éxodo 16:4) *(imagen 9)*. Elías en el desierto es alimentado por cuervos (Reyes 17:2-6) *(imagen 10)*. Según la leyenda, San Pablo, el ermitaño del desierto, también fue alimentado por un cuervo *(imagen 11)*. Psicológicamente, esto significa que es más probable que suceda la experiencia del apoyo de la psique arquetípica cuando el ego ha agotado sus propios recursos y es consciente de su impotencia esencial por sí mismo. «La situación extrema del hombre es la oportunidad de Dios».

William James en su libro *Variedades de la experiencia religiosa*, ofrece una serie de ejemplos del estado de alienación que precede a una experiencia numinosa. Uno de los casos que analiza es el de Tolstói:

> Tolstoi explica que cuando contaba unos cincuenta años comenzó a padecer momentos de perplejidad, a los que llamó de suspensión, en los que se sentía como si no supiese «cómo vivir» o «qué hacer». Obviamente eran momentos en los que la excitación y el interés que normalmente provocan nuestras funciones habían cesado; la vida, antes fascinante, era ahora sobria, y más que sobria muerta; aquello que siempre había mostrado un significado evidente, no tenía ahora ninguno y comenzaron a asediarle las preguntas: ¿Por qué?, ¿y ahora qué? Parecía al principio que todas las preguntas serían contestadas y que se encontraría fácilmente la respuesta; sin embargo, en la medida en que se volvían urgentes se sentía como un hombre enfermo ante las primeras molestias a las a las que presta poca atención hasta que se convierten en un sufrimiento continuo y entonces se da cuenta de que lo que tomaba como un malestar pasajero es, sin embargo, lo más trascendental: la muerte.
>
> Tolstoi dice: «Sentía que algo dentro de mí, donde había reposado siempre mi vida, se había roto; que no me quedaba nada a

Imagen 10. ELÍAS ES ALIMENTADO POR LOS CUERVOS de Washington Allston, detalle.

donde agarrarme, y que moralmente mi vida se había detenido. Una fuerza invisible me impelía a desligarme de mi existencia de alguna manera; no puede decirse exactamente que deseara suicidarme porque la fuerza que me alejaba de la vida era más grande, más poderosa y general que cualquier simple deseo. Era una fuerza parecida a la vieja aspiración de vivir, pero que me impelía en dirección contraria; consistía en la aspiración de mi ser entero a alejarme de la vida.

«Imaginad un hombre feliz y lleno de salud escondiendo la cuerda para no colgarse en la viga de la habitación donde cada noche duerme solo. Imaginadme no yendo a cazar más por miedo a rendirme a la fácil tentación de matarme con la pistola. No sabía lo que quería, sentía miedo de vivir, me sentía impelido a abandonarla y, a pesar de todo, esperaba todavía algo».

«Todo eso ocurrió en un tiempo que, conforme a mis circunstancias externas, debiera haber sido completamente feliz. Tenía una buena esposa que amaba y me amaba; buenos servidores y grandes posesiones que aumentaban sin ningún problema. La

Imagen 11. SAN ANTONIO Y SAN PABLO EREMITA SON ALIMENTADOS POR UN CUERVO de Durero.

familia y los conocidos me respetaban más que nunca, los extraños me elogiaban y podía pensar que mi nombre era famoso sin miedo a exagerar. Además, ni estaba loco ni enfermo; al contrario, me encontraba fuerte mental y físicamente como nunca había observado en personas de mi edad. Segaba como los campesinos y podía hacer trabajos intelectuales durante ocho horas seguidas sin sentir efectos nocivos».

«Y a pesar de todo, no podía dar ningún significado razonable a acción alguna de mi vida y me sentía sorprendido de no haberme dado cuenta de todo esto desde el principio. Mi estado de ánimo era como si alguien me hubiese gastado una broma cruel y estúpida. El hombre sólo puede vivir mientras está intoxicado, embriagado de vida; sin embargo, cuando vuelve a estar sobrio no puede dejar de ver cómo todo consiste en una estúpida estafa, y lo más cierto de todo es que no hay nada de divertido o irrelevante, sino que es simplemente cruel y estúpido».

¿Cuál será el resultado de lo que haga hoy? ¿y de lo que haré mañana? ¿Cuál será el resultado de toda mi vida? ¿Por qué debo hacer nada? ¿Hay algún otro objetivo en la vida que la muerte inevitable que me espera no anule o desmienta? «Éstas son las preguntas más simples del mundo y se encuentran en el alma de cualquier ser humano, desde el niño más necio al viejo más sabio. Sin una respuesta es imposible, como bien he experimentado, que la vida pueda continuar».[16]

Este es un buen ejemplo de un ataque agudo de alienación. Las preguntas que hace Tolstói son las mismas preguntas que se encuentran en la raíz de cada neurosis que se desarrolla en los años maduros. Por eso, Jung dice que nunca ha visto a un paciente mayor de treinta y cinco años que haya sido sanado sin encontrar una actitud religiosa hacia la vida.[17] Una actitud reli-

[16] James, William, *Varieties of Religious Experience*, New York, Random House, Modern Library, pág.150 y sig. Para el texto en castellano se ha utilizado *Las Variedades de la Experiencia Religiosa,* traducción de J.F. Yvars, Madrid, Ediciones Península, 1986, pág. 75.

[17] Jung, C.G. *Psychology and Religion: West and East,* C.W., Vol. 11, par. 509. La cita completa es la siguiente: «Entre todos mis pacientes que están en la segunda mitad de su vida, o sea, con más de

giosa, entendida psicológicamente, se basa en una experiencia de lo *numinoso*, es decir, del Sí-mismo. Pero es imposible que el ego experimente al Sí-mismo como algo separado, siempre y cuando el ego se identifique inconscientemente con el Sí-mismo. Esto explica la necesidad de la experiencia de la alienación como preludio de la experiencia religiosa. El ego primero debe dejar de identificarse con el Sí-mismo antes de que el Sí-mismo pueda ser encontrado como «el otro». Mientras uno se identifique inconscientemente con Dios, no puede experimentar su existencia. Pero el proceso de separación ego/Sí-mismo causa alienación porque la pérdida de la identidad entre ego y Sí-mismo también implica daño al eje ego/Sí-mismo. De ahí la típica «noche oscura del alma» que precede a la experiencia numinosa.

Otro ejemplo es la descripción de John Bunyan de su estado alienado según lo que recoge James,

> «Pero mi corrupción interna original constituía mi plaga y mi aflicción; por esta razón, a mis ojos, me sentía más repugnante que un sapo y pensaba que también lo era ante los ojos de Dios. El pecado y la corrupción, decía, brotarán tan fácilmente de mi corazón como el agua de una fuente. Habría cambiado mi corazón por el de cualquiera. Creía que el Demonio me podía igualar en maldad interna y en corrupción mental. Seguro que Dios me ha desamparado, pensaba, y seguí así durante un tiempo, incluso durante algunos años.
>
> Me dolía que Dios me hubiese hecho hombre; bendecía la condición de las bestias, pájaros, peces [...] porque no tenían una naturaleza pecadora, no eran detestables por la cólera de Dios, no podían ir al infierno tras morir; por ello me hubiese alegrado ser de su condición. Bendecía la condición del perro, del sapo; efectivamente, me habría sentido contento con la condición del

---

treinta y cinco años, no ha habido ninguno cuyo problema no fuera, en última instancia, el de encontrar una perspectiva religiosa a la vida. Se puede afirmar con seguridad que todos ellos enfermaron debido a que habían perdido aquello que las religiones de todas las épocas han dado a sus seguidores, y ninguno de ellos ha sanado realmente sin conseguir una perspectiva religiosa. Por supuesto, esto no tiene nada que ver con un credo determinado o con pertenecer a una iglesia en particular».

perro o del caballo, porque sabía que su alma no moriría bajo el peso eterno del Infierno o del Pecado, como lo haría la mía con toda seguridad. A pesar de lo que veía y sentía, y de que me destrozaba con ello, lo que aumentaba mi dolor era que mi alma no encontraba la liberación. Mi corazón era entonces excesivamente duro. Si hubiesen dado mil libras por una lágrima, no habría vertido ni una.

«Era una carga y un espanto; jamás había sabido como ahora que estaba harto de mi vida y, al mismo tiempo, tenía miedo a morir. ¡Con qué alegría hubiese aceptado cualquier existencia excepto la mía! ¡Cualquier cosa excepto hombre!, cualquier condición menos la mía».[18]

El estado de ánimo de Bunyan tiene un carácter claramente patológico. Los mismos sentimientos de culpabilidad total e imposibilidad de redención se expresan en la melancolía psicótica. Su sensación de ser el hombre más culpable de la tierra es una inflación negativa. Sin embargo, también es alienación. La envidia de Bunyan hacia los animales es algo que aparece una y otra vez en los relatos de la condición alienada que precede a la experiencia religiosa. Esta envidia de los animales nos da una pista sobre cómo debe curarse el estado de alienación: mediante un contacto renovado con la vida instintiva natural.

Aunque la alienación es una experiencia arquetípica y, por lo tanto, de todos los humanos en general, las formas exageradas de la experiencia, como la de Bunyan, suelen encontrarse en personas con cierto tipo de infancia traumática. En los casos en que el niño experimenta un grado severo de rechazo por parte de los padres, el eje ego/Sí-mismo se daña y el niño se predispone para posteriores estados de alienación que pueden alcanzar proporciones insoportables. Este curso de los acontecimientos se debe al hecho de que el niño experimenta el rechazo de los padres como rechazo

[18] James, *Varieties of Religious Experience. Para el texto en castellano se ha utilizado Las Variedades de la Experiencia Religiosa, traducción de J.F. Yvars, Madrid, Ediciones Península,1986 pág. 76.*

de parte de Dios. La experiencia luego se construye en la psique como alienación permanente del ego respecto del Sí-mismo.

En el contexto de la tradición cristiana, la experiencia de la alienación se entiende comúnmente como un castigo divino por el pecado, explicado desde la doctrina de San Anselmo. Según él, el pecado es apropiarse de los privilegios de Dios y una deshonra a Dios. Este deshonor requiere satisfacción. Anselmo establece así su doctrina:

> Todo deseo de una criatura racional debe estar sujeto a la voluntad de Dios [...] esta es la única y completa deuda de honor que le debemos a Dios y que Dios requiere de nosotros [...] El que no rinde este honor que se debe a Dios, roba a Dios y lo deshonra; y esto es pecado. Además, mientras no restaure lo que se ha llevado, sigue teniendo la culpa; y no será suficiente con simplemente restaurar lo que se ha quitado, sino que, considerando el desprecio manifestado, debería restaurar más de lo que quitó. Porque, como uno que pone en peligro la seguridad de otro, no tiene suficiente con restaurar su seguridad, sin compensar por la angustia en que se ha incurrido; así que el que viola el honor de otro no tiene suficiente con solo rendir honor nuevamente, sino que debe, de acuerdo con la extensión del daño hecho, restaurar de alguna manera satisfactoria a la persona a la que ha deshonrado. También debemos observar que cuando alguien paga lo que injustamente ha quitado, debe dar algo que no se le podría haber exigido, si no hubiera robado lo que pertenecía a otro. Entonces, todo aquel que peca debe devolver el honor que le ha robado a Dios; y esta es la satisfacción que todo pecador debe a Dios.[19]

El pecado es la presunción inflada del ego que asume las funciones del Sí-mismo. Este crimen requiere castigo (alienación) y restitución (remordimiento, arrepentimiento). Pero según Anselmo, la plena satisfacción requiere el retorno de más de lo que ori-

---

[19] San Anselmo, *Cur Deus Homo*, Capítulo XI, en *Basic Writings*, La Salle, III., Open Court Publishing Co, 1962, pág. 202 y sig.

ginalmente se tomó. Esto es imposible ya que el hombre le debe a Dios total obediencia incluso sin pecado. El hombre no tiene recursos adicionales para pagar su infracción. Para esto, debe usar la gracia provista por el sacrificio del Dios-hombre Jesucristo. En la secuencia del pecado y el arrepentimiento, Dios mismo paga la multa por la abundancia de la gracia. Esto corresponde a la declaración de San Pablo: «Mas cuando el pecado abundó, sobreabundó la gracia; para que así como el pecado reinó para muerte, así también la gracia reine por la justicia mediante Jesucristo, Señor nuestro» (Romanos 5:20-21). La siguiente pregunta de Pablo: «¿Perseveraremos en el pecado para que la gracia abunde?» tiene, por supuesto, una respuesta negativa. Sin embargo, la pregunta hace alusión al hecho incómodo de que la gracia está de alguna manera relacionada con el pecado.

Entendidas psicológicamente, estas doctrinas teológicas se refieren a la relación entre el ego y el Sí-mismo. La inflación (pecado) debe evitarse siempre que sea posible. Cuando ocurre, el ego solo puede redimirse restaurando el honor perdido del Sí-mismo (arrepentimiento, contrición) *(imagen 12).* Sin embargo, esto no es suficiente para la plena satisfacción. La gracia derivada del autosacrificio del Sí-mismo debe completar el pago. Existe, incluso, el indicio de que el pecado del ego y la pena subsiguiente son necesarios para generar el flujo de energía curativa (gracia) desde el Sí-mismo. Esto correspondería al hecho de que el ego no puede experimentar el apoyo del Sí-mismo hasta que se ha liberado de su identificación con el Sí-mismo. No puede ser un recipiente para la afluencia de la gracia hasta que se ha vaciado de su propia saturación inflada; y este vaciado ocurre solo a través de la experiencia de la alienación.

Martin Lutero expresa la misma idea:

> Dios obra a través de contrarios para que un hombre se sienta perdido en el mismo momento en que está a punto de ser salvado. Cuando Dios está a punto de justificar a un hombre, lo condena. Debe matar primero a quien dará la vida. El favor de

Imagen 12. LA PENITENCIA DE DAVID. El profeta Nataán reprende a David, y este se arrepiente de haber seducido a Betsabé. En el lado derecho vemos este arrepentimiento (metanoia). Ilustración de un manuscrito bizantino.

Dios se comunica de tal manera en forma de ira que parece más lejos cuando está cerca. El hombre primero debe clamar que no hay salvación en él. Debe ser consumido con horror. Este es el dolor del purgatorio [...] En esta perturbación, empieza la salvación. Cuando un hombre cree que está completamente perdido, la luz irrumpe.[20]

[20] Bainton, Roland, *Here I Stand*, New York, Abingdon-Cokesbury, 1950, pág. 82 y sig.

4. Restitución del eje ego/Sí-mismo

Hay un cuadro clínico típico, que se ve a menudo en la práctica psicoterapéutica, que podría llamarse una neurosis de alienación. Un individuo con ese tipo de neurosis duda mucho sobre su derecho a existir. Tiene una profunda sensación de indignidad con todos los síntomas de lo que comúnmente denominamos complejo de inferioridad. Asume inconscientemente y automáticamente que todo lo que sale de sí mismo – sus deseos, sus necesidades y sus intereses más íntimos – debe ser malo o, de alguna manera, inaceptable. Con esta actitud, la energía psíquica se ve obstaculizada y debe surgir de forma encubierta, inconsciente o destructiva, como síntomas psicosomáticos, ataques de ansiedad o afectos inmaduros, depresión, impulsos suicidas, alcoholismo, etc. Fundamentalmente, un paciente de este tipo se enfrenta al problema de si está o no justificado ante Dios. Aquí tenemos la base psicológica para la pregunta teológica de la justificación. ¿Estamos justificados por la fe o por las obras? Esta pregunta pone, en pocas palabras, la diferencia entre los puntos de vista introvertido y extravertido. La persona alienada se siente profundamente injustificada y apenas puede actuar de acuerdo a sus auténticos intereses. Al mismo tiempo, está aislada de todo sentido de significado. La vida está vacía de contenido psíquico.

Para salir del estado alienado, debe restablecerse el contacto entre el ego y el Sí-mismo. Si esto sucede, se abre un mundo completamente nuevo. Aportamos una descripción de ese tipo de experiencia de un caso del Dr. Rollo May. La paciente era una mujer de 28 años que había sido una hija ilegítima y había sufrido severamente de lo que yo llamaría una neurosis de alienación. Ella habla de su experiencia en estas palabras:

> Recuerdo haber caminado ese día bajo las vías elevadas en una zona de barrios marginales, sintiendo el pensamiento «soy una niña ilegítima». Recuerdo el sudor que brotaba de mi angustia al tratar de aceptar ese hecho. Entonces entendí lo que debe

> sentirse al aceptar cosas como: «soy un negro en medio de blancos privilegiados» o «soy ciego en medio de personas que ven». Más tarde esa noche me desperté y me vino a la mente de esta manera, «acepto el hecho de que soy una niña ilegítima», pero «ya no soy una niña». Por tanto, solo «soy ilegítima». Y eso tampoco significa que «nací ilegítima». Entonces, ¿qué queda? Lo que queda es esto, «Yo soy». Este acto de contacto y aceptación con «Yo soy», al que una vez me aferré, me dio (y creo que esa fue la primera vez) la experiencia siguiente: «debido a que soy, tengo derecho a ser».
>
> ¿Cómo es esta experiencia? Es un sentimiento primario: es como recibir la escritura de la casa propia. La experiencia de mi vida es que no me importa si resulta ser esto o aquello. Es como cuando un niño muy pequeño llega al corazón de un melocotón y rompe el hueso, sin saber lo que va a encontrar y luego sintiendo la maravilla de encontrar la semilla interna que, por su amarga dulzura, es buena para comer [...] Es como un velero en el puerto al que se le da un ancla para que, ya que está hecho de cosas terrenales, pueda por medio de su ancla volver a estar en contacto con la tierra, la tierra de la que creció su madera; puede levantar su ancla para navegar, pero siempre que quiera puede echar el ancla para capear la tormenta o para descansar un poco [...].
>
> Es como ir a mi propio Jardín del Edén donde estoy más allá del bien y del mal y de todos los demás conceptos humanos [...] Es como el globo terráqueo antes de que las montañas, los océanos y los continentes se hayan dibujado sobre él. Es como un niño que en la clase de gramática encuentra el sujeto del verbo en una oración, en este caso el sujeto es su propia vida. Se está dejando de sentir como una teoría sobre uno mismo.[21]

May denomina esta experiencia como «yo soy» de forma adecuada y descriptiva. También se puede entender como la restitución del eje ego/Sí-mismo que debe haber tenido lugar en el contexto de una fuerte transferencia.

El siguiente sueño de una mujer joven durante la terapia tam-

---

[21] *Existence*, May, R., Engel, E., Ellenberger, W. F., (editores), New York, Basic Books, 1950, pág. 43.

bién ilustra la reparación inicial de un eje ego/Sí-mismo dañado. Ella soñó: *He sido desterrada al frío y estéril desierto de Siberia y estoy vagando sin rumbo fijo. Se acerca un grupo de soldados a caballo. Me arrojan a la nieve y proceden a violarme uno por uno. Esto sucede cuatro veces. Me siento desgarrada y paralizada por el frío. Entonces el quinto soldado se acerca. Espero el mismo tratamiento, pero para mi sorpresa veo lástima y comprensión humana en sus ojos. En vez de violarme, me envuelve suavemente en una manta y me lleva a una cabaña cercana. Allí me siento junto al fuego y me alimento con sopa caliente. Sé que este hombre me va a curar.*

Este sueño ocurrió al principio de la transferencia. La paciente había sufrido de un severo rechazo por parte de ambos padres. Su padre, en particular, la descuidó por completo después de divorciarse de su madre. Este fue un golpe aplastante para la autoestima de la paciente y la dejó alienada de los valores que llevaba el padre y, en última instancia, de una parte del Sí-mismo. El sueño describe vivamente su sensación de alienación o destierro y también su nueva experiencia de restauración: el eje del ego/Sí-mismo estaba siendo reparado. Esto sucede a medida que crece la consciencia de fuertes sentimientos de transferencia. Tales experiencias, por supuesto, se dan a menudo en la psicoterapia, y generalmente se manejan con mayor o menor éxito mediante los buenos sentimientos y las teorías establecidas sobre la transferencia. Sin embargo, creo que la comprensión de que se está produciendo un proceso central y profundo que involucra la reparación del eje del ego/Sí-mismo otorga una dimensión adicional a la comprensión del fenómeno de la transferencia. Además, uno es capaz de comprender la experiencia terapéutica en el contexto más amplio de la necesidad universal del hombre de una relación con la fuente transpersonal del ser.

Otro ejemplo del efecto sanador logrado al restablecer la conexión entre el ego y el Sí-mismo se encuentra en un sueño que me fue relatado. El hombre que tuvo este sueño había soportado una privación emocional severa en la infancia. También era hijo ilegítimo, criado por padres adoptivos que eran casi psicóticos y que no proporcionaban prácticamente ninguna experiencia parental positiva para el niño. Como resultado, se quedó con un sentido extremo de alienación en la vida adulta. Aunque con bastante talento, estuvo severamente bloqueado en sus esfuerzos por darse cuenta de sus potencialidades. Tuvo este sueño la noche siguiente a la muerte de Jung (6 de junio de 1961). Menciono este detalle porque quedó bastante afectado por la muerte de Jung y porque en cierto sentido el sueño expresa un aspecto del enfoque de Jung en la psique. Este es el sueño: *Cuatro de nosotros llegamos a un planeta extraño. El número cuatro parece ser una cuaternidad en el sentido de que cada uno representa diferentes aspectos de un solo ser como si fuésemos representaciones de las cuatro direcciones o de las cuatro razas diferentes del hombre. Al llegar, descubrimos una contraparte de nuestro grupo de cuatro en el planeta: un segundo grupo de cuatro. Este grupo no habla nuestro idioma, de hecho, cada uno de los cuatro habla un idioma diferente. Lo primero que intentamos hacer es establecer algún lenguaje en común. (Este problema ocupa gran parte del sueño, pero voy a omitir esta parte).*

En este planeta hay un súper-orden que se impone a todos sus habitantes. Pero no se impone como si lo hiciera una persona o un gobierno, sino por una autoridad benigna que suponemos que es la naturaleza. En su capacidad para ejercer el control sobre todos, no hay ninguna amenaza para la individualidad.

Entonces, me distrae algo que sucede en una cámara de emergencia. Uno de los cuatro del planeta ha tenido un ataque. Parece que su entusiasmo por nuestra llegada ha hecho que su corazón lata demasiado rápido. Y está en la naturaleza del súper-orden intervenir cuando suceden cosas de este tipo. Se coloca en un estado semi-comatoso durante el cual se conecta al latido del corazón maestro que absorberá la «sobrecarga» hasta que se haya equilibrado.

Comienzo a preguntarme si los cuatro podremos quedarnos. Luego recibimos la información de que se nos permitirá permanecer con la condición de que nos coloquen en longitudes de onda para que la «fuente central de la ley de energía» pueda medir y detectar cuándo entramos en lo que en el planeta se llama «peligro» y que en la Tierra llamamos «pecado». En el momento en que entramos en peligro, el súper-orden «tomará el mando» hasta que la condición haya sido corregida. Habrá peligro siempre que un acto se realice para la gratificación inmediata del ego o cualquier parte consciente de la personalidad en lugar de referirse a las raíces arquetípicas de ese acto, es decir, sin relacionar ese acto con su origen arquetípico y con el aspecto del ritual, que estuvo involucrado en el acto original del que deriva.

La característica central de este impresionante sueño es el «superordenador» y «fuente central de la ley de la energía» que existe en otro planeta (el inconsciente). Esta imagen es una expresión simbólica del proceso de regulación transpersonal de la psique y corresponde a nuestro concepto de la función compensatoria del inconsciente. El sueño declara que surge el peligro «siempre que se realice un acto para la gratificación inmediata del ego sin referencia a las raíces arquetípicas de ese acto». Esta es una descripción exacta de la inflación en la que el ego opera sin referencia a las categorías suprapersonales de la existencia. Además, el sueño equipara esta condición con el pecado, un equivalente preciso a la visión de Agustín citada en páginas anteriores.

El sueño nos dice que el «super-orden» entra en vigor para eliminar la «sobrecarga» tan pronto como el ego se infla, protegiendo así contra los peligros de una alienación subsiguiente. Este mecanismo protector o compensador tiene un paralelismo, en el campo de la fisiología, en el principio de homeostasis de Walter Cannon.[22] Según este principio, el cuerpo tiene incorporado un proceso de homeostasis o autorregulación que no permite que los componentes básicos del cuerpo se alejen de un equilibrio adecuado. Por ejemplo, si ingerimos demasiado cloruro de sodio, los riñones aumentan la concentración de cloruro de sodio en la orina. O, si se acumula una concentración demasiado grande de dióxido de

[22] Cannon,W.B., *The Wisdom of the Body*, New York, 1932.

carbono en la sangre, ciertos centros nerviosos en el cerebro aumentan la frecuencia respiratoria para eliminar el exceso de dióxido de carbono. El mismo proceso homeostático autorregulador funciona en la psique siempre que sea libre de operar de forma natural y no haya sido dañada. Al igual que el cuerpo, la psique inconsciente tiene una sabiduría instintiva que puede corregir los errores y excesos de la consciencia, si estamos abiertos a sus mensajes. Esta función correctiva deriva del Sí-mismo y requiere una conexión viva y saludable entre el Sí-mismo y el ego para operar libremente.

Incluso para el hombre «normal», la alienación es una experiencia necesaria para que tenga lugar el desarrollo psicológico, porque la identidad entre ego y Sí-mismo es tan universal como el pecado original. De hecho, son idénticos. Carlyle lo ha expresado inteligentemente. Él dice que la felicidad es inversamente proporcional a la cantidad de nuestras expectativas, es decir, a cuánto creemos que tenemos derecho. La felicidad es igual a lo que tenemos, dividida por lo que esperamos. Carlyle escribe lo siguiente:

> Utilizando ciertas valoraciones y promedios, para nuestra propia sorpresa, nos encontramos con algún tipo de destino terrenal promedio; nos parece que nos pertenece por naturaleza, y que es nuestro derecho irrevocable. Es un simple pago de salario, algo que merecemos; no requiere agradecimiento ni queja; contamos como felicidad solo el excedente que pueda haber; cualquier déficit es contado como miseria. Consideremos ahora que somos nosotros mismos los que valoramos nuestros propios merecimientos, y consideremos también qué fondo de autoengaño hay en cada uno de nosotros, ¿te preguntas por qué el equilibrio cae tan a menudo del lado equivocado? [...]. Te digo, zoquete, que todo viene de tu vanidad; de lo que *tú crees* que son tus méritos. Supongo que si mereces que te cuelguen (algo que sería muy probable), sentirás la felicidad de que solo te disparen [...] *tu Fracción de la Vida puede incrementarse en valor no tanto*

por aumentar tu Numerador sino por disminuir tu Denominador. Es más, a menos que mi Álgebra me engañe, la *Unidad* misma dividida por *Cero* da *Infinito.* Haz que tu salario sea cero y tendrás el mundo bajo de tus pies. Bien escribió el sabio de nuestro tiempo: «Sólo por la renuncia (Entsagen) se puede decir que la Vida, propiamente hablando, empieza».[23]

[23] Carlyle, Thomas, *Sartor Resartus*, Everyman's Library, London Dent and Sons, 1948, pág. 144.

CAPÍTULO TRES

El encuentro con el Sí-mismo

Contemplo esta vida como el progreso de una esencia principesca, el alma, que abandona su corte para ver el país. El cielo tiene una imagen de lo terrenal y si el alma se conformara con ideas, no habría viajado más allá. Pero las Ideas esenciales llevan a sus imitaciones ... y el alma las va formando mientras examina su simetría. Así, en su descenso, las imitaciones le hablan de los modelos originales. Dios, enamorado de su propia belleza, enmarca un espejo para verla en el reflejo.

***Thomas Vaughn*[1]**

1. El papel del colectivo

Hemos visto que los estados de inflación y alienación, que forman parte del ciclo de vida psíquico, tienden a convertirse en otra cosa. Cuando actúa el estado inflado conduce a una caída y, por lo tanto, a la alienación. La condición alienada también conduce, en

[1] Vaughn Thomas, *Antroposophia Theomagica*, en *The Works of Thomas Vaughn*, Waite, A. E., (editor), reimpreso por University Books, New Hyde Park, N.Y., pág.5.

circunstancias normales, al estado de sanación y restitución. La inflación o la alienación se vuelven condiciones peligrosas solo si están separadas del ciclo de vida del que forman parte. Si alguna de estas fases se convierte en un estado estático y crónico del ser, en lugar de ser parte de una dinámica integral, la personalidad se ve amenazada. En ese punto se requiere psicoterapia. Sin embargo, la mayor parte de la gente siempre ha estado protegida de estos peligros por medios colectivos convencionales (y, por lo tanto, en gran parte inconscientes).

Los peligros psíquicos de la inflación y la alienación, bajo diferentes nombres, siempre han sido reconocidos en la práctica religiosa y en la sabiduría popular de todas las razas y épocas. Hay muchos rituales, colectivos y personales, que existen con el propósito de evitar cualquier tendencia inflada a tentar la envidia de Dios. Por ejemplo, tenemos la práctica ancestral de tocar madera cuando uno dice que las cosas van bien. Detrás de esto subyace la comprensión, inconsciente o consciente, de que el orgullo y la complacencia son peligrosos. Por lo tanto, se debe usar algún procedimiento para mantener a uno en un estado humilde. El uso de la frase «si Dios quiere» tiene el mismo propósito. Los tabúes, que encontramos en la sociedad primitiva, en la mayoría de los casos tienen la misma base: proteger al individuo del estado inflado, del contacto con poderes que serían demasiado grandes para la limitada consciencia del ego y que podrían explotar desastrosamente. El procedimiento primitivo de aislar guerreros victoriosos cuando regresan de la batalla cumple la misma función de protección. Los guerreros victoriosos pueden ser inflados por la victoria y pueden volverse contra la aldea si se les permite entrar. Por lo tanto, hay unos pocos días de enfriamiento antes de que tenga lugar la reintegración en la comunidad.

Hay un interesante ritual antiguo del mitraísmo llamado «el rito de la corona» diseñado para proteger contra la inflación. El siguiente ritual se realizaba durante la iniciación de los soldados romanos en el mitraísmo. A punta de espada, se le ofrecía una corona al candidato; pero al iniciado se le enseñaba a apartarla con la mano y a afirmar que «Mitra es mi corona». A partir de entonces nunca usaba una corona o guirnalda, ni siquiera en banquetes ni en triunfos militares, y cada vez que le ofrecían una corona, la rechazaba diciendo: «es de mi dios».[2]

En el budismo zen, se han desarrollado técnicas sutiles para debilitar la inflación intelectual, la ilusión de que uno sabe. Una de estas técnicas es el uso de koans o de dichos enigmáticos. Un ejemplo sería el siguiente: Un alumno le pregunta a su maestro «¿Los perros tienen una naturaleza búdica?». El maestro le responde: «¡Guau!».

En la tradición cristiana hay un gran esfuerzo para proteger contra el estado inflado. Los siete pecados capitales; el orgullo, la ira, la envidia, la lujuria, la gula, la avaricia y la pereza son síntomas de inflación. Al ser etiquetados como pecados, que requieren confesión y penitencia, el individuo está protegido contra esa inflación. El mensaje básico de las bienaventuranzas de Jesús es que la bendición llegará a la personalidad no inflada.

También hay muchos procedimientos tradicionales para proteger al individuo del estado alienado. Entendido psicológicamente, el objetivo central de todas las prácticas religiosas es mantener al individuo (el ego) relacionado con la deidad (el Sí-mismo). Todas las religiones son depósitos de experiencias transpersonales e imágenes arquetípicas. El propósito innato de las ceremonias religiosas de todo tipo parece ser el de proporcionar al individuo la experiencia de estar relacionado significativamente con estas categorías transpersonales. Esto es cierto en el caso de la misa y el de la confesión católica, en una forma más personal, donde el individuo tiene la oportunidad de desahogarse de cualquier circunstancia que haya provocado un sentimiento de alienación de Dios. A través de la aceptación del sacerdote como agente de Dios, se establece un cierto sentido de retorno a Dios y de reconexión con él.

---

2 Willoughby, Harold R., *Pagan Regeneration*, Chicago, University of Chicago Press, 1929, pág. 156.

Todas las prácticas religiosas tienen la capacidad de ver las categorías transpersonales de la existencia e intentan relacionarlas con el individuo. La religión es la mejor protección colectiva disponible contra la inflación y contra la alienación. Hasta donde sabemos, cada sociedad ha tenido estas categorías suprapersonales en su ritual colectivo dc vida. Es bastante dudoso que la vida humana colectiva pueda sobrevivir sin un sentido común y compartido de consciencia de estas categorías transpersonales.

Sin embargo, aunque los métodos colectivos protegen al hombre de los peligros de las profundidades psíquicas, también tienen el inconveniente de privar al ser humano de la experiencia individual de estas profundidades y de la posibilidad de desarrollo que dicha experiencia promueve. Mientras que una religión en vigor pueda contener al Sí-mismo y hacer de intermediaria, habrá poca necesidad de que el individuo tenga un encuentro personal con el Sí-mismo. El ser humano no sabrá encontrar su relación individual con la dimensión transpersonal porque la Iglesia oficial asumirá el papel y pretenderá hacer esta tarea por él.

Esto plantea la seria pregunta de si la sociedad occidental moderna todavía tiene un contenedor funcional para categorías o arquetipos suprapersonales. O, como dice Elliot, ¿tenemos solo «un manojo de imágenes rotas»? El hecho es que un gran número de individuos no tienen categorías vivas, funcionales y suprapersonales, mediante las cuales puedan comprender la experiencia de la vida, suministradas por la Iglesia o por otros caminos. Esta es una situación peligrosa porque, cuando estas categorías no existen, es probable que el ego se considere a sí mismo como todo o como nada. Además, cuando los arquetipos no tienen un contenedor adecuado, como una estructura religiosa establecida, tienen que hallar un contenedor en otro ámbito porque los arquetipos son realidades de la vida psíquica. Una posibilidad es que se proyecten en asuntos banales o seculares. El valor transpersonal puede llegar a ser, por ejemplo, cuán alto es el nivel de vida de uno, o cuánto es el poder personal, o algún movimiento de reforma social, o cualquier actividad política. Esto sucede en el nazismo, la derecha radical, y en el comunismo, la izquierda radical. El mismo tipo de dinámica se puede proyectar en el problema racial, ya sea como racismo o como antirracismo. Las acciones personales, seculares o políticas se cargan con un significado religioso inconsciente. Esto es particularmente peligroso porque cada vez que una motivación religiosa actúa inconscientemente causa fanatismo con todas sus consecuencias destructivas.

Cuando la psique colectiva se encuentra en un estado estable, la mayoría de personas comparten un mito vivo o deidad común. Cada individuo proyecta su imagen interior de Dios (el Sí-mismo) sobre la religión de la comunidad. La religión colectiva sirve entonces como el contenedor del Sí-mismo para una multitud de individuos. La realidad de las fuerzas de vida transpersonales se refleja en las imágenes externas que se personifican en el simbolismo, en la mitología y en los ritos. Mientras funciona adecuadamente, la Iglesia protege a la sociedad contra cualquier inflación o alienación generalizada. Esta situación estable se representa esquemáticamente en la figura 6. Aunque esta situación es estable, tiene sus defectos. El Sí-mismo o imagen de Dios todavía es inconsciente, es decir, no se reconoce como una entidad psíquica interna. Aunque la comunidad de creyentes estará en relativa armonía unos con otros, debido a su proyección compartida, la armonía es ilusoria y hasta cierto punto ficticia. En relación con la Iglesia, los individuos estarán en un estado de identificación colectiva o de participación mística y no habrán establecido ninguna relación única e individual con el Sí-mismo.

Si, actualmente, la Iglesia pierde su capacidad de llevar a cabo la proyección del Sí-mismo, tenemos la condición que Nietzsche anunció para el mundo moderno: «¡Dios ha muerto!» Toda la energía psíquica y los valores que habían estado contenidos en la Iglesia ahora vuelven al individuo, activando su psique y causando serios problemas. ¿Qué pasará ahora? Hay diversas posibilidades y vemos ejemplos de cada una en la vida contemporánea *(figura. 7)*:

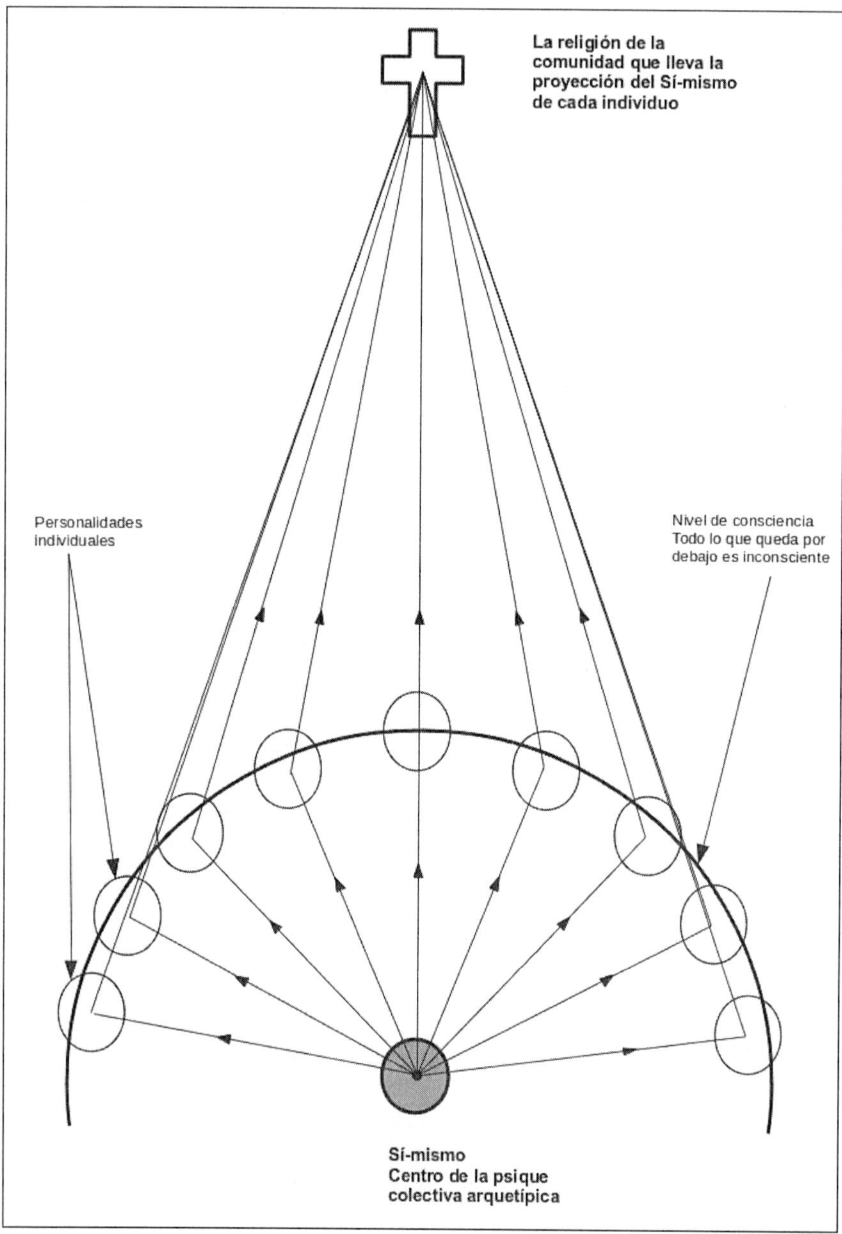

Figura 6. Estado estable de una comunidad de creyentes religiosos.

1.– La primera posibilidad es que con la pérdida de la proyección de Dios en la Iglesia, el individuo perderá al mismo tiempo su conexión interna con el Sí-mismo (caso 1, figura 7). El individuo sucumbe entonces a la alienación y a todos los síntomas de la vida vacía y sin sentido que son tan comunes en la actualidad.

2.– La segunda posibilidad es que el individuo pueda asumir, sobre su propio ego y sus capacidades personales, toda la energía previamente vinculada a la deidad (caso 2, figura 7). Esta persona sucumbe a la inflación. Ejemplos de esto se ven en los *hybris* que sobrevaloran los poderes racionales y manipuladores del hombre y niegan el misterio sagrado inherente a la vida y a la naturaleza.

3.– La tercera posibilidad es que el valor suprapersonal proyectado que ha sido retirado de su contenedor religioso sea reproyectado a algún movimiento secular o político (caso 3, figura 7). Pero los propósitos seculares nunca son un contenedor adecuado para el significado religioso. Cuando la energía religiosa se aplica a un objeto secular, tenemos lo que se puede describir como idolatría, que es religión falsa e inconsciente. El destacado ejemplo actual de reproyección es el conflicto entre el comunismo y el capitalismo. El comunismo en particular es claramente una religión secular que intenta activamente canalizar las energías religiosas hacia fines seculares y sociales.

Cuando los grupos opuestos proyectan el valor del Sí-mismo sobre las ideologías políticas en conflicto, es como si la totalidad original del Sí-mismo se dividiera en fragmentos antitéticos que se combaten mutuamente. En tal caso, las contradicciones del Sí-mismo o de Dios se manifiestan en la historia. Ambos lados del conflicto partidista derivan su energía de la misma fuente, el Sí-mismo compartido; pero al ser inconscientes de esto, están condenados a vivir el trágico conflicto en sus vidas. Dios mismo está atrapado en el oscuro conflicto. En cada guerra dentro de la civilización occidental, ambas partes han rezado al mismo Dios. Como dijo Matthew Arnold en su poema *Dover Beach*:

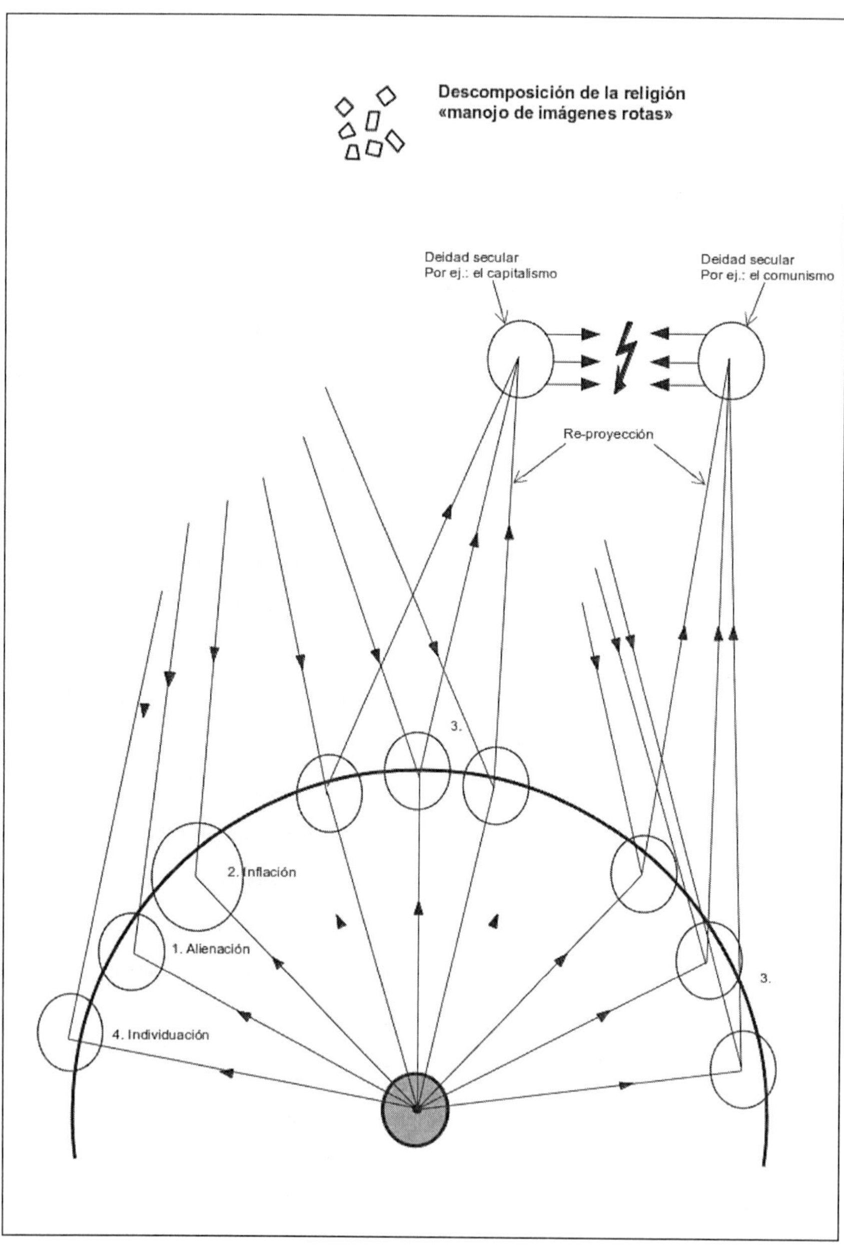

Figura 7. Descomposición de una proyección religiosa.

Y estamos aquí como en una llanura oscura,
atormentados por la confusión ante alarmas de ataque aéreo
donde desconocidos ejércitos se enfrentan en la noche.

4.– La cuarta forma posible de tratar con la pérdida de una proyección religiosa se muestra en el caso 4 *(figura 7)*. Si cuando se arroja sobre el individuo la pérdida de un valor religioso proyectado, puede afrontar las preguntas fundamentales de la vida que se le presentan, puede aprovechar esta oportunidad para un desarrollo decisivo en la consciencia. Si es capaz de trabajar consciente y responsablemente con la activación del inconsciente, puede descubrir el valor perdido, la imagen de Dios, dentro de la psique. Esta posibilidad está representada en el diagrama por el círculo que ahora tiene una sección mayor de Sí-mismo fuera del arco de la inconsciencia. La conexión entre el ego y el Sí-mismo se realiza ahora conscientemente. En este caso, la pérdida de una proyección religiosa ha tenido un propósito saludable; ha sido el estímulo que conduce al desarrollo de una personalidad individuada, al proceso de individuación.

Una característica destacada de la pérdida colectiva de las categorías suprapersonales ha sido la creciente preocupación por la subjetividad del individuo. Esto es realmente un fenómeno moderno y, de hecho, no podría existir si los valores transpersonales estuvieran contenidos satisfactoriamente en una religión colectiva tradicional. Pero una vez que el sistema de símbolos tradicional se descompone, es como si una gran oleada de energía volviera a la psique individual, y un interés y una atención mucho mayores se centraran en la subjetividad del individuo. Es a partir de este fenómeno cuando se descubrió la psicología profunda. La misma existencia de la psicología profunda es un síntoma de nuestro tiempo. Otras evidencias están en todas las artes. En obras de teatro y novelas, las personas más triviales y banales se describen exhaustivamente en sus aspectos más insignificantes y personales. Se está dando un grado de valor y atención a la subjetividad interna como nunca antes había sucedido. En realidad, esta tendencia es un indicativo de lo que está por venir. Si seguimos hasta su meta inevitable, continuará conduciendo a más y más personas a un redescubrimiento de las categorías suprapersonales perdidas dentro de sí mismos.

2. El avance

En cierto punto del desarrollo psicológico, generalmente después de una intensa experiencia de alienación, el eje entre el ego y el Sí-mismo hace surgir repentinamente la visión consciente. Se realiza la condición representada en la figura 3. El ego es consciente de un centro transpersonal al que está subordinado, lo experimenta.

Jung describe que esto sucede de la siguiente manera:

> Cuando se alcanza una cima en la vida, cuando el brote se desarrolla y de lo pequeño surge lo mayor, entonces, como dice Nietzsche, «Uno se convierte en Dos», y la figura mayor, que siempre fue pero que permaneció invisible, se le aparece a la personalidad menor con la fuerza de una revelación. Aquel que es real e irremediablemente pequeño siempre se resistirá a la revelación de lo más grande y nunca comprenderá que esta revelación significaría el fin de su pequeñez. Pero el hombre que es grande por dentro sabrá que el amigo esperado de su alma, el inmortal, ha llegado realmente, «para llevar cautiva a la cautividad» (Efesios 4:8), es decir, para tomar el relevo de aquel pequeño que lo tenía confinado y lo mantenía prisionero y para hacer que su vida fluyera hacia esa vida más grande, ¡un momento de peligro mortal![3]

El mito y la religión proporcionan muchas imágenes que simbolizan este momento de avance. Cuando el hombre encuentra

[3] Jung, C. G., *The Archetypes and the Collective Unconscious*, C. W., Vol.9, i, par. 217.

Lámina 2
DANAE de Tiziano.

conscientemente un agente divino que ayuda, ordena o dirige, podemos entenderlo como un encuentro del ego con el Sí-mismo.

El encuentro generalmente ocurre en el desierto o en una situación de fugitivo, es decir, en la alienación. Moisés fue un fugitivo de la ley, que pastoreaba las ovejas de su suegro en el desierto cuando Jahvé le habló desde la zarza ardiendo y le dio la misión de su vida (Éxodo 3). Jacob fue obligado a huir de su hogar debido a la ira de Esaú, soñó con la escalera celestial en el desierto *(imagen 13)* e hizo su pacto con Dios (Génesis 28:10-22, NÁCAR-COLUNGA). Francis Thompson, en su poema *El Reino de Dios está dentro de ti*, usa esta imagen:

> Los ángeles mantienen sus antiguos lugares.
> ¡Basta dar vuelta a una piedra y echan a volar!
> Sois vosotros, son vuestros rostros
> extrañados los que pierden la visión esplendorosa.
>
> Pero (cuando estés tan triste que no te puedas entristecer)
> llora, y sobre tu dolorosa pérdida
> brillará el ir y venir por la escalera de Jacob
> situada entre el cielo y Charing Cross.[4]

Jonás proporciona otro ejemplo. Su encuentro inicial con Jahvé ocurrió en medio de la vida normal, pero no lo aceptó, es decir, el ego todavía estaba demasiado inflado para reconocer la autoridad del Sí-mismo. Solo después de esfuerzos inútiles por escapar, que lo llevaron a la desesperación máxima en el vientre de la ballena, Jonás pudo reconocer y aceptar la autoridad transpersonal de Jahvé.

Cuando una mujer (o el ánima en la psicología de un hombre) se encuentra con el Sí-mismo, a menudo se experimenta como un poder de fecundación celestial. Danae, cuando estaba encarcelada por su padre, es fecundada por Zeus mediante una lluvia dorada y concibe a Perseo (*lámina 2*). Del mismo modo, la anunciación a

---

[4] Thompson, Francis, *Poetical Works*, London, Oxford University Press, 1965, pág.349 y sig.

Imagen 13. EL SUEÑO DE JACOB de Gustave Doré.

María se representa comúnmente con rayos de fecundidad desde el cielo *(imagen 14)*. Una versión más psicológica de la misma imagen es utilizada por Bernini en su escultura, *El éxtasis de Santa Teresa (imagen 15).*

Imagen 14. LA ANUNCIACIÓN de Boticelli.

Un ejemplo moderno de este tema es el sorprendente sueño de una paciente, que fue precedido por un largo proceso de esfuerzo psicológico: *Veo a un hombre joven, desnudo, brillante por el sudor, que capta mi atención por su actitud física: una combinación entre el movimiento caído de la «Pietà» y la posición de liberación de energía del famoso Discóbolo griego. Está en un grupo junto a otros hombres que parecen apoyarlo de una manera ambigua. Destaca entre ellos en parte por el color de su piel (bronce) y por su textura (empapada, por así decirlo, en sudor), pero, principalmente, por el hecho de que tenía un enorme falo en forma de una tercera pierna extendida (imagen 16).*

El hombre estaba agonizando por la carga de su erección. Esto se muestra no solo en el esfuerzo deportivo (musculatura y sudor), sino también en la contorsión de su expresión facial. Mi simpatía por

Imagen 15. EL ÉXTASIS DE SANTA TERESA de Bernini.

su situación, y mi asombro, admiración e intriga hacia su miembro masculino, me atraen hacia él. Nos unimos en el coito. Solo su penetración es suficiente para causar en mí un orgasmo tan profundo y generalizado que puedo sentirlo en mis costillas y pulmones [...] incluso cuando me despierto. Es una sensación inenarrable llena de dolor y placer. Todo mi interior está, literalmente, «alterado» y, específicamente, siento mi útero como si hubiera dado un giro completo, no estoy segura si de adentro hacia afuera o de 180 grados.

Además de *El discóbolo (imagen 17)* y la *Piedad* de Miguel Ángel *(imagen 18)*, el hombre de tres patas también recordó a la paciente un grabado alquímico *(imagen 19)* y una imagen de un disco solar con tres pies *(imagen 20)* que había visto una vez. Por tanto, la figura del sueño es una rica condensación de múltiples imágenes y significados que garantizan una amplificación extensiva. Sin ocuparnos de esto aquí, se pueden hacer algunas observaciones. La paciente ha sido penetrada y transformada por una entidad masculina de poder creativo. Él es un atleta del cuerpo y del espíritu (San Pablo). Está asociado con el principio espiritual último (el sol) y también expresa todo el proceso de transformación psíquica (la imagen alquímica).

Para la paciente, este sueño inició una nueva actitud y consciencia de la vida. Como sugiere su imaginería sexual, se abrieron nuevos niveles de receptividad física. Además, surgió la función de la sensación completa, hasta ahora totalmente inconsciente. Lo más importante de todo fue un aumento de la auténtica autonomía individual y la aparición de talentos creativos muy importantes. Por las asociaciones que lo acompañan, es evidente que este sueño expresa un encuentro decisivo no solo con el ánimus sino también con el Sí-mismo. El simbolismo triádico indica énfasis en el proceso de realización concreta, espacio-temporal. (Ver el capítulo 7).

Un ejemplo sobresaliente de avance del eje ego/Sí-mismo es la conversión del apóstol Pablo, relatada en Hechos 9:1-9 *(imagen 21)*. Jonás intentó escapar de su vocación huyendo; Saulo de Tarso

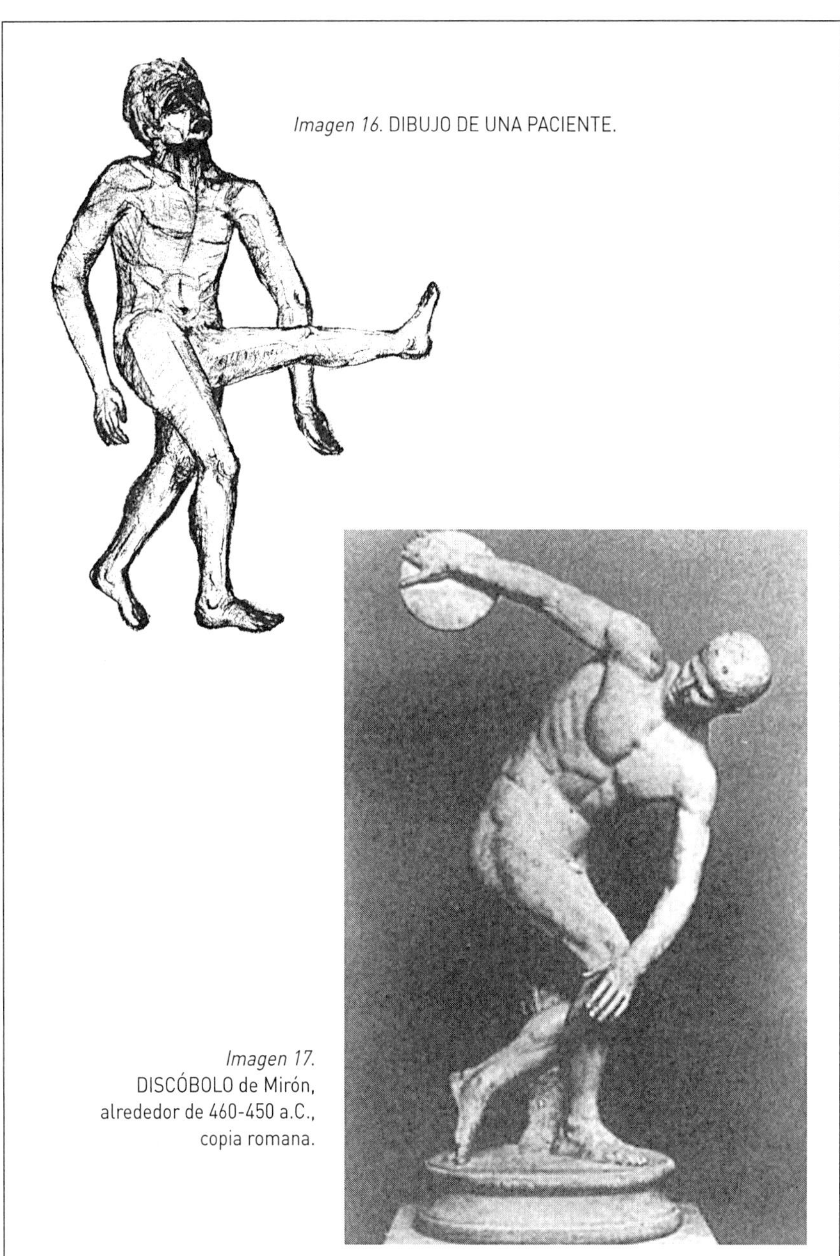

Imagen 16. DIBUJO DE UNA PACIENTE.

Imagen 17.
DISCÓBOLO de Mirón,
alrededor de 460-450 a.C.,
copia romana.

Imagen 18. PIEDAD de Miguel Ángel.

Imagen 19. DIBUJO ALQUÍMICO.

intentó escapar de la suya persiguiendo a los representantes de su propio destino. La misma intensidad de su ataque a los cristianos traicionó su participación en su causa, porque, como dice Jung, «lo importante es de lo que (un hombre) habla, no como se posicionó ante ello».[5] Aquello que uno odia con pasión, seguro que representa un aspecto de su propio destino.

3. El libro de Job

El Libro de Job nos proporciona un relato simbólico muy completo de un encuentro con el Sí-mismo. Jung ha escrito acerca de Job en su *Respuesta a Job.*[6] En este libro, trata la historia de Job como un punto de inflexión en el desarrollo colectivo del mito hebreo-cristiano, que implica una evolución de la imagen de Dios o arquetipo del Sí-mismo. Se considera que el encuentro de Job con Jahvé representa una transición decisiva en la consciencia del

[5] Jung, C. G. *Symbols of Transformation*, C.W., Vol. 5, par. 99.

[6] Jung, C. G. «Answer to Job» en *Psychology and Religion: West and East,* C. W., Vol. 11.

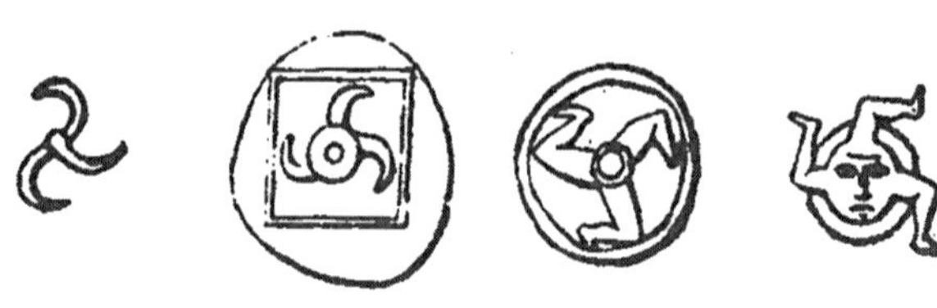

Imagen 20. DIVERSAS VARIEDADES DE DISCO SOLAR CON TRES PATAS.

hombre acerca de la naturaleza de Dios, lo que a su vez requiere una respuesta de Dios que lo conduzca a su humanización y, finalmente, a su encarnación como Cristo. La historia de Job también puede considerarse de otra manera, como la descripción de una experiencia individual, en la que el ego tiene su primer gran encuentro consciente con el Sí-mismo. Examinaré a Job desde este último punto de vista.

El texto de *Job* es un documento compuesto y no podemos determinar si, en realidad, se deriva de la experiencia real de un individuo. Sin embargo, es muy probable que así sea y voy a considerarlo como una descripción de la experiencia de imaginación activa de un individuo. Este es un proceso en el que la imaginación y las imágenes que arroja se experimentan como algo separado del ego –un «tú» o un «otro»– con el que el ego se puede relacionar, y con el que puede dialogar.[7] El hecho de que Job esté escrito en forma de diálogo, el único libro en el canon del Antiguo Testamento elaborado de esta forma, respalda la hipótesis de que puede estar basado en una experiencia de imaginación activa. Incluso la repetitividad del diálogo suena verdadera cuando lo consideramos como un registro de la experiencia personal. Volver una y otra vez a la misma cuestión que el ego se niega a aceptar es un comportamiento típico de las personificaciones del inconsciente que se encuentran en el proceso de la imaginación activa.

---

[7] Para conocer la descripción de Jung de la imaginación activa, ver su ensayo titulado «The Transcendent Function» en *The Structure and Dynamics of the Psyche*, C. W., Vol. 8, pág. 67 y sig.

Imagen 21. LA CONVERSIÓN DE SAN PABLO, talla en madera, 1515.

La historia comienza con la conspiración entre Dios y Satanás para poner a prueba a Job. La pregunta a responder es si, a través de la adversidad, se puede conseguir que Job maldiga a Dios. Se puede entender que la apuesta entre Dios y Satanás refleja los factores transpersonales o arquetípicos en el inconsciente que están configurando la prueba de Job y que en última instancia le dan sentido. Si las desgracias de Job fueran solo fortuitas, serían casualidades y acontecimientos sin sentido que no tendrían una dimensión transpersonal de referencia. Es significativo que Job nunca tenga esta posibilidad. La suposición básica de que todas las cosas provienen de Dios, es decir, que reflejan un propósito y significado transpersonal, se mantiene en todo momento. Esta suposición de Job corresponde a la hipótesis necesaria que uno debe tener si quiere hacer imaginación activa. Si los estados de ánimo y sentimientos, que son el punto de partida para el esfuerzo de la imaginación activa, se consideran fortuitos o tienen solo causas externas o fisiológicas, no habrá ningún motivo para buscar su significado psicológico. El conocimiento de que existe un significado psicológico lo adquiere solo la experiencia. Al principio, uno debe tener al menos suficiente fe para estar dispuesto a tomar la hipótesis de significado psicológico como algo que debe ser probado.

Ya que Yahvé y Satanás están trabajando juntos, se pueden considerar como dos aspectos de lo mismo, es decir, del Sí-mismo. Satanás proporciona la iniciativa y el dinamismo para establecer la dura prueba de Job y, por tanto, representa el impulso de individuación que debe romper el *status quo* psicológico para lograr un nuevo nivel de desarrollo. La serpiente jugó el mismo papel para Adán y Eva en el Jardín del Edén. También es similar al episodio del Edén el hecho de que la prueba de Job está diseñada como una tentación. Debe ser tentado a maldecir a Dios. Esto significaría psicológicamente que el ego está siendo tentado hacia la inflación, a ponerse por encima de los propósitos de Dios, es decir, a identificarse con el Sí-mismo.

¿Por qué es necesario todo esto? Evidentemente, Job aún tiene cierta tendencia a la inflación. A pesar de su irreprochable reputación, o tal vez debido a ella, hay algunas dudas de si conoce deci-

Imagen 22. EL FUEGO DE DIOS HA CAÍDO DEL CIELO. Grabado del Libro de Job de William Blake.

sivamente la diferencia entre él y Dios, entre el ego y el Sí-mismo. Por lo tanto, todo está dispuesto para poner a prueba al ego en el fuego de la tribulación y, a partir de esa prueba, viene el encuentro total de Job con la realidad de Dios. Si se pueden discernir los propósitos sobre la base de los efectos, entonces podemos decir que fue el propósito de Dios hacer que Job tomara consciencia de Él. Aparentemente, el Sí-mismo necesita una realización consciente y está obligado por el impulso de la individuación a tentar y probar al ego para lograr que el ego tenga una total conciencia de la existencia del Sí-mismo.

Inicialmente, Job es un hombre próspero, amado y feliz, lo que corresponde a un ego «seguro», satisfecho, que desconoce felizmente los supuestos inconscientes sobre los cuales descansa su inestable «seguridad». De repente, todo lo que Job valora y todo de lo que depende es apartado: la familia, las posesiones y la salud.

Las calamidades que caen precipitadamente sobre Job están representadas en un grabado de William Blake *(imagen 22)*. Encima de la imagen, Blake imprimió la leyenda: «El fuego de Dios cayó del cielo» (Job 1:16, Nácar-Colunga). Entendido psicológicamente, la imagen representa una ruptura del *status quo* consciente por una afluencia de energía ardiente del inconsciente. Tal imagen anuncia una crisis de individuación, un paso importante en el desarrollo psicológico que requiere que las viejas condiciones sean destruidas para dejar espacio a lo nuevo. Los efectos destructivos o liberadores pueden predominar, generalmente hay una mezcla de ambos. El énfasis en este último se ve en una imagen publicada *(lámina 3)*.[8] En esta imagen, que comenzó una fase decisiva de individuación, el rayo del cielo está despegando una esfera de su matriz circundante: el Sí-mismo está naciendo. La carta XVI del tarot *(imagen 23)* enfatiza el aspecto destructivo. Cuando el ego está particularmente inflado, representado por la torre, el avance

[8] Jung, C.G., *The Archetypes and the Collective Unconscious*, C.W., Vol. 9i par, 525 y siguientes, imagen 2.

Lámina 3
PINTURA DE UN PACIENTE.
Del libro de C.G.Jung, «Los arquetipos y el inconsciente colectivo».

Imagen 23. LA TORRE, Carta del Tarot de Marsella.

de las energías del Sí-mismo puede ser peligroso. La aparición del Sí-mismo da paso a una especie de «juicio final» *(imagen 24)*. Solo sobrevive lo que tiene fundamentos profundos y está basado en la realidad.

Con la pérdida de casi todo a lo que le atribuyó valor, Job se sumerge en un estado agudo de alienación que corresponde al de Tolstoi que se ha descrito anteriormente. Si el Sí-mismo es reconocido como el valor supremo, el apego a valores menores debe ser destruido. El significado de la vida de Job estaba evidentemente conectado

Imagen 24. LLUEVE FUEGO DEL CIELO de Albrecht Durero. Grabado en «El Apocalipsis de San Juan».

con la familia, la propiedad y la salud. Cuando se le privó de esto, cayó en la desesperación y entró en la noche oscura del alma.[9]

> Perezca el día en que nací [...]
> ¿Por qué no morí al salir del seno
> y no expiré al salir del vientre? [...]
> ¿A qué dar la luz al desdichado,
> dar la vida al amargado de alma [...]
> al varón cuya ruta está oculta
> y a quien cierra Dios toda salida?[10]

Con estas palabras, Job da rienda suelta a su desesperación suicida y a su completa alienación de la vida y de su significado. Las preguntas repetidas «¿por qué?» indican que Job está buscando desesperadamente el sentido; el sentimiento de pérdida y recuperación puede considerarse el tema final si se considera que el libro de Job es un documento que trata sobre la vida de una persona.

En estados de depresión y desesperación, gran parte de la libido que normalmente mantiene el interés y la vitalidad consciente se ha hundido en el inconsciente. Esto a su vez activa el inconsciente, causando un aumento en las imágenes de fantasía y sueños. Podemos suponer que eso es lo que le sucedió a Job. Las imágenes personificadas del inconsciente llegan a Job en forma de amigos o consejeros y le hablan en la imaginación activa.

---

[9] San Juan de la Cruz utiliza repetidamente a Job como un paradigma de la noche oscura del alma. Al hablar de los beneficios de la noche oscura, escribe: «[...] el alma aprende a estar en comunión con Dios con más respeto y más cortesía, tal como un alma debe observar siempre en la conversación con el Altísimo. Esto no lo sabía hacer el alma en sus tiempos prósperos de consuelo y consolación [...] De la misma manera, la preparación que Dios le concedió a Job para que pudiera hablar con él no consistía en esas delicias y glorias que Job mismo informa que solía tener en su Dios, sino en dejarlo desnudo sobre un muladar, abandonado e incluso perseguido por sus amigos, lleno de angustia y amargura, y con la tierra cubierta de gusanos. Y luego el Dios Altísimo, Él que levanta al pobre hombre de la colina del estiércol, se complació en descender y hablar con él cara a cara, revelándole las profundidades y alturas de Su sabiduría, de una manera que nunca había hecho en el tiempo de su prosperidad». (Noche oscura del alma, I, XII, 3, Ver también, V, 5; II, VII, 1; II, IX, 7 y 8; II, XVII, 8; II, XXIII, 6.)

[10] Job 3:3-23, La Biblia, Nácar-Colunga, 1944.

Estas figuras lo enfrentan a otro punto de vista y lo acercan gradualmente al encuentro con lo numinoso: el mismo Jahvé. Una de las evidencias de que los discursos de los consejeros de Job son auténtica imaginación activa es que son mezclas de varios elementos. En parte, son elaboraciones del punto de vista religioso convencional que Job había descartado, pero también son, en parte, expresiones auténticas autónomas de las capas más profundas del inconsciente. Este tipo de mezcla contaminada de diferentes aspectos es común en la imaginación activa. Por lo tanto, el proceso, para ser productivo, requiere la participación alerta y activa de la consciencia que conduce a un diálogo real y no solo a una aceptación pasiva de lo que dice el inconsciente. Por ejemplo, en el primer discurso de Elifaz, se le dice a Job:

> He aquí que enseñaste a muchos,
> confortaste muchas manos débiles.
> Con tu palabra sostuviste a los vacilantes
> y fortaleciste a rodillas que se doblaban.
> Pero ahora, que ha venido sobre ti, ¿decaes?
> Cuando te ha tocado, ¿te turbas?[11]

Esto se puede considerar como la verbalización de la autocrítica de Job. Se está dando cuenta de lo fácil que fue para él dar consejos y ayudar a otros, pero ahora no puede seguir sus propios consejos. Esta autocrítica solo puede deprimirlo aún más y hacerlo sentir todavía más miserable. Elifaz continúa con aparente tranquilidad y con las expresiones convencionales que tal vez Job había dado a otros que estaban en dificultad:

> ¿No es la rectitud de los caminos la esperanza tuya?
> Recuerda bien: ¿qué inocente pereció?
> ¿Qué justos fueron exterminados?[12]

---

[11] Ibíd., 4:3-5.

[12] Ibíd., 4:6-7.

Estos pensamientos superficiales y poco realistas no son de ayuda. Son una apariencia de valentía contra la realidad de la vida que está presionando tanto a Job. Tal vez la misma expresión de una visión tan superficial y satisfactoria fue suficiente para disolverla, al menos temporalmente, porque Elifaz cambia inmediatamente a una cadena más profunda de asociaciones. Elifaz le cuenta a Job acerca de un sueño extraordinario. Considerando el diálogo completo como la imaginación activa de Job, será el sueño que Job tiene o recuerda.

> Llegóme calladamente un hablar;
> mis orejas percibieron sólo un murmullo,
> al tiempo en que agitan el alma las visiones nocturnas,
> cuando duermen los hombres profundo sueño.
> Apoderóse de mí el terror y el espanto,
> temblaron todos mis huesos,
> un viento azotó mi rostro,
> erizó el pelo de mi carne.
> Se paró ante mí,
> pero no reconocí su semblante;
> estaba ante mis ojos un fantasma,
> y oí una voz que tenuemente murmuraba:
> ¿Podrá el hombre presentarse como justo ante Dios?
> ¿Será puro el varón ante su Hacedor?[13]

Poco después, Job mismo menciona sueños aterradores.

> Cuando me digo: «En mi cama hallaré consuelo,
> el lecho aliviará mis dolores,»
> tú me aterras con sueños,
> me espantas con visiones.[14]

Blake ha hecho una sorprendente ilustración de los sueños de Job *(imagen 25)*. En la imagen, Jahvé tiene enroscada una

[13] Ibíd., 4:12-17.

[14] Ibíd., 7:13-14.

Imagen 25. JAHVÉ ASUSTA A JOB CON UNA VISIÓN DEL INFIERNO, William Blake.

serpiente, su lado satánico. Está apuntando al infierno que se ha abierto debajo de Job y amenaza con envolverlo en llamas y repulsivas figuras que le agarran. Las profundidades del inconsciente se han abierto y Job se enfrenta al poder primordial de la naturaleza. Obviamente, esto no es algo con lo que discutir, igual que uno no discutiría con un tigre que se encontró por casualidad. Pero Job no aprende de sus sueños; él necesita una lección más poderosa.

Job está convencido de su inocencia y rectitud y, por lo tanto, no es consciente de su sombra. Por esta razón, sus compañeros deben hablarle repetidamente sobre la maldad y sobre los malvados como una compensación por la actitud consciente y unilateral de Job, una actitud de pureza y bondad. Job es muy poco consciente de que su experiencia lo está haciendo sentir bestial y sucio. En una oportunidad exclama:

> ¿Soy yo el mar o un monstruo marino
> para que me hayas puesto guardia?[15]

y más adelante:

> Aunque me lavase con agua de nieve,
> y purificase mis manos con lejía.[16]
> todavía me hundirías en el lodo,
> y mis vestidos me aborrecerían.[17]

En un momento determinado, Job reconoce sus pecados pasados;

> ¿A una hoja que arrebata el viento infundes temor,
> y a una paja seca persigues,
> dictando contra mí sentencias de amargura
> e imputándome las faltas de mi mocedad?[18]

Él no dice cuáles fueron los pecados de su juventud y, obviamente, no se considera responsable de ellos ahora. Esos pecados pasados son un contenido reprimido que él no quiere traer a la consciencia, ya que contradecirían la imagen que él tiene de sí mismo. La autojustificación de Job se revela con mayor claridad en los capítulos 29 y 30:

> ¡Quién me diera volver a los meses de antaño...
> cuando salía a la puerta alta de la ciudad,
> y en la plaza se alzaba mi silla.

---

[15] Ibíd., 7:12.

[16] N. de T.: Aunque la Nácar-Colunga y otras Biblias traducen la palabra Bor por lejía, se están refiriendo a un álcali que se utilizaba como detergente en tiempos bíblicos. Otro ejemplo sería Jer.2.22, «aunque hicieras el lavado con álcali».

[17] Ibíd., 9:30-31.

[18] Ibíd., 13:25-26.

> Los jóvenes al verme, se escondían;
> y los viejos se alzaban en pie.
> Los príncipes contenían las palabras
> y ponían su palma en la boca,
> y enmudecía la voz de los caudillos
> y se pegaba su lengua al paladar.
> El oído que me oía me llamaba feliz,
> y los ojos que me veían se declaraban en mi favor ...
> y me sentaba en cabeza,
> y moraba entre ellos como rey entre sus huestes.[19]
> [...]
> Y ahora ríense de mí los más mozos que yo,
> a cuyos padres hubiera desdeñado yo de contar
> entre los perros de mi ganado.[20]

La actitud desdeñosa de Job hacia aquellos que eran intelectualmente inferiores es quizás uno de los «pecados de su juventud» e indica un ego inflado que proyecta su lado débil y sombrío sobre los demás. El proceso de individuación requiere que acepte y asimile conscientemente su lado oscuro e inferior.

El efecto general de la prueba de Job es provocar una experiencia de muerte y renacimiento. Sin embargo, en medio de sus quejas, él sigue siendo el hombre que nació una vez. Revela su ignorancia sobre esta condición de nacer dos veces en el siguiente pasaje:

> Porque para el árbol hay esperanza: cortado
> puede retoñar sin que cesen sus renuevos,
> aunque haya envejecido su raíz en la tierra
> y haya muerto en el suelo su tronco,
> el olor del agua rebrota
> y echa follaje como planta nueva.
> Pero el hombre, en muriendo, quedará inerte

[19] Ibíd., 29:1-25.

[20] Ibíd., 30:1.

y expirando, ¿dónde está?
Se agotarán las aguas en el mar,
secárase un río y se consumirá;
pero el hombre, una vez que se acuesta,
no se levantará jamás.
Hasta la consumación de los cielos no se despertará,
no surgirá de su sueño.[21]

A medida que el diálogo continúa entre Job y sus compañeros, se expresa una mezcla de verdades profundas y de opiniones convencionales. En general, se le aconseja a Job que regrese a los puntos de vista tradicionales y ortodoxos. Se le dice que acepte el castigo de Dios humildemente sin cuestionar o tratar de comprender. En otras palabras, se le aconseja sacrificar el intelecto, comportarse como si fuera menos consciente de lo que es. Tal comportamiento sería una regresión y él la rechaza. En cambio, protesta contra Dios y dice: «Si eres un padre amoroso y bueno, ¿por qué no te comportas como tal?» Al atreverse a contender con Dios, no puede haber duda de que, desde un punto de vista, Job está actuando en una manera inflada; pero todo el contexto deja en claro que se trata de una inflación necesaria y controlada; es esencial para el encuentro con Dios. La inflación fatal habría ocurrido si hubiese seguido el consejo de su esposa de maldecir a Dios y morir. Pero Job evita ambos extremos. Él no sacrifica la medida de consciencia que ya ha alcanzado, pero tampoco maldice a Dios. Continúa cuestionando el significado de su terrible experiencia y no cederá hasta que sepa por qué está siendo castigado.

Por supuesto, el hecho de que él piense en términos de castigo significa que se está relacionando con Dios de una manera inmadura, en términos de relación padre-hijo. Esta es una de las actitudes de las cuales se libera por el encuentro con la deidad. Pero lo más importante es la insistencia de Job en que descubra

[21] Ibíd., 14:7-12.

el *sentido* de su experiencia. Él desafía a Dios con valentía, diciendo:

> Aleja de mí tu mano,
> y no me espante tu terror.
> Después convoca al debate, y yo responderé;
> o hablaré yo y tú me replicarás.[22]

En el capítulo 32, se produce un cambio. Los tres compañeros de Job han terminado y ahora se nos presentan a un cuarto hombre, que no había sido mencionado anteriormente, llamado Elihu. Afirma que se había abstenido de intervenir antes en la discusión debido a su juventud. Esto trae el tema del «3 y 4» sobre el que Jung ha llamado la atención. Si se puede considerar a Elihu como la cuarta función que faltaba anteriormente, la totalidad de Job finalmente ha sido reunida. Esta interpretación también se ajusta a la naturaleza del discurso de Elihu, que es en gran medida un preludio a la aparición de Jahvé y presenta muchas de las mismas ideas que Jahvé está a punto de expresar. En particular, son dignos de mención los comentarios de Elihu sobre los sueños:

> En sueños, en visión nocturna,
> cuando desciende sobre los hombres el sopor,
> mientras duermen en el lecho,
> entonces abre el oído de los hombres,
> y les aterra con apariciones,
> para retraerles del mal,
> y apartar al hombre del orgullo,
> para librar su alma del sepulcro,
> y su vida de atravesar el canal.[23]

Esta referencia a los sueños y a su función tiene una asombrosa precisión psicológica. Es una prueba más de que el libro de

---

[22] Ibíd., 13:21-22.
[23] Ibíd., 33:15-18.

Imagen 26. JAHVÉ RESPONDE A JOB DESDE EL TORBELLINO, William Blake.

Job es el registro de la experiencia real de un individuo. Evidentemente, el inconsciente de Job intentó corregir su actitud consciente a través de los sueños, sin éxito. Por lo tanto, los sueños pueden verse como una anticipación del posterior encuentro consciente de Job con Jahvé. Es sorprendente encontrar en este texto antiguo una descripción de la función compensatoria de los sueños que Jung ha demostrado recientemente.[24]

Inmediatamente después del discurso de Elihu, aparece el mismo Jahvé. El ser numinoso y transpersonal se manifiesta desde el torbellino *(imagen 26)*. Jahvé ofrece un discurso magnífico que debe haber sido el producto de un gran esfuerzo consciente

[24] Ver Jung, C.G., *The Structure and Dynamics of the Psyche*, C.W., Vol.8 par. 477 y sig.

para tratar de asimilar la numinosidad pura que seguramente acompañó la experiencia original. La respuesta de Jahvé es una revisión de los atributos de la deidad y una descripción majestuosa de la diferencia entre Dios y el hombre, es decir, entre el Sí-mismo y el ego:

> ¿Dónde estabas tú al fundar yo la tierra?
> Indícamelo, si tanto sabes.
> ¿Quién determinó, si lo sabes, sus dimensiones?
> ¿Quién tendió sobre ella la regla?
> ¿Sobre qué descansan sus cimientos
> o quién asentó su piedra angular,
> entre las aclamaciones de los astros matutinos
> y los aplausos de todos los hijos de Dios?[25]

El ego no creó a la psique y no sabe nada sobre los fundamentos profundos sobre los que descansa su propia existencia:

> ¿Has llegado tú hasta las fuentes del mar,
> te has paseado por las profundidades del abismo?
> ¿Se te han abierto las puertas de la muerte?
> ¿Has visto las puertas de la región tenebrosa?
> ¿Abarcas la inmensidad de la tierra?[26]

Al ego se le recuerda que no sabe nada sobre la psique en su totalidad. La parte no puede comprender el todo:

> ¿Has atado tú los lazos de las Pléyades,
> o puedes soltar las ataduras de Orión?
> ¿Eres tú el que a su tiempo hace salir las constelaciones
> y quien guía a la Osa con sus hijos?
> ¿Has enseñado tú a los cielos su ley
> y determinado su influjo sobre la tierra?[27]

---

[25] Job 38:4-7, La Biblia Nácar-Colunga, 1944.

[26] Ibíd., 38:16-18.

[27] Ibíd., 38:31-33.

Aquí, el ego se pone en contraste con la magnitud y el poder de los arquetipos que determinan la existencia psíquica.

Entonces Jahvé se vuelve hacia el reino animal y pasa revista a los misteriosos poderes de las bestias, especialmente las más monstruosas de todas:

> He aquí ahora behemot, el cual hice como a tí[28]
> [...]
> ¿Sacarás tú al leviatán con anzuelo,
> o con cuerda que le eches en su lengua?[29]

Ahora se le está mostrando a Job el aspecto abismal de Dios y las profundidades de su propia psique que contiene monstruos devoradores alejados de los valores humanos. Este aspecto de la teofanía lo muestra Blake en la *imagen 27.* Behemoth y Leviathan representan el anhelo ardiente primordial del ser. Dios revela su propio lado oscuro y, dado que el hombre tiene en Dios el fundamento de su ser, también debe compartir su oscuridad. La autojustificación del ego recibe aquí el golpe de gracia.

Al concluir la autorrevelación de Jahvé, Job ha experimentado un cambio decisivo. Se ha producido un arrepentimiento o metanoia:

> Sólo de oídas te conocía;
> mas ahora te han visto mis ojos.
> ¡Por eso me retracto
> y hago penitencia sobre polvo y ceniza.[30]

Las preguntas de Job han sido respondidas, no de una manera racional, sino por una experiencia de vida. Lo que ha estado buscando, el sentido de su sufrimiento, ha sido encontrado. No es nada menos que la realización consciente de la psique arquetípi-

[28] Job, 40:15, La Biblia, edición Reina-Valera, 1960.
[29] Ibíd., 41:1.
[30] Job, 42:5-6, La Biblia, Nácar-Colunga, 1944.

Imagen 27. AHVÉ MUESTRA LAS PROFUNDIDADES (BEHEMOTH) A JOB , William Blake.

ca autónoma; y esta realización solo podía nacer a través de una prueba. El libro de Job es realmente el registro de un proceso de iniciación divina, una prueba a través de una dura experiencia, que, cuando se culmina con éxito, conduce a un nuevo estado del ser. Es análogo a todos los rituales de iniciación que intentan producir una transición de un estado de conciencia a otro.

La causa de la terrible experiencia de Job es Jahvé, a través de su voluntad dinámica, Satanás. El papel psicológico de Satanás en la historia de Job es descrito convincentemente por Rivkah Schärf Kluger:

> Él (Satanás) aparece aquí a plena luz, como el enemigo metafísico de una vida pacífica y de la comodidad mundana. Interviene como una perturbación y un obstáculo para el orden natural de la vida y se pone en el camino del hombre como el *mal'ah Yahvé,*[31] como *Satanás* en el camino de Balaam. Sin embargo, mientras que la historia de Balaam se refiere a la experiencia de un choque de voluntades y de obediencia ciega –una primera comprensión de que debe cumplirse la voluntad de Dios y no la de uno– en el caso de Job es una cuestión de sometimiento consciente a la voluntad de Dios, nacida de la visión interior. Satanás es aquí claramente Lucifer, el portador de la luz. Le trae al hombre el conocimiento de Dios, pero a través del sufrimiento que le inflige. Satanás inflige sufrimiento al mundo, lo único que conduce al hombre hacia adentro, al «otro mundo».[32]

Esta descripción de Satanás, que debe reconocerse como psicológicamente precisa, se acerca mucho a la figura de la Sabiduría. En Eclesiástico, la personificación femenina, Sabiduría, se describe en estos términos:

---

[31] N. de T.: En hebreo, «el ángel de Jahvé», que es una entidad que aparece repetidamente en el Antiguo Testamento. El pasaje en concreto al que se refiere Kluger, que tiene al profeta Balaam como protagonista es Números 22:22-38.

[32] Kluger, Rivkah Schärf, *Satan in the Old Testament*, Evanston, Northwestern University Press,1967, pág. 132.

La sabiduría exalta a sus hijos
y acoge a los que la buscan.
[...]
hasta que se le confíe
y le pruebe en sus preceptos.
Y de nuevo se volverá a él y le alegrará,
Y le revelará sus secretos.
Pero si se extraviase, le abandonará
y le entregará a la ruina.[33]

Según este pasaje, la Sabiduría pone a prueba a sus hijos tal como Jahvé hizo a Job, a través de la acción de Satanás. Los favoritos de Dios reciben las pruebas más severas, es decir, es el potencial de individuación lo que causa la prueba. John Donne hace esta observación:

> [...] los mejores hombres han llevado más sobre sus hombros. Tan pronto como escucho a Dios decir que ha encontrado a un *hombre recto, que teme a Dios, y evita el mal*, (Job I:1) en las líneas siguientes, encuentro un encargo a Satanás, para que lleve a los caldeos contra su rebaño y contra sus siervos, y para que descargue el fuego y la tempestad sobre sus hijos, y aborrecibles enfermedades sobre Job. Tan pronto como oigo a Dios decir que ha encontrado a un *hombre según su propio corazón* (1 Samuel 13:14), veo a sus hijos violar a sus hijas, y luego asesinarse unos a otros, y luego rebelarse contra el padre, y poner su vida en aprietos. Tan pronto como escucho a Dios testificar de Cristo en su Bautismo, *este es mi amado Hijo, en quien tengo complacencia* (Mateo 3:17) encuentro a ese Hijo de Dios, *guiado por el Espíritu, para ser tentado por el Diablo* (Mateo 4:1). Y después de que oigo a Dios ratificar el mismo testimonio en otra parte, en su transfiguración, (*Este es mi Hijo amado, en quien tengo complacencia*) (Mateo 17:5) encuentro a ese amado Hijo abandonado y entregado a escribas, fariseos, publicanos, herodianos,

[33] Eclesiástico, 4:11-21, La Biblia, Nácar-Colunga, 1944.

> sacerdotes y soldados, y a la gente, y a los jueces, testigos y verdugos, y al que se fue llamado el amado Hijo de Dios, y hecho participante de la gloria del cielo, en este mundo, en su transfiguración, se le hace ahora la cloaca de toda la corrupción, de todos los pecados de este mundo, no como Hijo de Dios, sino como un mero hombre, no como hombre, sino como un despreciable gusano.[34]

Aunque la prueba puede traer sabiduría, es algo espantoso y, por lo tanto, el Padre Nuestro pide que se nos evite: «y no nos pongas en tentación, más líbranos del mal».[35]

Jung considera que Job fue liberado de su desesperación a través de un proceso de consciencia creciente por parte de la deidad. Kluger registra la siguiente observación de Jung en forma de paráfrasis:

> En su gran discurso final, Dios se revela a Job en forma aterradora. Es como si le dijera a Job: «Mira, así soy yo. Es por eso que te traté así». A través del sufrimiento que le infligió a Job, Dios ha llegado a este comprensión de sí mismo y admite, por así decirlo, su temor a Job. *Y eso es lo que redime al hombre Job.* Esta es realmente la solución al enigma de Job, es decir, una verdadera justificación para el destino de Job, que, sin este trasfondo, sería, en su crueldad e injusticia, un problema sin resolver. Job aparece aquí claramente como un sacrificio, pero también como el portador del destino divino, y eso le da sentido a su sufrimiento y liberación a su alma.[36]

Rudolf Otto, el hombre que dio a la experiencia de lo numinoso su primera formulación clara, ha utilizado el encuentro de Job con Jahvé como un ejemplo de la experiencia numinosa. Lo cito con

---

[34] Simpson, E.M., (editor), *John Donne's Sermons on the Psalms and Gospels*, University of California Press, Berkeley and Los Angeles, 1967, pág, 97 y sig.

[35] Mateo 6:9, Nácar-Colunga,1944.

[36] Kluger, *Satan*, pág.129.

cierto detalle porque el pasaje transmite muy bien su comprensión del *mysterium* numinoso:

> Entonces aparece el propio Elohim para defenderse por sí mismo. Y lleva su defensa con tal fortuna, que Job se declara vencido; y vencido realmente y por derecho, y no tan sólo forzado al silencio por la mera prepotencia. Pues Job declara: «Por tanto, me aborrezco y me arrepiento en el polvo y la ceniza». Esta es la señal que atestigua el estar convencido íntimamente, no en el abatimiento impotente, sino en la abdicación ante la mera superioridad. En el pasaje no se manifiesta aquel estado de ánimo que incidentalmente resuena en la Epístola a los romanos (IX, 20) de San Pablo: «Mas antes, ¡oh, hombre!, ¿quién eres tú para que alternes con Dios? ¿Dirá el vaso de barro a quien lo labró «por qué me has hecho tal»? ¿O no tiene potestad el alfarero para hacer de la misma masa un vaso para honra y otro para vergüenza?» Sería falsificar el pasaje de Job interpretarlo de esta manera. En el capítulo XXXVIII del libro de Job no se renuncia a justificar a Dios ni se confiesa la imposibilidad de hacerlo, sino, por el contrario, se declara que debe darse una justificación plausible de Dios, y una justificación que sea mejor que la de los amigos de Job y aun de tal naturaleza que pueda convencer hasta a un Job, y no sólo convencerle, sino serenar su espíritu ahogado por la duda. Pues en la rara emoción que Job experimenta ante la revelación de Elohim hay también una distensión interior de su tormento espiritual y un apaciguamiento. Y este apaciguamiento sería bastante por sí sólo para resolver el problema del libro de Job sin necesidad de la reposición de Job en el capítulo XLII, que sólo es un suplemento posterior añadido a la verdadera recompensa. ¿Pero cuál es este extraño elemento que aquí produce a la par la justificación de Dios y el apaciguamiento de Job?[37]

[37] Otto, Rudolf, *The Idea of the Holy*, London, Oxford University Press, 1910, pág. 78. Para el texto en castellano se ha utilizado *Lo Santo,* traducción de Fernando Vela. Madrid, Alianza Editorial, 1966.

Después de revisar los ejemplos de poderosas obras presentados por Jahvé; Leviathan, Behemoth, etc., Otto continúa:

> En verdad para la divina sapiencia, tomada en el sentido de una sabiduría que medita fines, estas dos criaturas serían los dos ejemplos más desgraciados que puedan imaginarse. Pero en ellos, lo mismo que en los anteriores, y en general en toda la composición, tono y sentido del pasaje, está expresado de mano maestra el carácter estupefaciente, casi demoníaco, ininteligible y enigmático del eterno poder creador, su incalculabilidad, su absoluta heterogeneidad, que se mofa de todos los conceptos, y que, a pesar de ello, fascina y mueve el ánimo en toda su hondura. En ellos aparece y se manifiesta el misterio, a la vez como fascinante y como augusto. Estos dos aspectos palpitan también aquí, no en claros conceptos racionales, sino en el tono, en el entusiasmo y ritmo de toda la composición. Todo el pasaje se propone dar la impresión de lo fascinante y de lo augusto. En estos dos elementos reside la justificación de Dios y al mismo tiempo el apaciguamiento del alma de Job y su contento. Pues el simple misterio sería solamente lo que hemos llamado antes «lo absolutamente inconcebible». Pero este conseguiría a lo más confundir a Job y paralizarle la lengua, pero no dejarle íntimamente persuadido. Lo que Job aquí siente es más bien un valor propio positivo, pero inefable, y lo incomprensible adquiere así también valor, pero un valor relativo al anterior. Lo *mirum* es al mismo tiempo *admirandum* y *adorandum*. Ese valor no puede ser equiparado a la idea humana que busca el sentido y fin inteligible de las cosas, sino que persiste sumido en su misterio propio. Pero puesto que se hace sensible, Elohim queda justificado y aquietado el espíritu de Job.[38]

El drama de Job es aplicable a todas las personas. Trata de la pregunta casi universal, «¿Por qué me debe suceder esto a mí?» Todos tenemos un resentimiento subyacente contra el destino y la

[38] Ibíd., pág. 80.

Imagen 28. EL SACRIFICIO DE JOB A JAHVÉ, William Blake.

realidad que es un residuo de inflación. Tal resentimiento adopta muchas formas: «si hubiera tenido una mejor infancia», «si estuviera casado», «si no estuviera casado», «si tuviera un mejor esposo o esposa», etc. Todos estos «si» son los medios por los cuales uno se excusa ante las situaciones tal y como son. Son síntomas de inflación que no permitirán la existencia de una realidad mayor que los deseos personales. Job preguntó por qué su desgracia debería sucederle a él. La respuesta que surge del libro de Job es para que él pueda ver a Dios.

Blake ha captado la característica esencial del ego individuado en su imagen del Job arrepentido y rejuvenecido *(imagen 28)*. Lo que se representa es la actitud sacrificial. Habiendo experimentado el centro transpersonal de la psique, el ego reconoce su posición subordinada y está preparado para servir a la totalidad y sus fines en lugar de hacer demandas personales. Job se ha convertido en un ego individuado.

4. El ego individuado

La individuación es un proceso, no un objetivo realizado. Cada nuevo nivel de integración debe someterse a una transformación adicional para que el desarrollo avance. Sin embargo, tenemos algunas indicaciones sobre qué esperar como resultado del encuentro consciente del ego con el Sí-mismo. Hablando en términos generales, el impulso de individuación promueve un estado en el que el ego se relaciona con el Sí-mismo sin identificarse con él. Fuera de este estado, surge un diálogo más o menos continuo entre el ego consciente y el inconsciente, y también entre la experiencia externa y la interna. La doble división se cura en la medida en que se logra la individuación; primero, la división entre consciente e inconsciente que comenzó con el nacimiento de la consciencia, y segundo, la división entre sujeto y objeto. La dicotomía entre la realidad externa e interna es reemplazada por un sentido de realidad unitaria.[39, 40] Es como si la integridad y la unidad de la plenitud inconsciente original con la vida, en la cual empezamos y de la cual surgimos, se pueda recuperar parcialmente en un nivel consciente. Las ideas y las imágenes que, en una etapa del desarrollo, representan lo infantil, representan la sabiduría en otra etapa. Las imágenes y los atributos del Sí-mismo se experimentan ahora como separados del ego y en un orden superior. Esta experiencia trae consigo la comprensión de que uno no es dueño en su propia casa. Se da cuenta de que existe una directiva interna autónoma, separada del ego y a menudo antagónica a él. Tal conocimiento a veces se libera y algunas veces es excesivamente pesado. De hecho, uno puede sentirse repentinamente elegido para el papel de San Cristóbal *(imagen 29).*

La consciencia inicial de algo que vive en uno mismo es precedida a menudo por ciertos tipos de sueños, de acontecimientos paradójicos o milagrosos. Esos sueños abren una categoría transpersonal de experiencia extraña para la consciencia. Un ejemplo de ese tipo de sueño es el siguiente. La paciente era una científica con una mente muy racional y práctica. Este fue su sueño: Un hombre (un científico que conocía) estaba teniendo un ataque al corazón. El hombre tomó una planta de Canna y se la apretó contra su pecho. Inmediatamente su ataque al corazón fue sanado. El hombre se volvió hacia ella y dijo: «Mis colegas científicos pueden reírse de mí por usar este tratamiento, pero funciona y mis hijos son demasiado pequeños para quedarse sin padre».

Este sueño fue seguido poco después por una experiencia singular de sincronicidad que finalmente penetró en la visión del

[39] Neumann, Erich, «The Psyche and the Transformation of the Reality Planes» *Eranos-Jahrbuch* XXI. Zurich, Rhein-Verlag 1953. Traducido en *Spring,* Analytical Psychology Club of New York, 1956. Estoy en deuda con Neumann por este artículo que presenta muy clarificados estos difíciles conceptos.

[40] Jung discute la realidad unitaria bajo el término *unus mundus* en *Mysterium Coniunctionis,* C.W., Vol.14, par. 759 y sig.

mundo racionalista y mecanicista de la paciente que fue experimentado por ella como algo impresionante. Al igual que el súper-orden en el sueño descrito anteriormente, es como si la planta fuera capaz de drenar los efectos del ataque cardíaco y restaurar

Imagen 29. SAN CRISTOBAL LLEVANDO A CRISTO COMO UNA ESFERA, óleo del Maestro de Messkirch.

el corazón a su estado anterior. La planta simboliza el estado vegetativo de la vida; es equivalente al sistema nervioso autónomo o vegetativo. En el nivel psicológico representa un estado vegetativo primordial o una experiencia de vida que tiene un depósito que recoge los excesos destructivos de energía que pueden acumularse en la personalidad consciente. La mente consciente experimenta este hecho como algo milagroso, es decir, trasciende las categorías de la comprensión consciente.

Otro ejemplo del mismo tema es el sueño de un hombre de finales de los años treinta que tuvo una infancia muy alienante. Ambos padres eran alcohólicos, por lo que el paciente estaba obligado a asumir de forma precoz responsabilidades y actitudes adultas para que la familia funcionase. Por lo tanto, creció hasta convertirse en un hombre extremadamente racional, funcionando bien en puestos de responsabilidad. Pero después empezó a perder su rumbo. No le gustaba su trabajo; no sabía lo que quería. Progresivamente, todo lo que estaba haciendo perdió todo su sentido. La terapia fue muy difícil porque no pudimos ir más allá de la discusión racional. Luego tuvo este sueño: conoció a una mujer poco común de la que sentía que había oído hablar antes. Ella era una defensora de la medicina homeopática. Después de hablar con ella un rato exclamó: «¿Cómo puedes creer en algo así como la homeopatía? Los últimos consejos médicos científicos son siempre los mejores. La homeopatía es solo una reliquia de la magia primitiva». Como respuesta, la mujer sonrió misteriosamente y dijo: «Sí, exactamente». Ante esto, el soñador se quedó estupefacto y se despertó.

En sus asociaciones con este sueño, el paciente dijo que no sabía nada sobre la homeopatía, excepto que utilizaba el principio de similitud.[41] Recordó el relato de Frazer sobre la magia homeopáti-

[41] N. de T.: El principio de similitud, en la medicina homeopática, es el principio fundamental y propone que dado que toda enfermedad produce síntomas en un paciente, se produce la curación al administrar dosis infinitesimales de una sustancia que, en dosis más altas, produciría esos mismos síntomas.

ca en *La rama dorada* y también pensó en mi método de interpretación de sueños, el método de amplificación que trae imágenes similares de la mitología para amplificar y aclarar sueños. No tenía relación con la mujer del sueño, pero ella es obviamente el ánima que posee el conocimiento secreto del inconsciente y sirve como un puente entre el ego y el inconsciente colectivo.

El sueño indica que el inconsciente se está activando y le está presentando un modo completamente nuevo de experiencia, algo parecido a la magia primitiva. De acuerdo con este modo de experiencia, las analogías se toman como realidades. Es el método del pensamiento analógico asociativo. Esta es la forma en que funciona el inconsciente, por analogía simbólica. Es el principio sobre el que se basa nuestro método de interpretación de los sueños: amplificación por analogía. Es completamente erróneo aplicar un modo tan primitivo al tratar con la realidad exterior; eso nos involucraría en prácticas mágicas y supersticiosas de todo tipo. Pero es precisamente el enfoque correcto para tratar con el inconsciente y hacer contacto con la psique arquetípica.

El hombre moderno necesita urgentemente restablecer un contacto significativo con la capa primitiva de la psique. No me refiero con esto a la expresión compulsiva de los afectos primitivos inconscientes, que es un síntoma de disociación. Me refiero más bien a la manera originaria de experiencia que ve la vida como un todo orgánico. En los sueños, la imagen de un animal, un hombre primitivo o un niño es, a menudo, una expresión simbólica de la fuente de ayuda y sanación. A menudo en los cuentos de hadas es un animal que muestra al héroe una salida de la dificultad. Las imágenes del hombre primitivo y del niño cumplen una función de sanación porque simbolizan nuestro derecho a la integridad, ese estado original en el que estamos en sintonía con la naturaleza y sus energías transpersonales que la guían y la sostienen. Es a través del niño o del hombre originario en nosotros mismos como hacemos la conexión con el Sí-mismo y sanamos el estado de alienación. Para relacionarnos conscientemente con la mentalidad del niño y del hombre primitivo, en lugar de hacerlo de manera inconsciente e inflada, debemos aprender cómo incorporar categorías primitivas de experiencia en nuestra visión del mundo sin negar o dañar nuestras categorías conscientes y científicas de espacio, tiempo y causalidad. Debemos aprender a aplicar psicológicamente los modos originarios de la experiencia al mundo interior en lugar de hacerlo físicamente en relación con el mundo exterior. Ser primitivo en nuestra relación con el mundo exterior es ser supersticioso; pero ser primitivo en relación con el mundo interno de la psique es ser sabio.

Jung logró esta sofisticada actitud y por eso todos los que lo conocieron no dejaron de impresionarse por su sabiduría. Pocos días antes de su muerte, un entrevistador le preguntó acerca de su idea de Dios. Respondió con estas palabras: «Hasta el día de hoy, Dios es el nombre con el que designo todas las cosas que se cruzan violentamente e imprudentemente en mi obstinado camino, todas las cosas que trastornan mis puntos de vista, planes e intenciones subjetivas y cambian el curso de mi vida para mejor o para peor».[42]

La perspectiva que Jung expresa aquí es esencialmente una visión primitiva, aunque consciente y sofisticada. Jung llama «Dios» a lo que la mayoría de la gente llama casualidad o accidente. Experimenta acontecimientos aparentemente arbitrarios como significativos, en lugar de insignificantes. Esta es precisamente la forma en que el hombre primitivo experimenta la vida. Para el hombre primitivo, todo está impregnado de significado psíquico y tiene conexiones ocultas con los poderes transpersonales. El hombre primitivo, como el niño, vive en un mundo que es continuo con él mismo. Él está en relación con el cosmos. Cuanto más intenta uno relacionarse conscientemente con las profundidades de la psique, más llega a la misma actitud expresada por Jung: que todas las vicisitudes de la vida externa e interna tienen un significado y

---

42 Entrevista publicada en *Good Housekeeping Magazine*, Diciembre de 1961.

son expresiones de patrones y poderes transpersonales. Considerar la casualidad como categoría de experiencia es un síntoma de la vida alienada. Para el hombre autoconectado, como para el niño y el hombre original, la casualidad no existe. Este es el significado del dicho de Jesús: «Si no os volviereis y os hiciereis como niños, no entraréis en el Reino de los Cielos».[43]

Emerson expresó la misma idea de que hay una ley subyacente a todas las casualidades aparentes:

> El secreto del mundo es el vínculo entre persona y suceso [...] el alma contiene el suceso que le sobrevendrá [...] el suceso es como la impresión en la que el documento se hace real.[44]
>
> Los sucesos crecen en la misma raíz que las personas.[45]
>
> Cada criatura saca de sí misma su propia condición y entorno, como la babosa segrega su casa viscosa en la hoja del peral.[46]
>
> Un hombre verá a su personaje proyectado en los sucesos que aparentemente se encuentra, pero que, en realidad, se desprenden de él y lo acompañan.[47]
>
> [...] no hay azar [...] La ley gobierna durante toda la existencia.[48]

En las primeras etapas del desarrollo psicológico, Dios está escondido en el escondite más inteligente de todos, en la identificación con uno mismo, en el propio ego. Esta idea del Dios oculto corresponde al mito gnóstico de Sofía, una personificación de la sabiduría de Dios. En el proceso de creación, Sofía, la sabiduría divina, descendió a la materia; y luego, en el curso de ese descenso, ella se perdió y se encarceló en la materia, convirtiéndose así

---

[43] Mateo 18:4, La Biblia, Nácar-Colunga, 1944.

[44] Emerson, Ralph Waldo, *The Conduct of Life*, New York, Dolphin Books, Doubleday & Co., pág. 29.

[45] Ibíd., pág. 30.

[46] Ibíd., pág. 30.

[47] Ibíd., pág. 31.

[48] Ibíd., pág. 35.

en el Dios oculto que necesita liberación y redención. Esta idea del espíritu divino encarcelado en la materia, escondido en la oscuridad de la mente, representa el Sí-mismo oculto en la identificación con el ego. La materia, que oculta a Sofía, simboliza la realidad concreta, temporal y terrenal del ego individual. Si Dios está aprisionado en la materia, en la personalidad inmadura, la tarea del desarrollo psicológico es, nada más y nada menos, la redención de Dios por la conciencia humana.

La redención de Dios era un tema básico para la alquimia. La obra alquímica era una obra de redención. Todo el proceso de transmutación intentaba liberar y redimir un valor supremo de su esclavitud en la materia base. La materia base era la materia prima, la materia con la que se comenzó, que corresponde a las inmensidades infladas de la propia psique. Esta materia se iba a transformar en la piedra filosofal, una esencia divina. La materia prima es nuestra identidad ego/Sí-mismo, el residuo de la inflación original. Someter este material al proceso alquímico significa aplicar el esfuerzo consciente y la atención a la tarea de refinar y separar esta mezcla compuesta para que el Sí-mismo o la psique arquetípica sean liberados de su contaminación del ego.

Existe un contraste entre la actitud cristiana convencional que trata de la redención pasiva del hombre a través de la fe en Cristo, y la actitud alquímica que es un esfuerzo activo del hombre para redimir a Dios. Acerca de este contraste, Jung escribe:

> [...] (En la actitud cristiana) el hombre se atribuye la necesidad de la redención y deja la obra de la redención, el *athlon* real u *opus*, a la figura divina autónoma [...] (en la actitud alquímica) el hombre asume el deber de llevar a cabo la obra redentora, y atribuye el estado de sufrimiento y la consiguiente necesidad de redención al *anima mundi* encarcelada en la materia.[49]

[49] Jung, C.G., *Psychology and Alchemy*, C.W., Vol. 12, par. 414.

y otra vez:

> [...] la obra alquímica es el trabajo del Hombre Redentor en la causa del alma-mundo divina *(anima mundi) que* duerme en la materia y allí espera la redención. El cristiano obtiene los frutos de la gracia del trabajo realizado por Cristo, pero el alquimista crea por sí mismo, mediante su propio esfuerzo, una «panacea de la vida».[50]

El hombre moderno está obligado a proceder de la misma manera que el alquimista. Si no puede recurrir a la redención pasiva mediante la mediación de imágenes sagradas, debe confiar en sus propios esfuerzos activos para trabajar en su propia materia prima, el inconsciente, con la esperanza de liberar y hacer consciente la naturaleza suprapersonal de la psique. Este es el tema central: *el desarrollo psicológico en todas sus fases es un proceso redentor. El objetivo es redimir mediante la realización consciente el Sí-mismo, oculto en la identificación inconsciente con el ego.*

El ciclo repetitivo de inflación y alienación es reemplazado por el proceso consciente de individuación cuando ocurre la conciencia de la realidad del eje ego/Sí-mismo. Una vez que se ha experimentado la realidad del centro transpersonal, un proceso dialéctico entre el ego y el Sí-mismo puede, en cierta medida, reemplazar la oscilación anterior entre la inflación y la alienación. Pero el diálogo de individuación no es posible mientras el ego piense que todo en la psique es de su propia creación. Acerca de esta actitud equivocada, Jung dice:

> [...] en la actualidad, todas las personas se sienten solas en el mundo de la psique porque suponen que no hay nada en él que no hayan creado. Esta es la mejor demostración de nuestra omnipotencia, de ser como Dios. Esto proviene del hecho de que creemos haber inventado todo lo psíquico, de que no se haría nada si no lo hiciéramos; porque esa es nuestra idea básica aunque sea una

[50] Ibíd., par. 557.

> suposición insólita [...] Creemos que uno está solo en la propia psique, exactamente como el creador antes de la creación.[51]

Para el hombre moderno, un encuentro consciente con la psique arquetípica autónoma es equivalente al descubrimiento de Dios. Después de esa experiencia, ya no está solo en su psique y toda su visión del mundo se ve alterada. Se libera en gran medida de las proyecciones del Sí-mismo sobre objetivos y objetos externos. Es liberado de la tendencia a identificarse con cualquier facción partidista particular que pueda llevarlo a vivir el conflicto de los opuestos en el mundo exterior. Esta persona está comprometida conscientemente con el proceso de individuación.

El *I Ching* describe el efecto que puede tener una persona que ha alcanzado la individuación:

> [...] en la naturaleza, se observa una seriedad sagrada en el hecho de que los sucesos naturales están uniformemente sujetos a la ley. La contemplación del significado divino que subyace al funcionamiento del universo le da al hombre que está llamado a influir en los demás los medios para producir efectos semejantes. Esto requiere ese poder de concentración interna que la contemplación religiosa desarrolla en grandes hombres fuertes en la fe. Les permite comprender las misteriosas y divinas leyes de la vida, y por medio de la concentración interna más profunda expresan estas leyes en sus propias personas. Así, un poder espiritual oculto emana de ellos, influenciando y dominando a otros sin que se den cuenta de cómo sucede.[52]

Expresado en los términos más amplios posibles, la individuación es el impulso innato de la vida para realizarse conscientemente. La energía de la vida transpersonal, en el proceso de

[51] Extractos de un seminario dado por Jung sobre interpretación de visiones, publicado en *Spring*, Analytical Psychology Club of New York, 1962, pág. 110.

[52] Wilhem, Richard (traductor) *The I Ching or Book of Changes*, Bollingen Series XIX, Princeton University Press, 1950. Comentario sobre el hexagrama 20, contemplación, pág. 88.

desarrollo propio, utiliza la consciencia humana, un producto del Sí-mismo, como un instrumento para su propia autorrealización. La observación de este proceso da una nueva perspectiva sobre las vicisitudes de la vida humana y nos hace darnos cuenta de que:

> Los molinos de Dios muelen lentamente,
> pero, muelen muy fino.[53]

[53] N. de. T.: Este antiguo refrán, atribuido originalmente a Plutarco, fue de uso frecuente en la Reforma Protestante y aparece en refraneros entre los siglos XVII al XIX como el de Henry Wadsworth Longfellow en inglés o el de Friedrich von Logau en alemán.

SEGUNDA PARTE

LA INDIVIDUACIÓN COMO FORMA DE VIDA

[...] el trabajo de las obras humanas [...] (es) establecer, en y por medio de cada uno de nosotros, un centro absolutamente original en el que el universo se refleja de una manera única e inimitable.

Pierre Teilhard de Chardin[1]

1 *The Phenomenon of Man*, New York, Harper Torch Books, 1961, pág. 261.

CAPÍTULO CUATRO

La búsqueda de sentido

La condición de todo hombre es una solución en jeroglíficos, oculta como si estuviera en clave, a las preguntas que uno se podría hacer. Se experimenta esta condición como vida, antes de comprenderla como verdad.

Nature, Ralph Waldo Emerson

1. La función del símbolo

Uno de los síntomas de la alienación en la era moderna es la sensación generalizada de falta de sentido. Muchos pacientes buscan psicoterapia no por culpa de un trastorno claramente definido, sino porque sienten que su vida no tiene ningún sentido. El psicoterapeuta observador apenas puede evitar la impresión de que estas personas están experimentando los efectos perturbadores de una experiencia infantil insatisfactoria junto al trastorno ocasionado por una importante transición cultural. Parece que estamos pasando por un momento de reorientación psicológica colectiva que es equivalente, en magnitud, al surgimiento del cristianismo de las ruinas del Imperio Romano. Acompañando el declive de la religión tradicional, se produce una creciente desorientación psíquica general. Hemos perdido nuestra orientación. Nuestra relación con la vida se ha vuelto ambigua. El gran sistema de símbolos que es el cristianismo organizado parece que ya no puede exigir el compromiso total de los hombres ni satisfacer sus necesidades últimas. El resultado es una profunda sensación de falta de sentido y de alienación de la vida. Queda por ver si surgirá, o no, un nuevo símbolo religioso colectivo. Por el momento, aquellos que son conscientes del problema están obligados a hacer su propia búsqueda individual de una vida con sentido. La individuación se convierte en su forma de vida.

Uso la palabra «sentido»[1] de forma especial. En general, podemos distinguir dos usos diferentes de la palabra. El uso más común se refiere al significado, al conocimiento abstracto y objetivo transmitido por un signo o representación. Así, por ejemplo, la palabra caballo significa una especie particular de animales de cuatro patas; o un semáforo en rojo significa detenerse. Estos son significados abstractos y objetivos transmitidos por signos. Sin embargo, hay otro tipo de sentido, a saber, el sentido vivo y subjetivo que no se refiere al conocimiento abstracto, sino a un estado psicológico que puede dar significado a la vida. Es esta acepción la que usamos cuando describimos una experiencia profundamente conmovedora que aporta algo significativo. Tal experiencia no transmite un significado abstracto o, al menos, no es lo principal, sino más bien un sentido vivo que, cargado de emoción, nos relaciona orgánicamente con la vida como un todo. Los sueños, los mitos y las obras de arte pueden transmitir este sentido subjetivo y vivo, que es bastante diferente del significado objetivo y abstracto. El error al separar estos dos usos diferentes de la palabra «sentido» lleva a hacernos la pregunta incontestable, «¿Cuál es el senti-

[1] N. de T.: La palabra inglesa «meaning» se puede traducir por sentido, significado, intención e importancia. El autor va a trabajar con las dos primeras acepciones, especialmente con la primera.

do de la vida?» La pregunta no puede responderse de esta forma porque confunde el significado objetivo y abstracto con el sentido subjetivo y vivo. Si reformulamos la pregunta para hacerla más subjetiva y nos preguntamos «¿Cuál es el sentido de mi vida?», entonces empieza a ser posible responderla.

El problema del sentido de la vida está estrechamente relacionado con la percepción de la identidad personal. La pregunta «¿Cuál es el sentido de mi vida?» es casi lo mismo que la pregunta «¿Quién soy?» La última pregunta es claramente subjetiva. Una respuesta adecuada solo puede venir desde adentro. Por lo tanto, podemos decir: el sentido se encuentra en la subjetividad. Pero, ¿quién valora la subjetividad? Cuando usamos la palabra subjetivo, generalmente decimos o implicamos *solo* subjetivo sin tener en cuenta la dimensión de la interioridad, como si el elemento subjetivo no tuviera ninguna consecuencia. Desde el declive de la religión, no hemos tenido una aprobación colectiva adecuada de la vida subjetiva e interior. Todas las tendencias van en la dirección opuesta. Las diversas presiones de la sociedad occidental instan sutilmente al individuo a buscar el sentido de la vida en lo externo y en la objetividad. Ya sea que lo objetivo sea el Estado, una organización corporativa, la buena vida en lo material o la adquisición de conocimiento científico, en todos los casos el sentido humano se busca donde no existe, en lo externo, en la objetividad. La subjetividad única, particular, no duplicable, del individuo que es la verdadera fuente de sentido humano y que no es susceptible de un acercamiento objetivo y estadístico, es la piedra rechazada por los constructores[2] de nuestra visión del mundo contemporáneo.

Incluso la mayoría de los psiquiatras contribuye a la actitud predominante que subestima la subjetividad. Hace algunos años, presenté un artículo sobre la función de los símbolos ante un grupo de psiquiatras. Después, el comentarista hizo una crítica al documento. Una de sus principales objeciones fue que describí el

[2] N. de T.: Alusión a Hechos 4:11.

símbolo como si fuera algo real, casi vivo, como ciertamente hice. Esta crítica refleja una actitud general hacia la psique y la subjetividad. Se cree que la psique no tiene realidad propia. Se considera que las imágenes y los símbolos subjetivos no son más que reflejos del entorno y de las relaciones interpersonales de uno, o nada más que el cumplimiento de deseos instintivos. Harry Stack Sullivan incluso ha hecho la afirmación extrema de que la idea de una personalidad única e individual es una ilusión. Un psiquiatra famoso se convierte así inconscientemente en otro exponente de la psicología de masas colectivista.

La necesidad más urgente del hombre moderno es descubrir la realidad y el valor del mundo interior subjetivo de la psique, descubrir la vida simbólica. Como dijo Jung:

> El hombre necesita una vida simbólica [...] Pero no tenemos vida simbólica [...] ¿Tienes un rincón en alguna parte de tu casa donde realizas ritos como los que se pueden ver en la India? Incluso las casas más sencillas tienen al menos una esquina con cortinas donde los miembros de la familia pueden llevar su vida simbólica, donde pueden hacer sus nuevos votos o meditar. Nosotros no lo tenemos [...]. No tenemos tiempo ni lugar [...]. Solo la vida simbólica puede expresar la necesidad del alma, la necesidad diaria del alma. Y debido a que las personas no tienen esa vida simbólica, nunca pueden salir de este circulo vicioso, de esta vida banal, truculenta y horrible en la que no son nada.[3]

El hombre necesita un mundo de símbolos y un mundo de signos. Tanto el signo como el símbolo son necesarios, pero no deben confundirse entre sí. Un signo es una imagen de significado que representa una entidad conocida. Según esta definición, el lenguaje es un sistema de signos, no de símbolos. Un símbolo, por otro lado, es una imagen o representación que apunta a algo

---

[3] Jung,C. G., «The Symbolic Life», transcripción de una conferencia de 1939 a partir de las notas de Derek Kitchin, London, Guild of Pastoral Psychology, Guild Lecture Nº 80, Abril 1954.

esencialmente desconocido, a un misterio. Un signo comunica un significado abstracto y objetivo, mientras que un símbolo transmite un sentido vivo y subjetivo. Un símbolo tiene un dinamismo subjetivo que ejerce una poderosa atracción y fascinación sobre el individuo. Es una entidad viva y orgánica que actúa como liberador y transformador de la energía psíquica. Podemos decir que un signo está muerto, pero un símbolo está vivo.

Los símbolos son productos espontáneos de la psique arquetípica. Uno no puede fabricar un símbolo, uno solo puede descubrirlo. Los símbolos son portadores de energía psíquica. Por eso es apropiado considerarlos como algo vivo. Transmiten al ego, consciente o inconscientemente, la energía de vida que apoya, guía y motiva al individuo. La psique arquetípica crea constantemente una corriente constante de imágenes simbólicas vivas. Por lo general, esta corriente de imágenes no se percibe conscientemente, excepto a través de los sueños o de la fantasía al despertar, cuando el nivel de atención consciente es reducido. Sin embargo, hay razones para creer que incluso en el estado de vigilia completa esta corriente de símbolos cargados con energía efectiva continúa fluyendo más allá de la atención del ego. Los símbolos se filtran en el ego, lo que hace que se identifique con ellos y los represente inconscientemente; o se derraman en el entorno externo a través de la proyección, causando que el individuo se sienta fascinado e involucrado con objetos y actividades externas.

2. La falacia de la concreción y la falacia reduccionista

La relación entre el ego y el símbolo es un factor muy importante. En general, hay tres patrones posibles de relación entre el ego y el símbolo o, lo que significa lo mismo, entre el ego y la psique arquetípica:

1.– El ego puede identificarse con el símbolo. En este caso, la imagen simbólica se vivirá concretamente. El ego y la psique arquetípica serán uno.

2.– El ego puede estar alienado del símbolo. Aunque la vida simbólica no se puede destruir, en este caso funcionará de manera degradada fuera de la consciencia. El símbolo se reducirá a un signo. Sus misteriosas urgencias se entenderán solo en términos de factores elementales y abstractos.

3.– La tercera posibilidad es la deseada. En este caso, el ego, aunque claramente separado de la psique arquetípica, está abierto y receptivo a los efectos de las imágenes simbólicas. Se posibilita una especie de diálogo consciente entre el ego y los símbolos emergentes. El símbolo es capaz de realizar su función propia como liberador y transformador de energía psíquica con plena participación de la comprensión consciente.

Estas diferentes relaciones entre el ego y el símbolo dan lugar a dos posibles falacias que llamaré la falacia de la concreción y la falacia reduccionista. En la falacia de la concreción, que es la más primitiva de las dos, el individuo es incapaz de distinguir los símbolos de la psique arquetípica de la realidad concreta y externa. Las imágenes simbólicas internas se experimentan como hechos reales y externos. Ejemplos de esta falacia son las creencias animistas de los hombres primitivos, las alucinaciones y los delirios de los psicóticos y las supersticiones de todo tipo. Mezclas confusas de la realidad psíquica y física, como la práctica de la alquimia, la astrología y las numerosas sectas actuales se incluyen en esta categoría. La misma falacia está en funcionamiento en aquellos creyentes religiosos que malinterpretan las imágenes religiosas simbólicas para referirse a hechos literales concretos y confunden sus convicciones religiosas personales o colectivas con la verdad universal y absoluta. Existe el peligro de sucumbir a la falacia de la concreción siempre que tengamos la tentación de aplicar una imagen simbólica a hechos físicos externos con el fin de manipular esos hechos en nuestro propio interés. Los símbolos tienen efectos válidos y legítimos solo cuando sirven para cambiar nuestro estado psíquico o nuestra actitud consciente. Sus efectos son ilegítimos y peligrosos cuando se aplican de forma mágica a la realidad física.

La falacia reduccionista comete el error opuesto. En este caso, la importancia del símbolo se pierde al malinterpretarlo solo como un signo de algún otro contenido conocido. La falacia reduccionista se basa en la actitud racionalista que supone que puede ver detrás de los símbolos su significado «real». Este enfoque reduce todas las imágenes simbólicas a factores elementales conocidos. Funciona bajo la suposición de que no existe ningún misterio verdadero, nada esencial desconocido que trascienda la capacidad de comprensión del ego. Por lo tanto, en esta visión no puede haber símbolos verdaderos, sino solo signos. Para los que están convencidos de esto, el simbolismo religioso no es más que una evidencia de la ignorancia y superstición primitivas. La falacia reduccionista también es compartida por aquellos psicológos teóricos que consideran que el simbolismo no es más que el funcionamiento primitivo y prelógico del ego arcaico. Caemos en este error cada vez que tratamos nuestras reacciones e imágenes subjetivas en la manera abstracta y estadística propia de las ciencias naturales y de la realidad física. Este error es el inverso al de la falacia de la concreción, que usaba una imagen simbólica subjetiva para manipular los hechos físicos y, por tanto, los violentaba. Aquí, la actitud abstracta y objetiva, apropiada para una comprensión de la realidad externa, se aplica a la psique inconsciente en un intento de manipularla. Esta actitud violenta la realidad autónoma de la psique.

El conflicto entre la falacia de la concreción y la falacia reduccionista está en el centro del conflicto contemporáneo entre la visión religiosa tradicional del hombre y la llamada visión científica moderna. Y dado que este es un problema colectivo, todos llevamos algo de este conflicto dentro de nosotros mismos. Con respecto a este problema, Jung escribe:

> Quien habla de estos asuntos (por ejemplo, del simbolismo

religioso) inevitablemente corre el riesgo de ser despedazado por las dos partes que están en conflicto mortal sobre estas cuestiones. Este conflicto se debe a la extraña suposición de que una cosa es verdadera solo si se presenta como un hecho *físico*. Por lo tanto, algunas personas creen que es físicamente cierto que Cristo nació como el hijo de una virgen, mientras que otros lo niegan como una imposibilidad física. Todos pueden ver que no hay una solución lógica para este conflicto y que sería mejor no involucrarse en disputas estériles. Ambos tienen razón y ambos están equivocados. Sin embargo, podrían llegar fácilmente a un acuerdo tan solo con dejar de utilizar la palabra *físico*. Lo *físico* no es el único criterio de la verdad: también hay verdades *psíquicas* que no pueden ser ni explicadas ni probadas ni cuestionadas en ninguna manera física. Si, por ejemplo, existiera una creencia general de que el río Rin en algún momento había fluido hacia atrás desde su desembocadura hasta su fuente, entonces esta creencia sería en sí misma un hecho, aunque esa afirmación, entendida físicamente, sonaría absolutamente increíble. Las creencias de este tipo son hechos psíquicos que están fuera del ámbito de la impugnación y de la prueba.

Las declaraciones religiosas (o simbólicas) son de este tipo. Se refieren sin excepción a cosas que no pueden establecerse como hechos físicos [...]. Tomadas como referencias a cualquier cosa física no tienen ningún sentido [...]. El hecho de que las afirmaciones religiosas (o simbólicas) con frecuencia entren en conflicto con los fenómenos físicos observados demuestra que, en contraste con la percepción física, el espíritu (simbólico) es autónomo y que la experiencia psíquica es, en cierta medida, independiente de los datos físicos. La psique es un factor autónomo y las declaraciones religiosas (o simbólicas) son confesiones psíquicas que, en última instancia, se basan en procesos inconscientes [...]. Estos procesos no son accesibles a la percepción física, pero demuestran su existencia a través de las confesiones de la psique [...]. Cada vez que hablamos de contenidos religiosos (o simbólicos) nos movemos en un mundo de imágenes que

> apuntan a algo inefable. No sabemos cuán claras o confusas son estas imágenes, metáforas y conceptos con respecto a su objeto trascendental [...] (Sin embargo) no hay duda de que hay algo detrás de estas imágenes que trasciende la consciencia y opera de tal manera que las declaraciones no varían ilimitada y caóticamente, sino que, claramente, todas se relacionan con unos pocos principios básicos o arquetipos. Estos, como la psique misma o la materia, son incognoscibles como tales.[4]

Al igual que con todos los asuntos relacionados con la personalidad, la falacia de la concreción y la falacia reduccionista no cambian por una exhortación racional. En realidad, pueden considerarse como dos etapas sucesivas en el desarrollo de la personalidad. El estado de identificación entre el ego y los símbolos inconscientes da lugar a la falacia de la concreción. Este estado es característico de una etapa temprana del desarrollo del ego que se observa, por ejemplo, en tribus primitivas y en niños. La falacia reduccionista proviene de un estado de alienación entre el ego y el simbolismo del inconsciente. Parece ser una etapa posterior de desarrollo, tal vez una reacción necesaria contra el estado anterior de identidad entre el ego y el inconsciente. En este punto, el desarrollo del ego puede requerir una disminución del inconsciente y del poder de sus imágenes simbólicas. Sin embargo, esto implica una disociación entre el ego y el inconsciente que, tarde o temprano, debe ser salvada para que uno pueda ser completo.

El objetivo final de la psicoterapia de Jung es hacer que el proceso simbólico sea consciente. Para tomar consciencia de los símbolos, primero necesitamos saber cómo se comporta un símbolo cuando está en el inconsciente. Todas las prácticas inhumanas de ritos y rituales salvajes, así como los síntomas neuróticos y las perversiones se pueden entender si nos damos cuenta de cómo funciona un símbolo inconscientemente. La proposición básica es esta:

---

[4] Jung, C. G., «Answer to Job» en *Psychology and Religion: West and East*, C.W., 11, 1958, par. 553-555.

un símbolo inconsciente se vive, pero no se percibe. El dinamismo del símbolo inconsciente se experimenta solo como un deseo o una urgencia hacia alguna acción externa. La imagen detrás de ese deseo no se ve. No se discierne ningún significado puramente psicológico detrás de la fuerza motivadora de la imagen simbólica que lo tiene a uno bajo su poder. El ego, identificado con la imagen simbólica, se convierte en su víctima, condenado a vivir concretamente el significado del símbolo en lugar de entenderlo conscientemente. En la medida en que el ego se identifica con la psique arquetípica, el dinamismo del símbolo se verá y experimentará solo como un impulso de lujuria o poder. Esto explica la distinción entre la psicología profunda de Jung y todas las demás teorías psicológicas. Solo Jung y su escuela, hasta ahora, han podido reconocer el símbolo y, por lo tanto, la psique arquetípica de la que el símbolo es una manifestación, ya que funciona cuando el ego no se identifica con ella. En la psicología freudiana, por ejemplo, donde Jung ve la psique arquetípica transpersonal, Freud ve el Id. Pero el Id no parece mas que una caricatura del alma humana. La psique arquetípica y sus símbolos se ven solo por la forma en que se manifiestan cuando el ego se identifica con ellos. El Id es el inconsciente visto solo como instinto, sin considerar las imágenes que yacen detrás de los instintos. En la medida en que las imágenes no se tratan en absoluto, se interpretan de forma reductiva como instinto. La imagen simbólica *per se* no tiene ninguna realidad sustancial. Es importante entender esta actitud freudiana hacia el inconsciente porque es compartida de una forma u otra por prácticamente todas las escuelas de psicoterapia moderna. Ningún psiquiatra negará que los deseos instintivos son vivos y efectivos, pero casi todos los psiquiatras parecen negar la vida y la realidad de las imágenes simbólicas.

Esta actitud generalizada de la psicología moderna que considera que la psique inconsciente está motivada solo por los instintos es básicamente antiespiritual, anticultural y destruye la vida simbólica. En la medida en que se mantenga esta actitud, es imposible cultivar una vida interior significativa. Las compulsiones instintivas existen, por supuesto, en abundancia. Pero es la imagen simbólica, que actúa liberando y transformando la energía psíquica, la que eleva la urgencia instintiva a otro nivel de significado y humaniza, espiritualiza e inculturiza la energía animal original. El instinto contiene su propio sentido oculto, que se revela solo al percibir la imagen que yace incrustada en él.

Una forma de descubrir la imagen oculta es mediante el proceso de analogía. Como dice Jung, «la creación de analogías libera al instinto y a la esfera biológica en su totalidad de la presión de los contenidos inconscientes. La ausencia de simbolismo, sin embargo, sobrecarga la esfera del instinto».[5] Como ejemplo del método analógico, recuerdo a un paciente que estaba sujeto inconscientemente por una poderosa imagen simbólica que lo obligaba a vivir esa situación como un síntoma hasta que pudo entenderla conscientemente. Como es más fácil ver las cosas grandes que las pequeñas, elijo un ejemplo que se magnifica, por así decirlo, por el hecho de que es un síntoma de psicopatología. Estoy pensando en un caso de travestismo, un joven que tenía una fuerte necesidad de vestirse con ropa de mujer. Cuando llevaba una prenda femenina, su actitud hacia él mismo experimentaba un cambio radical. Normalmente, se sentía tímido, inferior e impotente. Pero cuando usaba algún artículo de ropa femenina que pudiera esconderle de la vista general, se sentía seguro, efectivo y sexualmente potente. ¿Qué significa este síntoma? Este paciente estaba viviendo una imagen simbólica inconsciente. Dado que tales imágenes de síntomas tienen el mismo origen que los sueños, podemos abordarlos de la manera en que lo haríamos al soñar, por el método de la amplificación. Entonces nos preguntamos ¿qué implica vestirnos con ropa de mujer? ¿Qué paralelismos generales y mitológicos podemos encontrar?

En el Libro V de la Odisea, se describe el viaje de Ulises en-

[5] Jung, C.G., *The Practice of Psychotherapy*,C.W., Vol. 16, par. 250.

tre la isla de Calipso y la tierra de los feacios.[6] Durante este viaje, Poseidón provoca una terrible tormenta que habría ahogado a Ulises, si no fuera porque Ino, una diosa del mar, acudió en su ayuda. Ino le dice que se quite la ropa y nade hasta tierra y agrega, «toma, toma mi velo y ponlo alrededor de tu pecho; está encantado y no puedes sufrir ningún daño mientras lo uses. Tan pronto como toques tierra, quítatelo, tíralo lo más lejos que puedas hacia el mar». El velo de Ino es la imagen arquetípica que yace detrás del síntoma del travestismo. El velo representa el apoyo y la contención que el arquetipo de la madre puede proporcionar al ego durante una peligrosa activación del inconsciente. Es legítimo utilizar este soporte, como lo hace Ulises, durante un momento de crisis; pero el velo debe ser devuelto a la diosa tan pronto como termine la crisis.

Otro ejemplo es el proporcionado por los sacerdotes de la Magna Mater en la antigua Roma y en Asia Menor. Después de su consagración, estos sacerdotes usaban vestimenta femenina y dejaban crecer su cabello para representar su compromiso al servicio de la Gran Madre. Un remanente de este travestismo sacerdotal existe hoy en las faldas usadas por el clero católico que está al servicio de la Madre Iglesia. Estos paralelos muestran que el impulso de travestirse se basa en la necesidad inconsciente de un contacto de apoyo con la deidad femenina: el arquetipo de la madre. Esta es la manera de entender ese síntoma simbólicamente. Por supuesto, cada vez que hablamos de la imagen de una deidad, estamos usando un símbolo porque una deidad o poder suprapersonal no puede definirse con precisión. No es un signo de algo conocido y racionalmente entendido, sino más bien un símbolo que expresa un misterio. Esta forma de interpretación, si tiene éxito, puede conducir al paciente hacia la vida simbólica. Un síntoma paralizante y culpable puede ser reemplazado por un símbolo significativo y enrique-

---

[6] Estoy en deuda con Storr por señalar esta amplificación. (Storr, A., «The Psychopathology of Fetishism and Transvestism», *Journal of Analytical Psychology*, Vol.2, Nº 2, Julio 1957, pág. 161).

cedor de la vida que se experimenta conscientemente, en lugar de vivirse de manera inconsciente, compulsiva y sintomática.

Este caso es un ejemplo de cómo un síntoma puede transformarse en un símbolo a través de la consciencia de sus fundamentos arquetípicos. Cada síntoma se deriva de la imagen de alguna situación arquetípica. Por ejemplo, muchos síntomas de ansiedad tienen como contexto arquetípico la pelea del héroe con el dragón, o quizás los ritos de iniciación. Muchos síntomas de frustración o resentimiento son una recreación del encuentro arquetípico de Job con Dios. Ser capaz de reconocer el arquetipo, para ver la imagen simbólica detrás del síntoma, transforma inmediatamente la experiencia. Puede ser doloroso, pero tiene un sentido. En lugar de aislar de sus compañeros humanos al que sufre, lo une a ellos en una relación más profunda. Ahora se siente un socio participante en la empresa humana colectiva – la dolorosa evolución de la consciencia humana – que comenzó en la oscuridad del pantano original y que terminará no sabemos dónde.

Los estados de ánimo intensos y emocionales también hallarán su sentido si se puede encontrar la imagen simbólica que le otorgue significado. Por ejemplo, un hombre estaba en un estado de enojo. Las cosas no eran como él deseaba, pero ni podía comportarse de acuerdo al sentimiento ni podía reprimirlo. Finalmente oró por la comprensión de su significado. Inmediatamente le vino la imagen de los tres hombres en el horno de fuego, como se describe en el libro de Daniel. Leyó este pasaje en la Biblia y al reflexionar sobre él, su estado de ánimo desapareció. El tercer capítulo de Daniel describe el decreto de Nabucodonosor de que todas las personas se postraran y adoraran ante el ídolo dorado que representaba su figura. Sadrac, Mesac y Abed-nego se negaron y Nabucodonosor, en estado de ira, los arrojó al horno de fuego. Pero salieron ilesos y se vio a una cuarta figura caminando con ellos en el fuego, «como un hijo de Dios».

Esta imagen resolvió el estado de ánimo del hombre enojado porque expresaba simbólicamente el significado de su estado de ánimo. El rey Nabucodonosor representa una figura arbitraria, tiránica e impulsada por el poder que usurpa las prerrogativas de Dios y se irrita cuando no es tratado como una deidad. Él es el ego identificado con el Sí-mismo. Su furia es simbolizada por el horno de fuego. Sadrac, Mesac y Abed-nego, al negarse a dar un valor transpersonal a una motivación personal, se exponen voluntariamente al fuego de la frustración de Nabucodonosor. Esto se correspondería con la habilidad del paciente para evitar la identificación con el sentimiento, resistirse a ello y finalmente buscar su significado en la imaginación activa. La cuarta figura que aparece en el horno «como el hijo de Dios» representaría el componente arquetípico transpersonal que se actualizó en la experiencia. Trae sentido, liberación e integración (como el cuarto).

El siguiente ejemplo ilustra una declaración de Jung, acerca de su confrontación con el inconsciente:

> Estaba viviendo en un estado constante de tensión [...] En la medida en que logré traducir las emociones en imágenes, es decir, encontrar las imágenes que estaban ocultas en las emociones, me tranquilicé interiormente.[7]

Debido a que se desconoce la dimensión simbólica de la existencia, se experimentan las vicisitudes de la vida como síntomas. Los síntomas son estados perturbadores de la mente que no podemos controlar y que son esencialmente insignificantes, es decir, que no contienen ningún valor o sentido. Los síntomas, de hecho, son símbolos degradados por la falacia reduccionista del ego. Los síntomas son intolerables precisamente porque no tienen sentido. Se puede cargar con casi cualquier dificultad, si podemos discernir su sentido. La falta de sentido es la mayor amenaza para la humanidad.

Nuestra vida, cuando estamos despiertos, se compone de una serie de estados de ánimo, de sentimientos, de ideas y de deseos.

---

7 Jung, C. G., *Memories, Dreams, Reflections*, New York, Pantheon Books, 1963, pág. 177.

Estos sucesivos estados psíquicos, a través de los cuales pasamos, son como cuentas ensartadas en una sola cuerda. Dependiendo de nuestra actitud consciente, experimentamos este rosario de la vida como una sucesión de síntomas sin sentido o, a través de la consciencia simbólica, como una serie de encuentros numinosos entre el ego y la psique transpersonal. Nuestros placeres y nuestros dolores son síntomas, si no tienen importancia simbólica. Los sabios hindúes reconocen esto en su doctrina de Maya. Según esta visión, el dolor y el placer, que son los síntomas de la vida, están indisolublemente conectados. Para obtener la liberación de los síntomas dolorosos, uno también debe renunciar a los síntomas agradables. En términos de psicología analítica, el esfuerzo del hindú por liberarse de las urgencias del dolor y el placer equivale a la búsqueda de la vida simbólica. El nirvana no es una huida de la realidad de la vida. Es más bien el descubrimiento de la vida simbólica que libera al hombre de esta «vida trivial, truculenta y banal», formada por una sucesión de síntomas sin sentido.

3. La vida simbólica

La vida simbólica es, de alguna forma, un requisito previo para la salud psíquica. Sin ella, el ego se aleja de su fuente suprapersonal y cae víctima de una especie de ansiedad cósmica. Los sueños, a menudo, intentan curar el ego alienado expresando algún sentido de su origen. Aquí tenemos un ejemplo de ese tipo de sueño. La paciente estaba luchando con el problema de la alienación del ego respecto del Sí-mismo. Fue presa de profundos sentimientos de depresión, indignidad y de falta de sentido en su vida y en sus capacidades. Luego tuvo este sueño: *un anciano, que era a la vez sacerdote y rabino, me estaba hablando. Mientras escuchaba sus palabras, me conmovió profundamente y sentí que estaba siendo sanada. Parecía como si Dios hablara a través de él. Sentí que la eterna pregunta que siempre está dentro de mí se resolvía por sí misma. Por un momento supe por qué. Mientras hablaba, me puso en contacto con algo que había conocido hace mucho tiempo, antes de que naciera.*

Este sueño tuvo un poderoso impacto en la paciente. Lo experimentó como algo sanador. La eterna pregunta sobre el significado de su vida tuvo respuesta. Pero, ¿cuál fue esa respuesta? Al principio, al despertar, no podía recordar lo que el anciano le había dicho. Entonces, de repente, pensó en una antigua leyenda judía que una vez leyó en un libro y se dio cuenta de que era la esencia de esta leyenda lo que el sacerdote-rabino le había estado diciendo. La historia de esta leyenda es la siguiente:

> Antes del nacimiento de un niño, Dios llama a la semilla del futuro ser humano ante él y decide en qué se convertirá su alma: en hombre o en mujer, en sabio o en simple, en rico o en pobre. Solo una cosa deja sin decidir y esta es si será justo o no, porque, como está escrito, «Todo está en manos del Señor, excepto el temor del Señor». El alma, sin embargo, le suplica a Dios no ser enviada desde la vida de más allá de este mundo. Pero Dios responde: «El mundo al cual yo te envío, es mejor que el mundo en el que has estado; y cuando te formé, te formé para este destino terrenal». Entonces Dios ordena al ángel a cargo de las almas que viven en el Más Allá, que inicie a esta alma en todos los misterios de ese otro mundo, a través del Paraíso y del Infierno. De esa manera, el alma experimenta todos los secretos del Más Allá. En el momento del nacimiento, sin embargo, cuando el alma viene a la tierra, el ángel apaga la luz del conocimiento que arde en ella, y el alma, encerrada en su envoltura terrenal, entra en este mundo, olvidando su noble sabiduría, pero siempre buscando recuperarla.[8]

El sueño que trajo esta hermosa leyenda a la mente de la paciente es un excelente ejemplo de la operación del eje ego/Sí-mis-

[8] Leyenda citada por Gerhard Adler, *Studies in Analytical Psychology*. New York, C.G. Jung Foundation, 1967, pág. 120 y sig.

mo que trae a la consciencia un conocimiento del origen y del sentido del ego y despierta la vida simbólica. La figura del anciano, el sacerdote-rabino, es una representación de lo que Jung ha llamado el arquetipo del viejo sabio. Es un guía espiritual, un portador de sabiduría y sanación. Yo lo consideraría una personificación del eje ego/Sí-mismo. En la combinación de sacerdote y rabino, une dos tradiciones religiosas y simbólicas distintas, aunque la historia que tiene que contar no pertenece a ningún sistema religioso en particular. El tema de los orígenes prenatales del ego es una imagen arquetípica de la que podemos encontrar muchos ejemplos.

Por ejemplo, existe la doctrina de Platón de las ideas prenatales como se encuentra en *El banquete*. De acuerdo con este mito, todo aprendizaje es un recuerdo del conocimiento prenatal que es innato aunque olvidado. En términos psicológicos, esto significa que las formas arquetípicas de la experiencia humana son preexistentes o *a priori*; solo esperan la encarnación dentro de una historia de vida individual particular. Esta teoría platónica de la reminiscencia a veces se expresa en los sueños. Una persona puede soñar con estar involucrada en un acontecimiento significativo del que, vagamente, se da cuenta que ha sucedido antes y está siguiendo un plan predeterminado. Un paciente lo describió así a raíz de un sueño:

> Era como si estuviera experimentando el sueño en dos niveles al mismo tiempo. Por un lado, era único, espontáneo y no ensayado. Por otro lado, también parecía estar desempeñando un papel y volviendo a representar una historia que una vez conocí, pero olvidé. Los dos niveles estaban íntimamente conectados. Estaba interpretando el papel perfectamente, solo porque lo estaba viviendo al mismo tiempo. Improvisaba mis partes del texto a medida que avanzaba, pero me ayudaba el hecho de que una vez conocí la historia. Cuando surgía cada situación, tocaba un resorte en mi memoria que venía en mi ayuda.

Otro ejemplo es un viejo cuento gnóstico que tiene muchas similitudes con la leyenda judía antes citada, pero que va un paso más allá al mostrar cómo el alma despierta y recuerda su origen celestial. Los traductores modernos han titulado este texto «El himno de la perla». Lo cito, algo abreviado, del libro de Hans Jonas:

> Cuando era un niño vivía en mi reino en la Casa de mi Padre, y en la opulencia y abundancia de mis educadores me solazaba, cuando mis Padres me equiparon y enviaron desde el Oriente, nuestra Patria. De las riquezas de nuestro tesoro me prepararon un hato pequeño [...]. Me quitaron la túnica brillante que amorosamente Ellos habían confeccionado para mí, y la toga purpúrea que había sido hecha para mi talla. Hicieron conmigo un pacto y lo escribieron en mi corazón para que no lo olvidara: «Si desciendes a Egipto y logras traer la Perla única, la que está en el fondo del mar, cerca de la serpiente sibilante, [entonces] vestirás de nuevo tu Túnica brillante y la Toga que cae por encima de ella, y con tu Hermano, el más próximo a nuestro rango, serás heredero de nuestro Reino».
>
> Abandoné Oriente y descendí acompañado de dos guías, pues el camino era peligroso y difícil, y yo era joven para recorrerlo [...]. Llegué a Egipto y mis compañeros se separaron de mí. Fui directo a la serpiente, y acampé cerca de su morada, esperando que la pudiera el sueño y se durmiera y así poder arrebatarle mi Perla [...]. Siendo un extraño para los compañeros de mi posada, [...] me vestí con sus atuendos para que no sospecharan que había venido de lejos para coger la Perla e impedir que excitaran la serpiente contra mí. Pero de alguna manera se dieron cuenta de que yo no era un compatriota y me hicieron comer de sus alimentos. Olvidé que era hijo de Reyes, y serví a su rey. Olvidé la Perla por la que mis Padres me habían enviado y, a causa de la pesadez de sus alimentos, caí en un profundo sueño.
>
> Pero esto que me acaecía fue sabido por mis Padres y se apenaron por mí [...]. Me escribieron una carta y cada noble puso su firma en ella:

«De tu Padre, el Rey de reyes, y de tu Madre, la Soberana de Oriente, y de tu Hermano, nuestro más cercano en rango, para ti nuestro hijo, que estás en Egipto, ¡Saludos! [¡Paz!] ¡Despierta y levántate de tu sueño, y escucha las palabras de nuestra carta! ¡Recuerda que eres hijo de Reyes! ¡Mira la esclavitud en que has caído! ¡Recuerda la Perla por la que fuiste enviado a Egipto! Piensa en tu Túnica resplandeciente y recuerda tu gloriosa Toga, con la que podrás vestirte y engalanarte cuando tu nombre sea leído en el "Libro de los Valientes" [Héroes], y junto con tu Hermano, nuestro Virrey, estarás en nuestro Reino».

Voló [la carta] como un águila, el rey de todas las aves; voló y se posó a mi lado, y toda ella se convirtió en palabra. A su voz y al sonido de su murmullo me desperté y me levanté de mi sueño. La tomé y la besé, rompí su sello y la leí y las palabras de mi carta, eran lo mismo que estaba grabado en mi corazón. Recordé que era hijo de Reyes y que mi "naturaleza libre" buscaba su linaje. Recordé la Perla por la que había sido enviado a Egipto, y comencé a encantar a la terrible serpiente sibilante. La hice dormir y caer en un sueño profundo, cuando pronuncié el Nombre de mi Padre contra ella, y el Nombre de mi Hermano, y el de mi Madre, la Reina de Oriente. Y le arrebaté la Perla, y emprendí la vuelta a la Casa de mis Padres. Me quite el vestido sucio e impuro y lo abandoné en su país y me encaminé directamente hacia la Luz de nuestro país, Oriente.

Y mi carta, la que me despertó, la tenía ante mí durante el camino, y lo mismo que me había despertado con su Voz, ahora me guiaba con su Luz, pues la seda real [de la carta] mostraba su forma luminosa ante mí; su Voz y su guía también me animaba a apresurarme y su amor me atraía ... (Entonces, cuando se acercaba a su tierra natal, sus padres le enviaron su túnica de gloria y su manto) Entonces extendí [mi mano] y la recibí; con sus hermosos colores me engalané, y quedé completamente cubierto por mi Toga de brillantes colores. Me vestí con Ella y fui elevado a la Corte de la Paz y de la Adoración, incliné mi cabeza y adoré el Esplendor de mi Padre que me la había enviado, porque yo había cumplido sus Mandamientos, y Él también

> su promesa [...] se regocijo por mí, y me encontraba con Él en su Reino.[9]

Este cuento encantador es una bella expresión simbólica de la teoría de la psicología analítica con respecto al origen y desarrollo del ego consciente. El ego empieza como el hijo de una familia real y celestial. Esto se corresponde a su estado original de identidad con el Sí-mismo o psique arquetípica. Es enviado lejos de este paraíso original en una misión. Esto se refiere al proceso necesario de desarrollo consciente que separa al ego de su matriz inconsciente. Cuando llega al país extranjero, se olvida de su misión y se duerme. Esta situación corresponde a la alienación ego/Sí-mismo y al estado de falta de sentido. La carta de sus padres despierta al durmiente y le recuerda su misión. El sentido ha vuelto a su vida. El vínculo de conexión entre el ego y sus orígenes suprapersonales se ha restablecido. Equipararía esto con el despertar de la consciencia simbólica.

Existe un paralelismo particularmente interesante entre la historia de la perla y el sueño del sacerdote-rabino. En el sueño, después de escuchar las palabras del anciano sabio, la paciente comentó: «Mientras hablaba me puso en contacto con algo que había conocido hace mucho tiempo, antes de que naciera». De forma similar, en «El himno de la perla», después de leer la carta, el héroe dice: «Tal como estaba escrito en mi corazón estaban las palabras de la carta». En cada caso, el individuo es llamado a algo que una vez conoció, pero que había olvidado: su naturaleza original.

En «El himno de la perla», el despertar se produce a través de una carta. La naturaleza adaptable de esta carta sugiere que es un verdadero símbolo, cuyo pleno significado no puede ser abarcado por una sola imagen específica. Es una carta, pero también es un águila. Además, es una voz que se convirtió en todo un discur-

[9] Jonas, H., *The Gnostic Religion*, Boston, Beacon Press, 1958, pág. 113 y sig. Para el texto en castellano se ha utilizado la traducción *El Himno de la Perla* de Ediciones Epopteia, 2014.

so. Cuando llegó el momento de hacer el viaje de regreso, la carta experimentó otra metamorfosis y se convirtió en una luz que guiaba. Cada vez que encontramos en sueños una imagen que sufre tantas transformaciones, podemos estar seguros de que estamos tratando con un símbolo particularmente potente y dinámico. Ese símbolo es la imagen de letra-águila-voz-luz en esta historia. Una carta es un medio de comunicación desde la distancia. El águila, declarada en el texto como el rey de las aves, recuerda el hecho de que las aves siempre han sido consideradas los mensajeros de Dios. Una vez, traté a un paciente psicótico que me dijo que estaba recibiendo mensajes de Dios. Cuando le pregunté cómo obtuvo estos mensajes, me dijo que los pájaros los traían. Las aves también sugieren la paloma del Espíritu Santo, que es el vínculo de conexión entre Dios y el hombre. (*imágenes 30 y 31*). La voz recuerda a la llamada que significa una vocación. Este tema siempre ha expresado una experiencia de despertar que lleva al individuo fuera de sus preocupaciones personales hacia un destino más significativo. La carta como luz-guía es equivalente a la estrella de Belén que guió a los hombres al lugar del nacimiento de Cristo, la manifestación de la deidad. Todas estas amplificaciones muestran que la carta en sus diversos aspectos simboliza el eje ego/Sí-mismo, la línea de comunicación entre el ego y la psique arquetípica. La consciencia de este eje tiene un efecto transformador y despierta la personalidad. Se descubre una nueva dimensión de sentido que transmite valor a lo subjetivo.

Otro ejemplo del tema arquetípico del origen prenatal del alma se encuentra en la oda de Wordsworth: «Intimations of Immortality», que ya he citado, pero que cito aquí más extensamente.

> Nuestro nacimiento no es más que un sueño y un olvido:
> el alma que se levanta con nosotros,
> nuestra estrella vital,
> ha tenido en otra parte su origen
> y viene de lejos.

Ni en completo olvido
ni en desnudez absoluta,
sino que arrastrando nubes de gloria desde donde venimos,
de Dios, que es nuestro hogar.
¡El cielo nos envuelve ya en la infancia!
Sombras del presidio empiezan a cernirse
sobre el muchacho que crece,
pero él considera la luz, y sus flujos,
y descubre en ella su alegría;
La juventud, que a diario se aleja del Este
debe viajar, todavía es el sacerdote de la naturaleza,
y por la espléndida visión
está asistido durante el camino;
a la larga el hombre percibe cómo muere,
y se desdibuja en la luz de un día corriente.[10]

En este punto, el héroe de Wordsworth llega a Egipto, se olvida de su misión y se duerme. En este caso nunca recibe una carta sobre el despertar como en el «Himno de la Perla», pero lo intuye.

Qué durante las estaciones de clima más sosegado
aunque estemos alejados, tierra adentro
tengan nuestras almas una visión de este mar inmortal
que nos trajo hasta aquí,
puedan en un instante viajar allá,
y ver a los niños jugar cerca de la orilla,
y oír las poderosas aguas correr eternamente ...
Vivimos gracias al corazón humano,
gracias a su ternura, sus alegrías, y sus miedos,
el balanceo de la más humilde de las flores puede ofrecer
pensamientos que a menudo yacen demasiado profundos
para las lágrimas.[11]

---

[10] Wordsworth, W., *Poetical Works,* London, Oxford University Press, 1961.

[11] Wordsworth, W., *Poetical Works*, London, Oxford University Press, 1961, pág. 460.

Imagen 30. EL ANGEL GABRIEL ENTREGA UN MENSAJE A MARÍA, La anunciación de Durero.

En las últimas dos líneas hay una alusión clara a la vida simbólica.

Los sueños son expresiones del eje ego/Sí-mismo. Cada sueño puede considerarse una carta enviada a Egipto para despertarnos. Es posible que no podamos leer la carta, pero al menos deberíamos abrirla y hacer el esfuerzo. Sé de un hombre que no estaba habituado al análisis y a la interpretación de los sueños. Había estudiado sus propios sueños y llegó a la conclusión definitiva de que los sueños no tenían ningún sentido. Son causados solo por las sensaciones físicas que se tienen en la cama: tener los pies enredados en las sábanas, acostarse sobre el brazo, ese tipo de cosas. Es interesante señalar qué tipo de sueños tenía un hombre con una actitud tan consciente. Tuvo varias pesadillas recurrentes. Soñó que estaba en un atolladero hasta las rodillas hundiéndose cada vez más profundamente, incapaz de moverse. En otras ocasiones, soñó que era ciego y, a veces, que era un lisiado paralítico.

A veces, las imágenes de los sueños se refieren directamente al funcionamiento del eje ego/Sí-mismo. Esto es verdad en el sueño sobre el sacerdote-rabino. Me he encontrado con varios sueños que usan la imagen de una isla que necesita un sistema de comunicación con el continente. Este es un ejemplo de ese tipo de sueños: *Un hombre soñó que estaba en una isla a varias millas del continente. En la playa hay un montón de cables telefónicos. La isla está conectada con el continente y el soñador siente que la ha rescatado de la destrucción al reconocer qué son esos cables. Son un avance importante en las comunicaciones. Sus vecinos piensan que son feos y quieren devolverlos al mar, pero el soñador puede persuadirlos de su valor.*

El hecho de que los vecinos se opongan a la fealdad del cable telefónico es significativo. El paciente tenía un sentido estético muy desarrollado. De hecho, sus principales juicios de valor se basaban en consideraciones estéticas. Para aceptar la nueva vía de comunicación con el continente, que es la psique arquetípica, el paciente debía despojarse de la tiranía de la estética, que no reco-

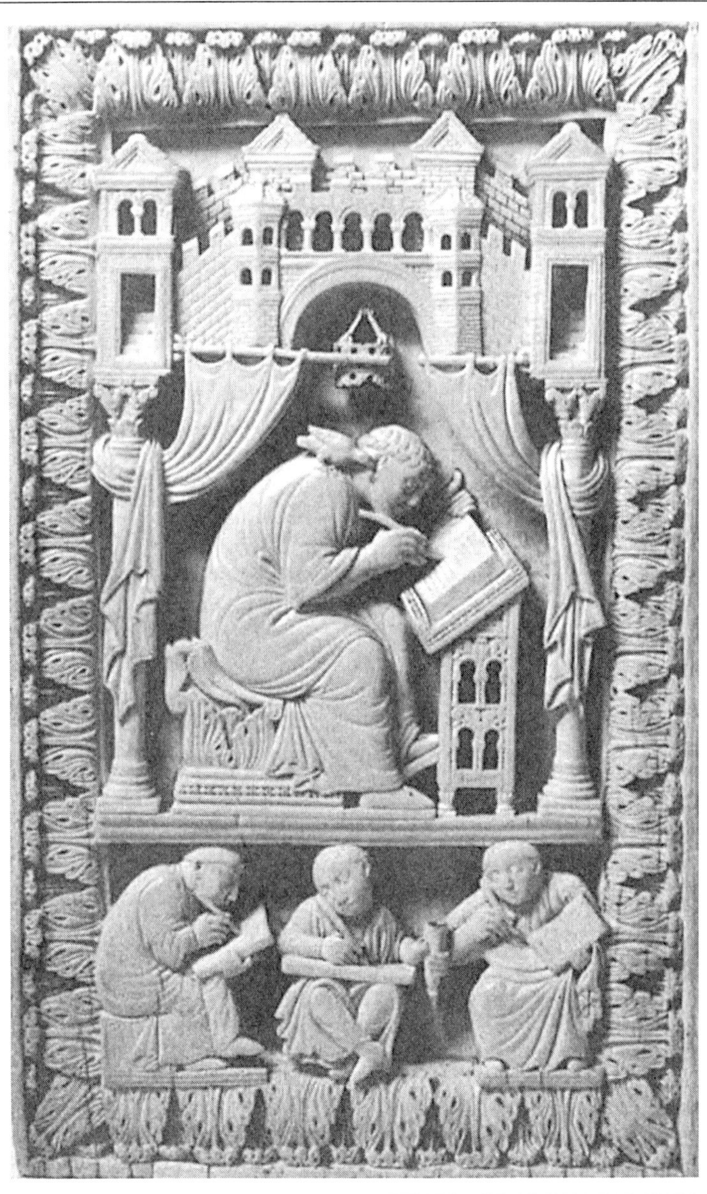

Imagen 31. UNA PALOMA TRANSMITE LA VOZ DIVINA A SAN GREGORIO MAGNO, panel de marfil, siglo IX o X.

noce otros valores que los suyos. Esta es una ilustración del hecho de que el eje ego/Sí-mismo y la vida simbólica se encuentran a través de la función inferior, la parte más débil de la personalidad. Solo mediante la consciencia y la aceptación de nuestra debilidad, nos hacemos conscientes de lo que está más allá del ego que nos respalda.

Aquí hay otro sueño que es un bello ejemplo del eje ego/Sí-mismo y del impacto numinoso que puede tener. La paciente tuvo este sueño aproximadamente un año antes de la primera sesión de análisis, durante un momento de considerable angustia. Aunque su psicoterapia fue larga y ardua, este sueño presagiaba un éxito final: *Estoy en el techo de una habitación completamente rodeada de agua, cuando escucho una música maravillosa que viene del agua. La música es traída por cuatro «sabios» que están de pie en pequeños botes y cada uno viene de una de las cuatro direcciones. Están magníficamente vestidos y mientras cruzan el agua en un amanecer azul grisáceo, me doy cuenta de que la música que cada uno trae tiene las características de la «dirección» de la que proviene. Estas cuatro cualidades musicales se combinan y se funden en un sonido que me afecta poderosamente al escribir sobre ello tres años más tarde, como lo hizo cuando ocurrió en el sueño. Los cuatro «hombres sabios» suben escaleras en cada esquina de la habitación. Me invade un sentimiento de gran reverencia y emoción y, cuando llegan al techo, este sentimiento se ha hecho más claro. La cercanía de ellos es abrumadora. Me doy cuenta de que han venido a prepararme para trabajar un poco. Luego debo bajar y completar una tarea que requiere una diligencia y concentración prolongadas. Cuando vuelvo, veo a los cuatro «hombres sabios» que cruzan las aguas en sus pequeñas embarcaciones. Aunque hay una sensación de desilusión, la música parecía más gloriosa que antes, incluso triunfante. Definitivamente había una sensación de haber tenido éxito o haber pasado la prueba. Entonces vi que en el lugar donde se encontraba cada «hombre sabio» había ahora un ídolo de piedra que, aunque era abstracto, no solo representaba intrínsecamente al «hombre sabio», sino todo lo que*

Imagen 32. EL GRAN ZIGGURAT DE UR, Reconstrucción.

implicaba la cultura y las costumbres de la dirección desde la cual había llegado. Había una sensación de estar agradecida por poder demostrar que habían estado allí.

Luego volví mi atención a los cuatro «hombres sabios», cada regresando al lugar de partida en los botes pequeños, y la música se hizo aún más intensa. Una vez, más escuché con especial claridad que la personalidad especial de cada una de las cuatro direcciones se mezclaba misteriosamente en un sonido «supermusical» y el día se hizo más brillante hasta que el cielo alcanzó un color azul eléctrico mientras, al terminar el sueño, me llenaba la sensación de bienestar más intenso que jamás había conocido.

No quiero analizar este sueño en sus aspectos personales, sino solo en la medida en que ilustra la función del eje ego/Sí-mismo. La escena del sueño tiene lugar en el techo de una habitación que es una especie de plataforma elevada sobre el agua con escalones en cada una de sus cuatro esquinas. Esto recuerda una de las primeras representaciones egipcias del Dios Atum. Era representado como el montículo del mundo que se eleva desde el océano primigenio. Según Clark, este símbolo primordial del montículo «pronto tomó la forma de una elevación con lados inclinados o rebajados o de una plataforma rodeada por escalones a cada lado [...]. Es probablemente lo que representan las pirámides escalonadas».[12] Otra analogía es el ziggurat babilónico, que también era un montículo sagrado con escalones en los cuatro lados que conducían a una plataforma en la parte superior que albergaba el santuario de Marduk *(imagen 32)*. Se pensaba que la parte superior del montículo sagrado era el ombligo del mundo, el punto donde se manifestaba la fuerza creadora divina y el lugar de reunión entre Dios y el hombre. Las mismas ideas se asociaron con las pirámides de los mayas *(imagen 33)*.

La imagen de hombres sabios que traen regalos nos recuerda la historia de la natividad de Jesús y los tres hombres sabios. Este tema de traer regalos al niño recién nacido es parte del mito del nacimiento del héroe que, podemos agregar, es también el mito del nacimiento del ego.[13] Pero, ¿cuál es el significado de cuatro hombres sabios en lugar de tres? Existe la leyenda de que, cuando nació Jesús, se suponía que cuatro sabios, en lugar de tres, vendrían a él desde los cuatro ángulos del mundo, pero el cuarto se retrasó y no llegó a tiempo. El hecho de que haya cuatro hombres sabios provenientes de las cuatro direcciones alude al simbolismo del mandala e indica que los hombres sabios son una función del Sí-mismo o totalidad psíquica. Los sabios representan así un eje cuádruple ego/Sí-mismo. Son mensajeros y portadores de regalos de la tierra más allá del mar para establecer comunicación con el ego. Nos recuerda el sueño anterior del sacerdote-rabino, donde también un viejo sabio sirvió para conectar al soñador con sus orígenes suprapersonales.

Quisiera llamar la atención sobre el simbolismo de la luz en

[12] Clark, R.T.R., *Myth and Symbol in Ancient Egypt*, New York, GrovePress, 1960, pág.38.

[13] El héroe representa, con más precisión, el impulso de individuación con el que opera el ego

Imagen 33. PIRÁMIDE MAYA. En la parte superior está el templo del Dios.

este sueño. El sueño comienza al amanecer. Se vuelve más luminoso a medida que los hombres sabios alcanzan el techo y se vuelve todavía más brillante en el clímax del sueño. La luz representa la consciencia. Todos los pueblos tienen mitos de la creación representada como creación de la luz. Estos mitos se refieren a la creación del ego que es la luz de la consciencia nacida desde la oscuridad del inconsciente. Del mismo modo, el amanecer es el nacimiento diario de la luz del sol y es una imagen adecuada para representar la consciencia emergente. Por lo tanto, podemos entender que este sueño se refiere a un crecimiento o aumento de la consciencia por parte del paciente. Esta interpretación también se correspondería con la importancia de los sabios cuyo atributo es la sabiduría. La sabiduría es luz en el sentido psicológico. Los hombres sabios son portadores de la luz de la consciencia.

Otra característica del sueño es que cada hombre sabio deja un ídolo o una imagen de sí mismo que ejemplifica la dirección de la que proviene y proporciona una prueba tangible de la realidad de su visita. Esto es muy interesante. Lo entiendo como una representación del propio proceso simbólico. Las fuerzas arquetípicas, representadas por los hombres sabios, traen imágenes de sí mismos como regalos para el ego, símbolos que le recuerdan sus conexiones suprapersonales. Estas imágenes se corresponderían, en su función, a la carta, el águila y la luz-guía en «El himno de la perla». Están conectando enlaces entre el ego y la psique arquetípica que transmiten el sentido simbólico.

La palabra símbolo deriva de la palabra griega *symbolon*[14] que combina dos raíces, *sym*, que significa *junto* o *con*, y *bolon*, que significa *lo que se ha lanzado*. El significado básico es, por lo tanto, «aquello que se ha lanzado conjuntamente». En el uso original griego, los símbolos se referían a las dos mitades de un objeto como un palo o una moneda, que dos personas rompían entre ellos

[14] Ver L. Stein, «What is a Symbol Supposed to be?», *Journal of Analytical Psychology*, Vol. II, Nº 1, Enero 1957, pág. 73.

como prenda o compromiso y para demostrar posteriormente la identidad del presentador de una parte al titular de la otra. El término correspondía a la palabra inglesa *tally* con respecto a la cual el diccionario completo Webster dice: «Era habitual que los comerciantes, después de marcar un palo para mostrar el número o cantidad de bienes entregados, lo dividieran longitudinalmente a través de muescas para que las dos partes se correspondieran exactamente. El vendedor guardaba un palo y el comprador el otro». Por lo tanto, un símbolo era originalmente un recuento que se refería a la pieza que faltaba de un objeto que, cuando se volvía a juntar con la otra pieza, recreaba el objeto entero original. Esto corresponde a nuestra comprensión de la función psicológica de un símbolo. El símbolo nos lleva a la parte que falta de toda persona. Nos relaciona con nuestra totalidad original. Sana nuestra división, nuestra alienación de la vida. Y dado que el hombre completo es mucho más que el ego, nos relaciona con las fuerzas suprapersonales que son la fuente de nuestro ser y nuestro sentido. Esta es la razón para honrar la subjetividad y cultivar la vida simbólica.

CAPÍTULO CINCO

Cristo como paradigma del ego individuado

Al objeto de comprender las cosas religiosas, no hay en el presente otro camino que el psicológico; de ahí me empeño en refundir formas del pensar históricamente petrificadas y en trans-formarlas en conceptos de experiencia inmediata.

C. G.Jung[1]

1. La aceptación de la separación

La imagen de Cristo y la rica red de simbolismo que ha reunido a su alrededor proporcionan muchos paralelismos con el proceso de individuación. De hecho, cuando el mito cristiano se examina cuidadosamente a la luz de la psicología analítica, la conclusión inevitable es que el significado subyacente del cristianismo es la búsqueda de la individuación.

El mito de Jesucristo es único en su afirmación del doble aspecto paradójico de Cristo. Él es a la vez Dios y hombre. Como

[1] Jung, C.G., «Psychology and Religion» en *Psychology and Religion: West and East*. C. W., 11, par. 148. Para el texto en castellano se ha utilizado *Psicología y religión,* edición de Enrique Butelman, Buenos Aires, Editorial Paidós, 1949, pág. 59.

Jesús, él es un ser humano que vive una existencia particular, limitada e histórica, en el espacio y en el tiempo. Como Cristo, él es el «ungido», el rey, el Logos que ha existido desde el principio más allá del espacio y del tiempo, la deidad eterna misma. Entendido psicológicamente, esto significa que Cristo es simultáneamente un símbolo del Sí-mismo y del ego ideal.

Jung ha desarrollado con detalle la idea de Cristo como un símbolo del Sí-mismo.[2] Las circunstancias del nacimiento de Cristo, sus milagros, las diversas imágenes del «reino de los cielos», su apodo «Hijo del hombre» que lo equipara con el *Antropos* original u hombre primordial, los símbolos de la totalidad que lo rodean, como los cuatro evangelistas, los doce discípulos, el «alfa y omega», y el simbolismo de la cruz, todo esto pertenece a la fenomenología del Sí-mismo. Pero, aunque Jung ha hecho sugerencias interesantes sobre el tema, nunca ha elaborado realmente la idea de Cristo como símbolo del ego. En este capítulo intentaré una breve exploración de este tema. Sin embargo, debería quedar claro que mis observaciones son solo sugerencias preliminares para una futura psicología del mito cristiano.

La naturaleza del Jesús histórico siempre ha sido un problema para los eruditos y teólogos.[3] En los relatos del evangelio, el hecho personal y la imagen arquetípica están tan estrechamente entremezclados que es casi imposible distinguirlos. Sin embargo, aunque los detalles siguen siendo inciertos, en los evangelios se revela una personalidad histórica definida con una perspectiva psicológica sorprendente. Jesús probablemente era un hijo ilegítimo.[4] Ciertamente, demuestra algunas características del indivi-

---

[2] Jung, C. G., *Aion*, C.W., 9 ii, pars. 68-126.

[3] Para un estudio históricamente detallado de esta cuestión, ver Schweitzer, A., *The Quest of the Historical Jesus*, New York, Macmillan, 1961.

[4] N. de. T.: En esta línea los autores E. Stauffer, teólogo, (*Jeschu ben Mirjam,* 120-121) y J.A.T. Robinson, teólogo y obispo anglicano, (*The Human Face,* 59-63). Para más detalle consúltese la obra de Xabier Picaza *Los orígenes de Jesús.* Ensayos de cristología bíblica, Salamanca, Ediciones Sígueme, 1976, pág. 26 – 32.

duo que no ha tenido un padre biológico. Cuando el padre biológico falta y, más en particular, cuando es completamente desconocido, como puede suceder con un hijo ilegítimo, no existe una capa de experiencia personal para mediar entre el ego y la imagen numinosa del padre arquetípico. Queda una especie de agujero en la psique a través del cual emergen los poderosos contenidos arquetípicos del inconsciente colectivo. Esta condición es un serio peligro. Amenaza la inundación del ego por las fuerzas dinámicas del inconsciente, causando desorientación y pérdida de relación con la realidad externa. Sin embargo, si el ego puede sobrevivir a este peligro, el «agujero en la psique» se convierte en una ventana que proporciona información sobre las profundidades del ser.

Jesús parece ajustarse a la descripción anterior. Experimentó una relación directa con el padre celestial (arquetípico) y describió en numerosas imágenes simbólicas vivas la naturaleza del reino de los cielos (la psique arquetípica). Es evidente, por sus enseñanzas, que tenía una consciencia profunda de la realidad de la psique. Mientras que la Ley mosaica solo reconocía la realidad de los hechos, Jesús reconoció la realidad de los estados psíquicos internos. Por ejemplo:

> Oísteis que fue dicho a los antiguos: No matarás; y cualquiera que matare será culpable de juicio. Pero yo os digo que cualquiera que se enoje contra su hermano, será culpable de juicio...[5]

Y otra vez:

> Habéis oído que fue dicho: No adulterarás. Pero yo os digo que todo el que mira a una mujer deseándola, ya adulteró con ella en su corazón.[6]

Estos pasajes tienen una gran importancia psicológica. Repre-

---

[5] Mateo 5:21-22, La Biblia edición Nácar-Colunga,1960.

[6] Ibíd., Mateo 5:27-28.

sentan una transición de una especie de psicología conductista a una que es consciente de la realidad de la psique como tal, sin acciones concretas.

En los relatos del evangelio abundan otros descubrimientos psicológicos importantes. Jesús formuló la concepción de la proyección psicológica dos mil años antes que lo hiciera la psicología profunda:

> ¿Cómo ves la paja en el ojo de tu hermano y no ves la viga en el tuyo?[7]

Jesús comprendía el peligro de la identificación psíquica con los padres y la familia. Hoy en día, los terapeutas aún encuentran referencias al mandamiento del Antiguo Testamento de honrar a la madre y al padre como justificación para un estado de identidad inconsciente con los padres. Jesús se expresó claramente sobre este tema:

> No penséis que he venido para poner paz en la tierra; no vine a poner paz, sino espada. Porque he venido a separar al hombre de su padre, y a la hija de su madre, y a la nuera de su suegra; y los enemigos del hombre serán los de su casa.[8]

Los enemigos de un hombre son los de su propia casa porque son aquellos más cercanos, aquellos con quien es más probable que se identifique inconscientemente. Estas identificaciones deben ser disueltas porque la consciencia de separación radical es un requisito previo para la individuación.

El aspecto divisivo de lo que Jesús representa se hace aún más explícito en un dicho registrado en el Evangelio gnóstico de Tomás:

> 16. Yeshúa dice: Quizás la gente piensa que he venido para arrojar paz sobre el mundo, y no saben que he venido para arro-

[7] Ibíd., Mateo 7:3.
[8] Ibíd., Mateo 10:34-36.

jar conflictos sobre la tierra -fuego, espada, guerra. Pues habrá cinco en una casa – estarán tres contra dos y dos contra tres, el padre contra el hijo y el hijo contra el padre. Y se pondrán de pie como solitarios.[9]

El final de este pasaje deja en claro el propósito de incitar a la discordia. Es para alcanzar la condición de solitario, el estado de ser un individuo autónomo. Esto solo se puede lograr mediante una separación de la identificación inconsciente con los demás. En las primeras etapas, la separación se experimenta como dolorosa lucha y hostilidad. Los padres y la familia son los objetos más frecuentes de identificación inconsciente. Jesús señala al padre para una mención especial:

> Ni llaméis padre a nadie sobre la tierra; porque uno es vuestro Padre, el que está en los cielos.[10]

Los padres tienen poder sobre sus hijos adultos solo porque estos últimos continúan proyectando las imágenes de los padres arquetípicos en sus padres personales. No llamar padre a ningún hombre significa retirar todas las proyecciones del arquetipo del padre y descubrirlo en el interior. Jesús exige un compromiso con el Sí-mismo que trasciende la lealtad a cualquier relación personal:

> El que ama al padre o a la madre más que a mí, no es digno de mí; el que ama al hijo o a la hija más que a mí, no es digno de mí; y el que no toma su cruz y sigue en pos de mí, no es digno de mí.[11]

---

[9] Doresse, Jean, *The Secret Books of the Egyptian Gnostics*. New York, Viking Press, 1960, pág 35. Para el texto en castellano se ha utilizado *Metalogos: Los evangelios de Tomás, Felipe y la Verdad del Proyecto Copto Ecuménico,* revisado por los profesores Higinio Alas Gómes, José Cascant Ribelles y Pedro José Chamizo Domínguez. Versión revisada publicada en www.metalog.org/print/Metaevan.pdf en 2012.

[10] Mateo 23:9. La Biblia, Nácar-Colunga, 1944.

[11] Ibíd., Mateo 10:37-38.

Aquí tenemos el origen de la idea de la imitación de Cristo, el hombre ideal (el ego) cuya vida ha de seguirse como modelo.

La misma idea está en Mateo 16:24-26:

> El que quiera venir en pos de mí, niéguese a sí mismo, y tome su cruz, y sígame. Pues el que quiera salvar su vida, la perderá; y el que pierda su (ψυχη) vida por causa de mí, la (ψυχη) hallará. Y ¿qué aprovechará al hombre, si ganare todo el mundo, si pierde el alma (ψυχη)?[12]
>
> Para transmitir el significado correcto, los traductores están obligados a traducir la misma palabra, ψυχη, por dos términos diferentes; *uno mismo* y *el verdadero yo* (o el alma, en este caso). Si lo traducimos a términos psicológicos, la frase se podría leer, «[...] si un hombre pierde su ego por causa de mí, encontrará el Sí-mismo».

Entendida psicológicamente, la cruz puede verse como el destino de Cristo, su patrón de vida único para ser cumplido. Tomar la propia cruz significa aceptar y realizar conscientemente el propio patrón particular de totalidad. El intento de imitar a Cristo de forma literal es un error en la comprensión del símbolo. Vista simbólicamente, la vida de Cristo será un paradigma para ser entendido en el contexto de la propia realidad única y no algo que debe ser imitado de manera servil. Jung ha hablado claramente sobre este tema:

> Tarde o temprano, los protestantes debemos afrontar esta pregunta: ¿debemos entender la «imitación de Cristo» en el sentido de que debemos copiar su vida y, si puedo usar la expresión, simular sus estigmas?; ¿o debemos entenderlo en el sentido más profundo de que debemos vivir nuestras propias vidas tan sinceramente como él vivió la suya en su singularidad individual? No es fácil vivir una vida modelada según la de Cristo, pero es

[12] Ibíd.

muchísimo más difícil vivir la propia vida, tan honestamente como Cristo vivió la suya.[13]

2. La enseñanza ética

La enseñanza ética de Jesús siempre ha estado sujeta a debate. Ciertamente, está formada por consejos en el camino hacia la plenitud. Pero, si se toma literalmente y se aplica constantemente al mundo externo, es perjudicial para la existencia material. Jung ha sugerido otra forma de entenderla, en el nivel subjetivo o interno. Su enfoque tiene su primera expresión clara en el seminario sobre «Visiones» presentado en el otoño de 1930 en Zurich. Jung está hablando de un paciente y ha dicho que el paciente no debe menospreciar su propia inferioridad, sino que debe aceptarla. Jung continúa:

> Esta es una actitud cristiana: por ejemplo, Jesús dijo que el menor entre nuestros hermanos es él mismo, y que debemos darle refugio y santuario. (Mateo 25:40) Y ya en el primer siglo después de Cristo, había filósofos como Carpócrates, que sostenían que el más humilde de los hermanos, el hombre inferior, es uno mismo; por lo tanto, leen directamente el Sermón del Monte en el nivel subjetivo. Por ejemplo, él (Carpócrates) dijo: «[...] si traes tu ofrenda al altar, y allí te acuerdas de que tienes algo contra *ti*, deja tu ofrenda y vete; primero reconcíliate contigo *mismo* y luego ven y ofrece tu ofrenda» (ver Mateo 5:22 y sig.) Es una gran verdad y es muy probablemente la idea real que hay detrás de la enseñanza cristiana.[14,15]

---

13 Jung, C.G., «Psychotherapists or the Clergy» en *Psychology and Religion: West and East,* C.W., 11, par. 522.

14 Jung, C. G., *The Interpretation of Visions*, tomada de unas notas impresas para uso privado por Mary Foote. Vol I, pág. 102.

15 Para profundizar en la figura de Carpócrates y la interpretación subjetiva de los dichos de Jesús, ver Jung, C.G., *Psychology and Religion: West and East,* C.W., 11, par. 133.

El método subjetivo de interpretación, cuando se aplica a las enseñanzas de Jesús, produce una serie de ideas que son muy similares a los descubrimientos de la psicología profunda. Vistas desde esta perspectiva, las enseñanzas de Jesús se convierten en una especie de manual para promover el proceso de individuación. A modo de ejemplo, consideremos la interpretación subjetiva de las *Bienaventuranzas* (Mateo 5:3-10).

Bienaventurados los pobres en espíritu, porque de ellos es el reino de los cielos. En *The New English Bible* leemos, «[...] aquellos que saben que son pobres». El significado literal de *hoi ptochoi to pneumati* en el texto griego de este pasaje es «mendigos del espíritu».[16] Por lo tanto, el significado es, benditos los que son conscientes de su pobreza espiritual y, humildemente, están buscando lo que necesitan. Entendido psicológicamente, el significado sería: el ego que es consciente de su propio vacío de espíritu, de su falta de sentido de la vida, se encuentra en una posición afortunada porque ahora está abierto al inconsciente y tiene la posibilidad de experimentar la psique arquetípica, el Reino de los Cielos.

Bienaventurados los que lloran, porque ellos serán consolados. El duelo es causado por la pérdida de un objeto o de una persona que estaba llevando un importante valor proyectado. Para retirar las proyecciones y asimilar su contenido a la propia personalidad, es necesario experimentar la pérdida de la proyección como un preludio para redescubrir el contenido o el valor interno. Por lo tanto, los que lloran son afortunados porque están involucrados en un proceso de crecimiento. Serán consolados cuando el valor perdido proyectado haya sido recuperado dentro de la psique.

Bienaventurados los mansos, porque ellos recibirán la tierra por heredad. Entendida subjetivamente, la mansedumbre se refiere a una actitud del ego hacia el inconsciente. Esta actitud es afortunada porque se puede aprender y está abierta a nuevas consideraciones que pueden llevar a una herencia rica. Heredar la tierra

[16] Estoy en deuda con el Dr. Edward Whitmont por llamar mi atención sobre este hecho.

sugiere una consciencia de estar individualmente relacionado o de tener un interés personal en el todo (la totalidad de la vida, la empresa humana total).

Bienaventurados los que tienen hambre y sed de justicia, porque ellos serán saciados. (En *The Douay Version* leemos: «Bienaventurados los que tienen hambre y sed de justicia, porque ellos se saciarán»). Aquí se representa el derecho o la justicia como algo que nutre. Entendido psicológicamente, es una ley interna objetiva o principio rector, que trae una sensación de plenitud al ego que lo busca con hambre, es decir, un ego vacío, que no identifica sus propias opiniones y juicios con la ley interna objetiva.

Bienaventurados los misericordiosos, porque ellos alcanzarán misericordia. Es un principio básico de la psicología analítica que el inconsciente adopta la misma actitud hacia el ego que el ego hacia el inconsciente. Si, por ejemplo, el ego tiene una actitud amable y considerada hacia la sombra, esta última será útil para el ego. Si el ego es misericordioso, recibirá misericordia desde dentro. El corolario contrario es «todos los que empuñen espada, a espada perecerán». (Mateo 26:52, NÁCAR-COLUNGA, 1944).

Bienaventurados los limpios de corazón, porque ellos verán a Dios. La pureza o la limpieza pueden significar subjetivamente un estado del ego que está libre de la contaminación que supone la identificación con contenidos o motivaciones inconscientes. Lo que es consciente es limpio y claro. El ego que es consciente de su propia suciedad es puro, y abre el camino para experimentar el Sí-mismo.

Bienaventurados los que trabajan por la paz, porque ellos serán llamados hijos de Dios. El rol apropiado del ego es mediar entre las partes opuestas de un conflicto intrapsíquico. Si el ego se identifica con un lado del conflicto, no es posible ninguna resolución que conduzca a la integración. La disociación se vuelve permanente. Si el ego sirve a la función reconciliadora del pacificador, actúa en interés de la totalidad, del Sí-mismo y, por lo tanto, actúa como «hijo de Dios».

Bienaventurados los perseguidos por causa de la justicia («por el bien de la justicia» en *The Douay Version*) *porque de ellos es el reino de los cielos.* El ego necesita soportar el sufrimiento y el dolor sin sucumbir a la amargura y al resentimiento para relacionarse con la ley interna objetiva. Esta actitud del ego es recompensada por el contacto con la psique arquetípica y sus imágenes curativas y vivificadoras.

El tema principal de las Bienaventuranzas, desde el punto de vista psicológico, es la alabanza del ego vacío o no inflado. En la época de Jesús, la violencia y los instintos inconscientes eran desenfrenados. El ego se identificaba fácilmente y de forma primitiva con las energías suprapersonales de la psique arquetípica y evidenciaba su inflación mediante síntomas de ira, violencia y lujuria. De acuerdo con la enseñanza de Jesús, el ego debe vaciarse de esas identificaciones infladas antes de que dicho ego pueda percibir la psique transpersonal como algo separado de sí mismo.

A este respecto, la doctrina de la encarnación como *kénosis* es relevante. Esta doctrina se basa principalmente en dos pasajes de Pablo. El más importante es Filipenses 2:5,6,7 (Biblia de Jerusalén):

> [...] Cristo Jesús, el cual, siendo de condición divina, no retuvo ávidamente el ser igual a Dios. Sino que se despojó de sí mismo, tomando condición de siervo, haciéndose semejante a los hombres.

El segundo pasaje se encuentra en II Corintios 8:9 (Biblia de Jerusalén):

> Porque ya conocéis la generosidad de nuestro Señor Jesucristo, el cual, siendo rico, por vosotros se hizo pobre a fin de que os enriquecierais con su pobreza.

De acuerdo con la doctrina de la *kénosis*, la encarnación de Jesús fue un proceso voluntario de vaciamiento, mediante el cual se despojó de sus atributos divinos e infinitos para tomar forma humana. Esta imagen de «encarnación por vaciamiento» se ajusta precisamente al proceso de desarrollo del ego, durante el cual el ego abandona progresivamente su identificación original y omnipotente con el Sí-mismo para lograr una existencia limitada, pero real, en el mundo del espacio y el tiempo.

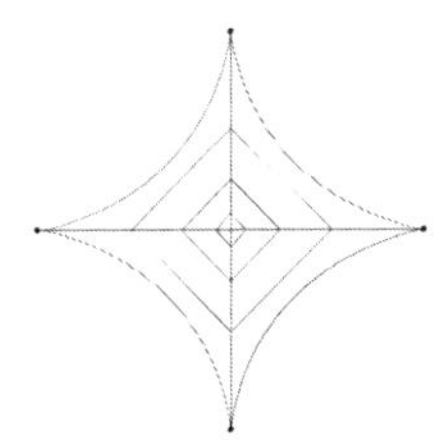

El sueño de un paciente durante la terapia indica cómo la imagen de la *kénosis* todavía está funcionando en la psique moderna. El paciente era un hombre joven, amable y sensible, que tenía dificultades para afirmarse y convertirse en un individuo definido. Tuvo este sueño: *Soñé que veía una figura moderna de Cristo. Viajaba en un autobús con un grupo de sus discípulos. Entonces sentí que había peligro. Iba a ser traicionado. Sucedió y el autobús se sacudió con violencia. Fue atacado y sometido. Miré dentro y vi que aparentemente habían atado cuerdas a cada una de sus manos y pies y las habían apretado, extendiéndolo luego en cuatro direcciones. Sabía que lo matarían de esa manera. Luego, cuando lo miré más de cerca, me pareció que no estaba atado por las manos, sino que sujetaba con cada mano una barra de madera sujeta a la cuerda. ¡Estaba cooperando a su propia muerte! Al final del sueño vino una imagen de un campo de fuerza magnética que se parecía a este dibujo* (ver diagrama).

La naturaleza de este sueño indica que se está produciendo un proceso crucial de transformación. Este tipo de sueño desafía la interpretación racional, pero permite cierta amplificación. La cruz como campo de fuerza tiene un equivalente en una pintura del siglo XIV *(imagen 34)*. En esta imagen, Cristo está siendo crucificado en el regazo de Dios el Padre, cuyas vestiduras son representadas como líneas de fuerza con radiaciones externas. Así, la figura humana se transfigura en una estructura cuádruple mediante un campo de energía trascendente. Entendida psicológicamente, esta imagen expresaría la experiencia del ego al acercarse a la energía superior del Sí-mismo.

Imagen 34. CRUCIFIXION DENTRO DE UN CAMPO DE FUERZA. Detalle de un altar.

El sueño combina la idea de la crucifixión con la imagen del desmembramiento. Esta misma combinación se encuentra en una xilografía del siglo XIX *(imagen 35)*. Las cabezas y partes desmembradas cuelgan de la cruz, sugiriendo que la imagen de la crucifixión se superpone con un mito de desmembramiento como el de Osiris. El desmembramiento se puede entender psicológicamente como un proceso transformador, que divide un contenido inconsciente original con el fin de una asimilación consciente. O, dicho de otro modo es la unidad original, que se somete a la dispersión y la multiplicidad para obtener su realización en la existencia espacio-temporal. En el capítulo 6 trataré el tema de unidad-multiplicidad.

En el sueño, la figura de Cristo está pasando por un proceso voluntario de desmembramiento o vaciamiento. En términos de la psicología del paciente, esto sugeriría la ruptura de una actitud ideal o de «otro mundo» para hacer una adaptación realista a la vida. En términos arquetípicos, el sueño representa el sacrificio voluntario del Sí-mismo como una imagen eterna a fin de que pueda manifestarse en la consciencia como energía (el campo magnético de la fuerza). La unidad se divide en dos pares de polos opuestos que crean tensión y conflicto, pero al mismo tiempo generan energía para el logro de la vida real.

Existen muchos más aspectos de la enseñanza de Jesús que se prestan a la interpretación psicológica. Voy a revisar brevemente algunos de ellos:

> Muéstrate, cuanto antes, conciliador con tu adversario [...] (Mateo 5:25, NÁCAR-COLUNGA, 1944).
>
> No resistáis al mal, y si alguno te abofetea en la mejilla derecha, dale también la otra; y al que quiera litigar contigo para quitarte la túnica, déjale también el manto (Mateo 5:39-40).
>
> Amad a vuestros enemigos [...] (Mateo 5:44).

Todos estos pasajes tocan la misma cuestión. Comprenderlos subjetivamente da una nueva y sorprendente dimensión al significado del mito cristiano. Estamos siendo instruidos para amar a nuestro enemigo interno, para hacer amistad con nuestro acusador interno, y para no ofrecer resistencia a aquello que consideramos malvado, inferior, inaceptable para los estándares sociales, culturales o religiosos del ego dentro de nosotros. Por supuesto, esto no significa actuar externamente según impulsos básicos. Se refiere más bien a una aceptación interna y psicológica del lado rechazado y negativo de la propia naturaleza de la persona. El oponente interno a nuestro punto de vista consciente debe ser respetado y tratado con generosidad. La sombra debe ser aceptada. Solo entonces se puede abordar la integración de la personalidad.

El mismo significado se contiene en el siguiente mandamiento:

> Da a quien te pida y no vuelvas la espalda a quien te pide algo prestado (Mateo 5:42, Nácar-Colunga).

El mendigo interno es el aspecto necesitado y descuidado de la personalidad, lo que Jung llama la función inferior. Necesita su lugar en la consciencia y se le debe dar lo que pide.

> Cuando hagas, pues, limosna, no vayas tocando trompeta delante de ti. (Mateo 6:2, Nácar-Colunga).
>
> Tú, cuando ores ... ora a tu Padre que está en secreto [...] (Mateo 6:6, Nácar-Colunga).

Aquí se nos dice que no queramos ser identificados con una persona de virtud o piedad. Estar preocupado por las apariencias o por el efecto que uno produce sobre los demás revela la propia falta de personalidad genuina. La forma y la apariencia están vacías; la esencia proviene de la experiencia interna única del individuo.

> No alleguéis tesoros en la tierra, donde la polilla y el orín los corroen [...]. Atesorad tesoros en el cielo [...] (Mateo 6:19-20, Nácar-Colunga).

En otras palabras, no proyectes valores psíquicos fuera de ti

Imagen 35. CRUCIFIXIÓN Y DESMEMBRAMIENTO. Talla en madera de Rennes, Francia, alrededor de 1830.

mismo hacia los objetos. Los valores proyectados son extremadamente vulnerables a la pérdida (a la polilla o al orín). Cuando se proyecta un valor en un onjeto, la pérdida del objeto se experimenta como la pérdida de ese valor interno que está portando. Debemos retirar tales proyecciones y reconocer que los valores se originan en el interior.

> No os inquietéis por vuestra vida, sobre qué comeréis [...] (Mateo 6:25, Nácar-Colunga, 1944).

Esta es una advertencia contra otra proyección. La vida psíquica y el bienestar no se sostienen sobre los objetos materiales. Son necesarios, pero no son vasijas de significado último. La fuente del sustento psíquico se encuentra en el interior.

> No juzguéis, y no seréis juzgados. Porque con el juicio con que juzgareis seréis juzgados y con la medida con que midiereis se os medirá. (Mateo 7:1,2, Nácar-Colunga).

Aquí tenemos una declaración explícita del hecho de que el inconsciente refleja al ego la misma actitud que el ego toma hacia el inconsciente. Por lo tanto, no es prudente que el ego pretenda decidir, por sus prejuicios conscientes, qué debería y qué no debería existir en la psique. La actitud de juicio hacia el inconsciente es una inflación del ego y siempre tiene un efecto boomerang:

> No deis lo que es santo a los perros, ni arrojéis vuestras perlas a los puercos. (Mateo 7:6, Nácar-Colunga).

Esto nos dice que debemos honrar los valores internos y protegerlos de nuestro propio menosprecio. Pero, ¿cómo sabemos qué es realmente valioso? «Por sus frutos los conoceréis» (Mateo 7:16). Esta es la esencia del pragmatismo psicológico. El valor de un concepto o actitud está determinado por sus efectos. Aquello que libera energía constructiva y promueve el bienestar psíquico es un valor que debe ser apreciado.

Varios pasajes del evangelio enfatizan la importancia particular de lo que se ha perdido, por ejemplo, las parábolas del capítulo quince de Lucas, la oveja perdida, la moneda perdida y el hijo pródigo. Estas parábolas se refieren al significado especial de la parte perdida, oculta o reprimida de la personalidad. Dicha parte es la más importante porque lleva consigo la posibilidad de la totalidad. La parte perdida, oculta o reprimida que se ha perdido para la vida consciente necesita recibir un valor especial si la meta de uno es la totalidad del Sí-mismo. El último se convierte en el primero y la piedra que los constructores rechazaron se convierte en la piedra angular.

Del mismo modo, la imagen del niño recibe un valor especial:

> En verdad os digo, que si no os volviereis y os hiciereis como niños, no entraréis en el reino de los cielos [...] y el que recibiere a un niño como este, a mí me recibe [...] (Mateo 18:3-5, Nácar-Colunga, 1944).
>
> Dejad que los niños vengan a mí, y no se lo estorbéis; porque de los tales es el Reino de Dios. En verdad os digo, quien no reciba el Reino de Dios como un niño, no entrará en él. (Marcos 10:14,15, Nácar-Colunga).

El niño representa el aspecto joven y no desarrollado de la personalidad, aquello que es fresco, espontáneo y aún no está fijado ni constreñido por patrones rígidos. Uno debe volverse como un niño para entrar en el reino de los Cielos. Esto significa psicológicamente que las capas más profundas de la psique transpersonal se alcanzan a través del aspecto indiferenciado e infantil de la personalidad. Estos pasajes nos advierten contra la aplicación peyorativa del adjetivo «infantil» a los aspectos de uno mismo, porque la imagen del niño tiene un valor psíquico supremo. Una idea similar se expresa en la siguiente parábola:

> Entonces el Rey dirá a los que están su derecha: Venid, benditos de mi Padre, tomad posesión del reino preparado para vosotros desde la creación del mundo; porque tuve hambre, y me

> disteis de comer; tuve sed, y me disteis de beber; peregriné, y me acogisteis; estaba desnudo, y me vestisteis; enfermo y me visitasteis, preso, y vinisteis a verme. Y responderán los justos: Señor, ¿cuándo te vimos hambriento, y te alimentamos? Y el Rey les dirá: En verdad os digo que en cuantas veces hicisteis eso a uno de estos mis hermanos menores, a mí me lo hicisteis. (Mateo 25:34-40, Nácar-Colunga)

El Rey es la autoridad central, un símbolo del Sí-mismo. Se identifica con «el más pequeño»: ese aspecto de la personalidad que se desprecia y se considera que no tiene ningún valor. «El más pequeño» tiene hambre y sed; es decir, es el lado necesitado y deseoso de nosotros mismos. Es un extraño, refiriéndose a ese aspecto que está rechazado y no aceptado. Está desnudo, es decir, expuesto y sin protección. Está enfermo, es el lado de la psique enfermo, patológico, neurótico. Y finalmente, está en prisión, confinado y castigado por alguna transgresión de las reglas y del comportamiento colectivo. Todos estos aspectos de la sombra rechazada se equiparan con el «Rey», lo que significa psicológicamente que la aceptación de la sombra y la compasión con el hombre inferior de nuestro interior son equivalentes a la aceptación del Sí-mismo.

El camino de individuación que Cristo enseña y ejemplifica requiere los esfuerzos y recursos totales de la personalidad. Nada puede ser retenido. La parábola del joven rico ilustra esto:

> Díjole Jesús: Si quieres ser perfecto (*teleios* = completo, pleno) anda, vende lo que tienes, dáselo a los pobres, y tendrás tesoro en los cielos; y ven y sígueme (Mateo 19:21, Nácar-Colunga, 1944).

El mismo tema se trata en las parábolas del reino de los Cielos donde se describe como un tesoro en un campo o una perla de gran precio; de modo que cuando el hombre lo encuentra «vende todo lo que tiene para obtenerlo» (Mateo 13:44, Nácar-Colunga). El tesoro es el Sí-mismo, el centro suprapersonal de la psique. Se puede descubrir solo a través de un compromiso total. Cuesta todo lo que uno tiene.

Hay algunos pasajes en los evangelios que plantean ciertas dificultades para la interpretación psicológica. Por ejemplo, en el quinto capítulo de Mateo (29-30) leemos:

> Si, pues, tu ojo derecho te escandaliza, sácatelo, y arrójalo de ti; porque mejor te es que perezca uno de tus miembros, que no que todo tu cuerpo sea arrojado a la gehenna. Y si tu mano derecha te escandaliza, córtatela y arrójala de ti; porque mejor te es que uno de tus miembros perezca que no que todo tu cuerpo sea arrojado a la gehenna.

Declaraciones similares aparecen en Mateo 18:8 y Marcos 9:43-48.

Estos pasajes parecen estar aconsejando la represión y la disociación intencional de los contenidos psíquicos «malos» u ofensivos. Aquí se debe hacer una distinción entre lo que se requiere en cada etapa del desarrollo del ego. Desde el punto de vista de un ego bien desarrollado, que busca la totalidad y la curación de las disociaciones, la imagen de cortar a los miembros ofensores no es aplicable. Sin embargo, en una fase anterior del desarrollo, donde el ego todavía está, en gran parte, identificado con el Sí-mismo, la imagen es bastante apropiada. En este caso, la totalidad original e inconsciente necesita ser dividida para someterse a la desmembración. En esta etapa, se requiere la separación del ego de la sombra para que la personalidad completa no caiga en el inconsciente (es decir, vaya al infierno).

El pasaje de Mateo especifica el ojo derecho y la mano derecha como los miembros ofensores. Este detalle nos permite otra interpretación. El lado derecho es característicamente el lado desarrollado y diferenciado y, por lo tanto, simboliza la consciencia y la voluntad del ego. Cortar la mano derecha sugiere un sacrificio de la perspectiva consciente y de la función superior para otorgar más realidad a la función inferior y al inconsciente. En su discusión sobre Tertuliano y Orígenes, Jung interpreta la amputación de esta manera:

> Tertuliano es, por decirlo así, un representante clásico del hombre introvertido determinado por el pensamiento. Su intelecto considerable, desarrollado con extrema agudeza, está flanqueado de innegable sensualidad. El proceso evolutivo psicológico que llamamos cristiano le llevó al sacrificio, a la amputación del órgano más valioso, cuyo pensamiento mítico está, a su vez, contenido en el grande y ejemplar símbolo del sacrificio del Hijo de Dios. Su órgano más valioso era el intelecto precisamente y el claro conocimiento por él transmitido. El «sacrificium intellectus» le cortó el camino de una evolución de carácter puramente intelectivo, haciéndola imposible, lo que le obligó a reconocer el dinamismo irracional de su fondo psíquico como su fundamento esencial. Lo propio del pensamiento de la gnosis, su intelectual valorización específica de los fenómenos dinámicos del fondo psíquico, todo esto tenía que serle odioso, pues era precisamente el camino que acababa de abandonar para recorrer el principio del sentir.[17]

A pesar de estas sugerencias interpretativas, el hecho es que, desde el punto de vista de la psicología, el cristianismo, tal como se practica, ha estimulado la represión, y ciertos pasajes del Nuevo Testamento pueden entenderse fácilmente como consejos para esta represión. Estas imágenes deben interpretarse en cada caso individual teniendo en cuenta la etapa de desarrollo psíquico de la persona en cuestión.

3. El ego auto-orientado

La imagen de Cristo nos da una imagen viva del ego autoorientado, es decir, el ego individuado que es consciente de ser dirigido

[17] Jung, C.G., *Psychological Types*, C.W., 6, par.20. Para el texto en castellano se ha utilizado *Tipos Psicológicos Tomo I,* traducción de Ramón de la Serna, Buenos Aires, Editorial Sudamericana, 1985, pág. 25.

por el Sí-mismo. Este estado centrado en el Sí-mismo se expresa, por ejemplo, en Juan 8:28-29 (Nácar-Colunga):

> [...] no hago nada de mí mismo, sino que, según me enseñó el Padre, así hablo. El que me envió está conmigo; no me ha dejado solo, porque Yo hago siempre lo que es de su agrado.

El estado de aceptación del Sí-mismo fue inaugurado en el momento del bautismo de Cristo: *(imagen 36)* «[...] y he aquí que vio abrírsele los cielos y al Espíritu de Dios descender como paloma, y venir sobre Él, mientras una voz del cielo decía: Este es mi Hijo amado, en quien tengo mis complacencias» (Mateo 3:16-17, Nácar-Colunga). De este modo se realiza una conexión con su fuente transpersonal: una fuente que lo ama y lo apoya.

Sin embargo, esta revelación suprema es seguida inmediatamente por un desarrollo siniestro. El «Espíritu de Dios» que desciende se vuelve negativo y se convierte en el tentador. «Entonces fue llevado Jesús por el Espíritu al desierto, para ser tentado por el diablo» (Mateo 4:1, Nácar-Colunga). Esta secuencia de acontecimientos se corresponde, psicológicamente, a la casi irresistible tentación de inflación que sigue a la apertura de la psique arquetípica (el «Cielo abierto»). El ego tiende a identificarse con la sabiduría o con la energía recién descubierta y se apropia de ella para fines personales. El motivo de la inflación está indicado por la alta montaña a la que Jesús fue llevado *(imagen 37)*.

Tres tentaciones específicas son presentadas. Primero se le dice a Jesús: «Si eres Hijo de Dios, di que estas piedras se conviertan en pan». Jesús respondió: «Escrito está: No sólo de pan vive el hombre, sino de toda palabra que sale de la boca de Dios» (Mateo 4:3-4, Nácar-Colunga). Esta es una tentación de materialismo, la falacia de la concreción que aplicaría la nueva energía, literal o físicamente. El peligro es buscar la seguridad máxima de uno en el bienestar físico o en la «verdad» literal y rígida, en lugar de buscarla en un contacto vivo con el centro psíquico del ser.

La segunda tentación es arrojarse desde el pináculo del tem-

Imagen 36. EL BAUTISMO DE CRISTO, Leonardo da Vinci y Verrocchio.

plo: «Si eres Hijo de Dios, échate de aquí abajo; porque escrito está: A sus ángeles encargará que te tomen en sus manos para que no tropiece tu pie contra una piedra. Díjole Jesús: También está escrito: No tentarás al Señor tu Dios» (Mateo 4:6, 7, Nácar-Colunga). Aquí la tentación es trascender los límites humanos buscando el efecto espectacular. La respuesta indica que esto sería desafiar a Dios, es decir, el ego desafiaría a la totalidad, lo cual significa una inversión de facultades y, por lo tanto, es fatal para el ego.

La tercera tentación es el poder y la posesión: «[...] el diablo le llevó a un monte muy alto, y mostrándole todos los reinos del mundo y la gloria de ellos, le dijo: Todo esto te daré, si de hinojos me adorares. Díjole entonces Jesús: Apártate, Satanás, porque escrito está: Al Señor tu Dios adorarás, y a Él sólo servirás» (Mateo 4:8-10, Nácar-Colunga). Para uno, su dios es aquello que más valora. Si uno busca el poder personal por encima de todo, está rindiendo honor a una inflación demoníaca y este honor pertenece al Sí-mismo.

La tentación de Cristo representa claramente los peligros del encuentro con el Sí-mismo. Pueden ocurrir todos los grados de inflación, hasta la psicosis manifiesta. Las respuestas de Cristo nos proporcionan una valiosa sugerencia sobre cómo afrentar el peligro. En cada caso, él no responde con una opinión personal, sino que cita las Escrituras. Esto sugiere que solo la sabiduría transpersonal es adecuada para enfrentar la amenaza. Confiar en las ideas personales de uno, en este tipo de crisis, promovería la misma inflación que busca el tentador. Psicológicamente, esto significa que uno debe buscar el mito o la imagen arquetípica que expresa su situación individual. La imagen transpersonal relevante proporcionará la orientación necesaria y protegerá del peligro de inflación.

El drama de la crucifixión y los acontecimientos que conducen a ella son una expresión profunda de los aspectos últimos de la individuación. Las experiencias individuales de desprecio, deshonra y rechazo adquieren significado y majestad cuando están relacionadas con su paradigma arquetípico *(imagen 38)*. También es ejemplar la actitud de Cristo en el huerto de Getsemaní: «Padre, si quieres, aparta de mí este cáliz; pero no se haga mi voluntad, sino la tuya» (Lucas 22:42, Nácar-Colunga).

Esta es la declaración clásica de la actitud del ego necesaria para hacer frente a una crisis de individuación. Y con esa actitud, el apoyo de la psique arquetípica suele ser próximo (*lámina 4*). Del mismo modo, la experiencia de la traición, que tiene su última expresión agonizante en las palabras: «Dios mío, Dios mío, ¿por qué me has desamparado?» (Mateo 27:46, Nácar-Colunga) es un rasgo característico de las fases cruciales de la individuación. En esos momentos, el ego se siente completamente privado de consuelo y apoyo, tanto desde dentro como desde fuera. La confianza, basada en proyecciones y suposiciones inconscientes, desaparece de repente. Este estado es un período de transición. Es el limbo de la desesperación que sigue a la muerte de una antigua orientación de vida y que precede al nacimiento de una nueva. La resurrección de Jesús simboliza el nacimiento de una personalidad más completa que puede resultar de la aceptación consciente de la prueba de la crucifixión. San Juan de la Cruz describe la situación con estas palabras:

> Conviene que primero sea puesta el alma en vacío y pobreza de espíritu, purgándola de todo arrimo, consuelo y aprensión natural acerca de todo lo de arriba y de abajo, para que, así vacía, esté bien pobre de espíritu y desnuda del hombre viejo para vivir aquella nueva y bienaventurada vida que por medio de esta noche se alcanza, que es el estado de la unión con Dios.[18]

La imagen central del mito cristiano es la crucifixión misma. Durante cerca de dos mil años, la imagen de un ser humano clavado en una cruz ha sido el símbolo supremo de la civilización

[18] *Dark Night of The Soul*, II, IX,4. Para el texto en español se ha usado *La noche oscura,* Ed. Monte Carmelo.

Imagen 37. SATANÁS TENTANDO A CRISTO DENTRO DE UN CÍRCULO, Rembrandt.

occidental. Independientemente de la creencia religiosa o de la incredulidad, esta imagen es un hecho fenomenológico de nuestra civilización. Por lo tanto, debe tener algo importante que decirnos sobre la condición psíquica del hombre occidental.

La crucifixión fue la culminación de la vida terrenal de Jesús. En el transcurso de su crucifixión, Jesús como ego y Cristo como el Sí-mismo se funden. El ser humano (ego) y la cruz (mandala) se vuelven uno. Hay un prototipo griego de esta unión de hombre y mandala en la imagen de Íxion atado a la rueda ardiente. Sin embargo, las implicaciones son muy diferentes. Íxion fue atado a la rueda en castigo por su *hybris* en el intento de seducir a Hera. Se sometió a la rueda involuntariamente, y su unión con la rueda sería eterna. No hay un «Todo está acabado» (Juan 19:30, NÁCAR-COLUNGA). El mito de Íxion representa el Sí-mismo. Sucumbe a la inflación y a la identificación con el mandala del Sí-mismo.

El mito cristiano se aplica a un nivel mucho más alto de desarrollo del ego. Cristo es a la vez hombre y Dios. Como hombre, va a la cruz con angustia, pero voluntariamente, como parte de su destino. Como Dios, para los cristianos, se sacrifica a sí mismo voluntariamente para el beneficio de la humanidad. Psicológicamente esto significa que el ego y el Sí-mismo son crucificados simultáneamente. El Sí-mismo sufre ser clavado y colgado (una especie de desmembramiento) para lograr la realización temporal. Para aparecer en el mundo espacio-temporal, debe someterse a la particularización o encarnación en lo finito. La voluntad del Sí-mismo de dejar su condición eterna y no manifestada y compartir la condición humana indica que la psique arquetípica tiene una tendencia espontánea a nutrir y apoyar al ego. Aquí se aplica el pasaje: «... siendo rico, se hizo pobre por amor nuestro, para que vosotros fueseis ricos por su pobreza» (II Corintios 8:9, NÁCAR-COLUNGA).

Para el ego, por otro lado, la crucifixión es una suspensión paralizante entre los opuestos. Se acepta de mala gana a partir de la necesidad interna de individuación (el proceso de creación de

Imagen 38. LA FLAGELACIÓN DE CRISTO, Las horas de Catherine de Cleves.

totalidad) que requiere una plena consciencia de la naturaleza paradójica de la psique. Hablando del aspecto moral de esta imagen, Jung dice:

> La realidad del mal y su incompatibilidad con el bien separan violentamente los opuestos y conducen inexorablemente a la crucifixión y a la suspensión de todo lo que vive. Dado que «el alma es por naturaleza crística», este resultado debe venir tan infaliblemente como se realizó en la vida de Jesús: todos tenemos que ser «crucificados con Cristo», es decir, suspendidos en un sufrimiento moral equivalente a una verdadera crucifixión.[19]

Y en otro lugar, hablando de manera más general,

> Todos los opuestos son de Dios, por lo tanto, el hombre debe doblegarse a esta carga; y al hacerlo, encuentra que Dios, en su «opuesto», se ha apoderado de él y se ha encarnado en él. Se ha convertido en un recipiente lleno de conflicto divino.[20]

Una de las características esenciales del mito cristiano y de las enseñanzas de Jesús es la actitud hacia la debilidad y el sufrimiento. Se produce un verdadero cambio de los valores ordinarios. La fuerza, el poder, la plenitud y el éxito, los valores conscientes usuales, se niegan. En cambio, la debilidad, el sufrimiento, la pobreza y el fracaso reciben una dignidad especial. Este tema se desarrolla a través de las enseñanzas de Jesús y se le da su representación suprema en la crucifixión, donde Dios es azotado y degradado y tiene la vergonzosa muerte de un criminal, en la cruz.

Esto es lo que estaba más allá de la comprensión de los romanos, para quienes, el honor, la fuerza y la virtud varonil eran los valores supremos. Desde el punto de vista psicológico, representa un choque entre los objetivos y valores de dos fases diferentes

---

[19] Jung, C.G., *Psychology and Alchemy,* C. W., 12, par. 24.

[20] Jung,C.G., «Answer to Job», en *Psychology and Religion: West and East,* C.W., 1, par. 659.

Lámina 4
CRISTO EN EL HUERTO AYUDADO POR UN ANGEL,
Paolo Veronese, detalle.

del desarrollo del ego. La preocupación por el honor personal y la fuerza, y el desprecio hacia la debilidad son inevitables y necesarios en las primeras etapas del desarrollo del ego. El ego debe aprender a afirmarse para poder existir. De ahí que el mito cristiano tenga poco lugar en la psicología de los jóvenes.

En particular, es en las últimas fases del desarrollo psíquico, cuando ya se ha logrado un ego bastante estable y maduro, cuando las implicaciones psicológicas del mito cristiano son aplicables. De hecho, el mito cristiano nos presenta imágenes y actitudes relacionadas con el proceso de individuación, que es específicamente una tarea de la segunda mitad de la vida. En esta fase de desarrollo, la imagen de la deidad que sufre es muy adecuada. Este símbolo nos dice que la experiencia del sufrimiento, la debilidad y el fracaso pertenecen al Sí-mismo y no solo al ego. Asumir la responsabilidad personal total por sus sufrimientos y fracasos es el error, casi universal, del ego. Lo encontramos, por ejemplo, en la actitud general que las personas tienen hacia sus propias debilidades, una actitud de vergüenza o negación. Si uno es débil en algún aspecto, como lo es todo el mundo, y al mismo tiempo se considera indigno por ser débil, está privado de la autorrealización. Sin embargo, reconocer las experiencias de debilidad y fracaso, como manifestaciones del sufrimiento del dios que lucha por la encarnación, le da a uno un punto de vista muy diferente.

Estas consideraciones son particularmente aplicables a la psicología de la depresión. Estar deprimido es ser «empujado hacia abajo» por un peso excesivo, un peso de responsabilidad y expectativas personales. El hecho de que uno sufra se convierte en la base de la autocondena que puede asumir proporciones casi totales. Una paciente bajo este tipo de depresiones tuvo el siguiente sueño durante un episodio depresivo particularmente severo (cito solo en parte): *Veo a un «viejo asqueroso» que está sentado en un banco frente a ella. Está harapiento e incrustado de inmundicia* [...] *Es como la escoria de la humanidad* [...] *es el pobre de mala reputación, más allá de los límites de la sociedad, el extraño, «el más pequeño de vosotros».*

El hombre dice: «Deberían hacer algo por los animales pequeños». Entonces lo miro. Está sentado en el banco de la derecha. En su regazo se encuentran tres ratas muertas y un conejo gris muerto.

Luego veo que su cabeza está velada por una nube de mosquitos. Están por toda su cabeza, y dentro de ella, y en su nariz y sus ojos. Al principio, me parece como un halo. En lugar de estar horrorizada y correr, que es lo que haría normalmente, siento una gran compasión por él. El terapeuta dice: «Este es Cristo». Decidimos llamar a alguien para que lo ayude.[21]

Este sueño impresionante muestra la relevancia del mito cristiano para la psique moderna. Inmediatamente nos recuerda el dicho: «En verdad os digo que cuantas veces hicisteis eso a uno de estos mis hermanos menores, a mí me lo hicisteis» (Mateo 25:40). La figura lastimosa del mendigo harapiento y andrajoso con los animales muertos en su regazo es una imagen viva de los aspectos despreciados y rechazados de la paciente. Su actitud consciente hacia su lado débil y sufriente se refleja en la condición del vagabundo. Lo más sorprendente es el hecho de que el vagabundo se equipara con Cristo. Esto solo puede significar que lo que la paciente considera más desacreditado y totalmente inaceptable dentro de sí misma, es de hecho el valor supremo, Dios mismo. Bien entendido, este sueño puede conducir a una nueva actitud hacia la debilidad de uno, es decir, a la aceptación del hombre interior inferior como «el camino» hacia el Sí-mismo.

El hombre como imagen de Dios

Una expresión particularmente clara de la idea de Cristo como paradigma del ego se encuentra en el apócrifo «Hechos de Juan». En el capítulo noventa y cinco, Jesús dice a sus discípu-

[21] Este sueño aparece en un artículo del Dr. Renée Brand en *Current Trends in Analytical Psychology*, G. Adler, editor, London, Tavistock Publications, 1961, pág. 200 y sig.

los: «Para ti, soy un espejo que me percibe».[22] En el capítulo noventa y seis, él dice: «He aquí tú mismo en mí [...] percibe lo que hago, porque esta es la pasión de la madurez, que estoy a punto de sufrir».[23]

Si la figura de Cristo es un espejo para el ego, ciertamente refleja una doble imagen paradójica. ¿Es el ego individual hombre y Dios a la vez, el ego y el Sí-mismo? Jung plantea esta misma pregunta en sus estudios alquímicos. Escribe: «[...] con su símbolo solar (los alquimistas) estaban estableciendo una conexión íntima entre Dios y el ego».[24] Después de señalar que los alquimistas estaban tratando con proyecciones inconscientes que son fenómenos naturales más allá de la interferencia de la mente consciente, llega a la conclusión de que: «[...] la naturaleza misma está expresando una identidad entre Dios y el ego»,[25] y luego agrega: «Esto es comprensible cuando nos damos cuenta de que una cualidad creadora del mundo se adhiere a la conciencia humana».[26]

Tal vez el mismo problema yace en la raíz del conflicto del siglo IV entre *homoousia - homoiousia (de la misma sustancia – de sustancia similar)*. ¿Es Cristo considerado de la misma sustancia que el Padre o solo de sustancia similar al Padre? Si igualamos a Cristo con el ego y el Padre con el Sí-mismo, el problema psicológico queda automáticamente claro. La decisión fue tomada a favor de la doctrina de la «misma sustancia» y esta ha sido la imagen funcional en el dogma desde entonces. Esto implica que la psique occidental está enraizada en un mito que equipara al hombre con Dios, el ego con el Sí-mismo.

El mismo problema se expresa en la idea de que Cristo es una imagen de Dios. En Colosenses 1:15, Cristo es descrito como «la

---

[22] James, M. R., traductor, *The Apocryphal New Testament*, London, Oxford University Press, 1960, pág. 253.

[23] Ibíd., pág. 254.

[24] Jung, C. G., *Mysterium Coniunctionis*. C.W., 14, par. 131.

[25] Ibíd.

[26] Jung, C. W., 14 par. 132.

imagen del Dios invisible...» (Nácar-Colunga). De nuevo, en Hebreos 1:3 Él es llamado «impronta de su sustancia (de Dios)». Esta forma de hablar nos recuerda a Génesis 1:26 donde Dios dice: «Hagamos al hombre a nuestra propia imagen». Si Cristo es una imagen de Dios y el hombre también ha sido hecho a la imagen de Dios, Cristo sería equiparado con el hombre. Orígenes resuelve el problema al convertir a Cristo en el segundo de una serie triple de Dios-Cristo-Hombre:

> Nosotros, por lo tanto, habiendo sido hechos según la imagen, tenemos al Hijo, el original, como la verdad de las cualidades nobles que están dentro de nosotros. Y lo que somos para el Hijo, tal es el Hijo para el Padre, quien es la verdad.[27]

Si formulamos esta idea psicológicamente, significa que el ego real se relaciona con el Sí-mismo solo a través de un ego ideal como modelo paradigmático (Cristo) que une los dos mundos, el de la consciencia y el de la psique arquetípica, al combinar factores personales y arquetípicos.

Con estas reflexiones que parecen ambiguas encontramos el problema más difícil de la psicología analítica, el de la naturaleza de la relación entre el ego y el Sí-mismo. Es un problema que el simbolismo cristiano ha contribuido a dilucidar pero que, a pesar de todos los esfuerzos, sigue siendo una paradoja para la comprensión consciente. Una vez que se comprende que «una cualidad que crea el mundo se adhiere a la consciencia humana», se considera que los términos ego y Sí-mismo se refieren a diferentes niveles de experiencia del mismo proceso psíquico arquetípico. El ego es el asiento de la consciencia y si la consciencia crea el mundo, el ego está haciendo el trabajo creativo de Dios en su esfuerzo por realizarse a través del camino de la individuación.

[27] Orígenes, *Sobre los primeros principios*, editado por G. W. Butterworth, New York, Harper Torchbooks, 1966, pág. 20.

CAPÍTULO SEIS

Ser un individuo

El portador único y natural de la vida es el individuo, y eso es así en toda la naturaleza.

C. G. Jung[1]

1. La existencia *a priori* del ego

La experiencia de ser un individuo es un misterio que trasciende nuestra capacidad de descripción. Cada persona tiene su propia versión única de esta experiencia y es incomunicable. Sin embargo, la *forma* de la experiencia es universal y puede ser reconocida por todos los hombres. De hecho, a veces parece que el objetivo del desarrollo psíquico del individuo es acercarse cada vez más a la comprensión de que su individualidad personal y única es idéntica al individuo arquetípico eterno. La singularidad y la universalidad se fusionan cuando uno asume el destino de ser un individuo.

Cuando examinamos el fenómeno de la vida en todas sus ma-

[1] Jung, C.G., *The Practice of Psychotherapy*, C. W., Vol. 16, 1954, par. 224.

nifestaciones visibles, lo que observamos no es un continuo, sino una multitud casi infinita de unidades de vida discretas en un perpetuo estado de colisión y competencia entre sí para alimentarse, para engendrar y para sobrevivir. Desde las complejas partículas moleculares que son los virus hasta los vertebrados más evolucionados, encontramos que la vida es llevada por unidades indivisibles, cada una de las cuales tiene su propio centro autónomo del ser. Es lo mismo para la vida psíquica; la psique también se manifiesta a través de una multitud de centros de ser únicos y separados, cada uno de los cuales es un microcosmos, «un centro absolutamente original en el que el universo se refleja de una manera única e inimitable».[2]

Jung propone que, en la psicología, lo fundamental es el proceso de realizarse uno mismo como individuo, el proceso de individuación. En su obra *Tipos psicológicos*, define la individuación de la siguiente manera:

> En general, es el proceso de formación y especialización de la naturaleza individual; en particular, es el desarrollo del individuo psicológico como un ser diferenciado de la psicología general y colectiva. La individuación, por lo tanto, es un proceso de diferenciación que tiene como objetivo el desarrollo de la personalidad individual.[3]

En el mismo lugar, también define el término individuo:

> El individuo psicológico se caracteriza por su psicología peculiar, y en ciertos aspectos, única. El carácter peculiar de la psique individual radica en sus formaciones complejas más que en los elementos de la psique.
>
> El individuo psicológico, o individualidad, tiene una existencia inconsciente *a priori*, pero, conscientemente, solo existe en la medida en que es consciente de su naturaleza peculiar, es decir,

---

[2] Pierre Teilhard de Chardin, *The Phenomenon of Man*, New York, Harper Torchbooks, 1961, pág.261.

[3] Jung,C. G.,*Psychological Types*, C. W., Vol.6, par. 757.

> en la medida en que existe una distinción consciente de otros individuos.[4]

Nótese la declaración, aparentemente simple y evidente, de que «la individualidad tiene una existencia inconsciente *a priori*». En una primera lectura, las implicaciones completas de esta observación podrían pasarse por alto. Una imagen mitológica que diga lo mismo transmitirá mucho más adecuadamente el impacto de su significado. En el Evangelio de Lucas, cuando la gente se regocijaba porque tenían poder sobre los demonios, Jesús respondió: «No os alegréis de que los espíritus os estén sometidos, alegraos más bien de que *vuestros nombres estén escritos en los cielos*».[5] Aquí tenemos el significado más completo de la afirmación abstracta de que la individualidad tiene una existencia inconsciente *a priori*. ¡El nombre de uno está escrito en el cielo! En otras palabras, la individualidad única de cada uno tiene un origen y justificación transpersonal para el ser. En otro lugar, Jung lo pone de otra manera:

> «El Sí-mismo, como el inconsciente, es una existencia *a priori* a partir del cual evoluciona el ego. Es, por así decirlo, una prefiguración inconsciente del ego».[6]

El concepto de que la identidad de uno tiene una existencia *a priori* se expresa en la antigua idea de que cada persona tiene su propia estrella individual, una especie de contraparte celestial, que representa su dimensión cósmica y su destino. La estrella de Belén fue la estrella de Jesús, teniendo un brillo acorde con la grandeza de su destino. Wordsworth expresa la misma imagen en sus líneas:

> el alma que florece con nosotros,

---

4 Jung, C. W., 6 par. 755.

5 Lucas 10:20, La Biblia, edición Nácar-Colunga,1960.

6 Jung, C.G., *Psychology and Religion: West and East*. C.W., vol. 11, 1958, par. 391.

estrella de la vida,
en otro sector tuvo ya su ocaso.[7]

La imagen de la estrella como un centro de identidad transpersonal apareció en el sueño de una paciente. Tras una importante comprensión de que ella se pertenecía a sí misma y no a su marido, soñó lo siguiente: *yo estaba afuera y vi caer una estrella [...]. Pero no desapareció. Titiló un par de veces, luego se mantuvo brillante y redonda. Estaba mucho más cerca que cualquier otra estrella, de color amarillo anaranjado, como un sol pero más pequeña que nuestro sol. Pensé para mis adentros: «He visto nacer una nueva estrella».*

La «túnica de gloria» en el himno gnóstico de la perla, que hemos visto anteriormente, es otro símbolo del centro trascendental de la individualidad. El salvador la deja atrás cuando desciende a la oscuridad de Egipto. Pero una vez su tarea se ha completado y regresa a su hogar celestial, la túnica de gloria viene a su encuentro. El texto dice: «Había olvidado su esplendor, al dejarla en la casa de mi Padre. Cuando ahora contemplé la túnica, me pareció que se convertía repentinamente en una imagen especular de mí mismo: yo mismo la vi completa, y me vi a mí completamente, que éramos dos en la separación y uno en la identidad de nuestras formas».[8] En su excelente comentario a esta imagen, Jonas dice: «Simboliza el ser celestial o eterno de la persona, su idea original, una especie de doble o de *alter ego* preservado en el mundo superior mientras uno se esfuerza en el inferior».

Otro punto que vale la pena enfatizar es la clara distinción que hace Jung entre la individualidad consciente y la individualidad inconsciente. El proceso de alcanzar la individualidad consciente es el proceso de individuación que lleva a la comprensión de que

---

[7] Wordsworth,William, «Ode on Intimations of Inmortality from Recollections of Early Childhood». Para la traducción al castellano se ha utilizado *Antología Bilíngüe: Wordsworth,* Colleridge, Shelley Keats por varios traductores, Universidad de Sevilla, 1978.

[8] Jonas, Hans, *The Gnostic Religion*, Boston, Beacon Press, 1958, pág.115.

tu nombre está escrito en el cielo. La individualidad inconsciente se expresa en impulsos compulsivos hacia el placer, el poder y las defensas del ego de todo tipo. Estos fenómenos se describen generalmente con calificativos de tono negativo como egoísta o egocéntrico. Aunque existe una justificación para estos términos negativos, ya que este tipo de comportamiento puede ser bastante desagradable para otros, la actitud transmitida por estas palabras negativas puede ser bastante perjudicial cuando el individuo se las aplica a sí mismo. Estos términos peyorativos, si los usa el terapeuta, solo pueden reforzar la actitud de desprecio del paciente hacia sí mismo, hacia el inconsciente y hacia su potencial totalidad. El hecho es que, incrustado en las manifestaciones de la individualidad inconsciente, yace el valor supremo de la individualidad misma, que espera ser redimida por la consciencia. Nunca lograremos el *lapis*[9] tirando la *materia prima*.

La misma idea se expresa de una manera algo diferente en el siguiente pasaje:

> El simbolismo del mandala muestra una marcada tendencia a concentrar todos los arquetipos en un centro común, comparable a la relación de todos los contenidos conscientes con el ego [...]. Uno podría, quizás, considerar el mandala como un reflejo de la naturaleza egocéntrica de la consciencia, aunque esta visión estaría justificada solo si se pudiera probar que el inconsciente es un fenómeno secundario. Pero el inconsciente es indudablemente más antiguo y más original que la consciencia y, por esta razón, se podría decir que el egocentrismo de la consciencia es un reflejo o una imitación del inconsciente centrado en sí mismo.[10]

Podríamos añadir a esta afirmación que si el egocentrismo es la imitación del que el ego hace del Sí-mismo, entonces será

---

[9] N. de T.: Referencia a la piedra filosofal de la alquimia que, entre otros nombres, recibe el de *lapis*.

[10] Jung, C. G., *Mysterium Coniunctionis*, C.W., Vol. 14, 1963, par. 660.

mediante la aceptación consciente de esta tendencia como el ego tomará consciencia de lo que está imitando: el centro y unidad transpersonal de la individualidad, el Sí-mismo.

En mi experiencia, la base de casi todos los problemas psicológicos es una relación insatisfactoria con el impulso de la individualidad. Y el proceso de sanación a menudo implica una aceptación de lo que comúnmente se llama egoísmo o búsqueda de poder. La mayoría de los pacientes en psicoterapia necesitan aprender cómo ser más efectivamente egoístas y más efectivos en el uso de su propio poder personal; deben aceptar la responsabilidad del hecho de ser centros de poder y eficacia. La llamada conducta egoísta o egocéntrica, que se expresa en demandas hechas a los demás, no es un egocentrismo consciente efectivo o una individualidad consciente. Exigimos que los demás nos den solo aquello que no somos capaces de darnos a nosotros mismos. Si no tenemos suficiente amor por nosotros o autoestima, nuestra necesidad se expresa, inconscientemente, hacia los demás mediante tácticas coercitivas. Y a menudo la coacción se da bajo el disfraz de la virtud, del amor o del altruismo. Este egoísmo inconsciente es ineficaz y destructivo para uno mismo y para los demás. No logra su propósito porque es ciego, sin consciencia de uno mismo. Lo que se requiere no es la extirpación del egoísmo, que es imposible, sino más bien que esté unido a la consciencia y, por lo tanto, se vuelva efectivo. Todos los hechos de la biología y la psicología nos enseñan que cada unidad individual de vida está centrada en sí misma. El único factor variable es el grado de consciencia que acompaña a este hecho.

El amplio uso actual del término freudiano narcisismo, es un buen ejemplo del malentendido general sobre el amor propio. El mito de Narciso implica algo bastante diferente a un exceso de amor propio. Narciso era un joven que rechazó a todos los pretendientes que se enamoraban de él. En represalia, Némesis dispuso que se enamorara de su propia imagen reflejada en un estanque y murió desesperado por no poder poseer el objeto de su amor.

Narciso representa el ego alienado que no puede amar, es decir, no puede darle interés y libido a la vida, porque aún no está relacionado consigo mismo. Enamorarse de la imagen reflejada de uno mismo solo puede significar que uno todavía no se posee a sí mismo. Narciso anhela unirse consigo mismo solo porque está alienado de su propio ser. Como Platón lo expresó tan claramente en *El Banquete*, amamos y anhelamos lo que nos falta. El narcisismo, en sus implicaciones mitológicas originales, no es un exceso innecesario de amor por uno mismo, sino todo lo contrario, un estado frustrado, un anhelo de auto-posesión que todavía no existe. La solución al problema de Narciso es el cumplimiento del propio amor en lugar de renunciar a él. Aquí encontramos un error común del ego moralizante que trata de crear una personalidad amorosa mediante la extirpación del amor a uno mismo. Este es un profundo error psicológico y solo causa una división psíquica. El amor propio cumplido es un requisito previo para el amor genuino de cualquier objeto y para el flujo de la energía psíquica en general.

En el caso de Narciso, la realización del propio amor, o la unión con su imagen en las profundidades, requiere un descenso al inconsciente, una *nekyia* o muerte simbólica. Otros detalles indican que este es el significado más profundo del mito de Narciso. Después de que Narciso murió, se convirtió en la flor llamada narciso. Esta es la «flor de la muerte» (de *narkao*, estar rígido o estar muerto). El narciso era sagrado para Hades y abría las puertas a su reino del inframundo. Perséfone acababa de elegir un narciso cuando la tierra se abrió y Hades surgió para secuestrarla. La conclusión ineludible es que el narcisismo, entendido en su sentido mitológico original, es el camino hacia el inconsciente donde uno debe ir en busca de la individualidad.

Otra implicación del mito de Narciso y del tema del enamoramiento del propio reflejo está planteada por una imagen paralela que se encuentra en una interpretación órfica de la leyenda de Dioniso. Cuando los Titanes destrozaron al niño Dioniso, se dice que, entre otras cosas, jugaba con un espejo. Según el filósofo neo-platónico Proclo, el espejo se interpretaba en el sentido de que Dioniso vio su propia imagen en la materia y se dirigió hacia ella con deseo. Anhelaba la autorrealización, como Narciso. Así quedó confinado en la materia, encarnado, y quedó sujeto a la desmembración de los Titanes.[11] Entendida psicológicamente, esta tradición mitológica podría referirse a una fase temprana de desarrollo durante la cual el ego primitivo, aún identificado con la totalidad inconsciente original, comienza a funcionar en la realidad espacio-temporal, es decir, abraza la materia. Pero la realidad es hostil al estado inflado de la totalidad inconsciente, la identidad entre ego y Sí-mismo, y la desmembra. Las fases posteriores de desarrollo conducen a reunir las partes separadas.

La experiencia subjetiva de la individualidad es un misterio profundo que no podemos abarcar con la comprensión racional. Sin embargo, algunas de sus implicaciones pueden abordarse examinando las imágenes simbólicas que se refieren a esta experiencia. Comencemos mirando el testimonio de la etimología. La etimología es el lado inconsciente del lenguaje, por lo tanto, es relevante en los estudios psicológicos. La palabra individual deriva de las dos raíces latinas, *in* = no, y *dividere* = dividir. Su significado básico es, por lo tanto, algo que es indivisible. Esto corresponde al hecho de que la experiencia de la individualidad es primaria; no puede ser analizada o reducida a elementos más simples.

Es interesante observar que un concepto tan fundamental como el individuo debe expresarse en términos de lo que no es, es decir, no divisible. El mismo fenómeno ocurre con la palabra átomo, la unidad básica de la materia (del griego *a* = no, y *tom* de *temnein* = cortar, dividir). Aparece nuevamente en las palabras entero e integral (del latín *in* = no, y *tag*, raíz de *tangere* = tocar). Parece que al tratar de describir un hecho tan básico como la individualidad, debemos recurrir al mismo procedimiento utilizado

[11] Proclo, *Timaeus* iii, 163, citado por G.R.S. Mead en *Orpheus*, reeditado en Londres, John Watkins, 1965, pág.160 y sig.

para describir la deidad; dado que es un hecho que transciende nuestras categorías de comprensión consciente, no podemos hacer más que describirlo en términos de lo que no es, la llamada *vía negativa*.

La palabra individuo está relacionada etimológicamente con la palabra viuda. Según Skeat,[12] viuda (en latín, *vidua*) deriva de un verbo perdido, *videre*, que significa partir. Jung ha demostrado que las imágenes de la viuda y del huérfano son parte del proceso de individuación.[13] Por lo tanto, antes de la viudedad uno no es aún un individuo, indivisible, sino que está sujeto a un proceso de separación. El simbolismo nos dice que la viudedad es una experiencia en el camino hacia la realización de la individualidad, de hecho, que la individualidad es hija de esa experiencia. Esto solo puede significar que el hombre debe separarse de aquello de lo que depende, pero que no es, antes de poder tomar consciencia de lo que es, único e indivisible. Debe romperse la proyección dependiente. Implicaciones similares se aplican a la imagen del huérfano que era sinónimo de la piedra filosofal de los alquimistas.[14] Ser huérfano denota la pérdida del apoyo de los padres y la ruptura de las proyecciones parentales; también es un prerrequisito de la experiencia consciente de la individualidad. Como dice Agustín, ser viudo o huérfano lo relaciona con Dios (el Sí-mismo).

2. La mónada y el *monogenes*

Un importante testimonio que se refiere a la experiencia de la individualidad se encuentra en las especulaciones filosóficas de los antiguos sobre el Uno o la mónada. Los primeros filósofos

[12] Skeat, Walter W., *An Etymological Dictionary of the English Language*, Oxford University Press, 1958, pág. 177.

[13] Jung, C.G., *Mysterium Coniunctionis*, C.W., 14, par. 13 y sig.

[14] Ibíd., par. 13.

encontraban el misterio de la individualidad en proyecciones filosóficas y cosmológicas. Sus especulaciones sobre la mónada o el Uno que está detrás de todos los fenómenos, fueron en realidad una proyección del hecho psicológico interno de ser un individuo. Por ejemplo, la mónada era una imagen prominente en la especulación pitagórica. Según los pitagóricos, la mónada es el principio creativo, que impone orden y limitaciones al infinito. Se decía que, «cuando la mónada llegó a existir, limitó la parte más cercana de lo ilimitado».[15] La mónada también se identificó con el Fuego Creativo, que era la fuente de la creación y del gobierno.[16] Este fuego central tiene nombres interesantes. Es llamado «Torre de Zeus», «Caseta del centinela de Zeus», «Hogar del mundo» y «altar, vínculo y medida de la naturaleza».[17]

Esto viene a significar que el principio de la individuación es el principio creativo mismo y que todo orden, lo que los griegos llamaron cosmos, deriva de él. La mónada también se identifica con el fuego, que recuerda al simbolismo alquímico en el cual el punto, una versión de la mónada, se equipara con el centelleo, la chispa de luz y el fuego.[18] Por lo tanto, el principio de individuación es la fuente tanto de la consciencia, la luz, como de la energía, el fuego.

La mónada ocupa un lugar importante en la especulación gnóstica. Cuando trata sobre los gnósticos, Hipólito escribe:

> Para ellos, el comienzo de todas las cosas es la mónada, ingenerable, imperecedera, incomprensible, inconcebible, la creadora y la causa de todas las cosas que se generan. Esta mónada es llamada por ellos el Padre.[19]

---

[15] Freeman, Kathleen, *Companion tothe Pre-Socratic Philosophers*, Cambridge, Harvard University Press, 1959, pág. 247. Aristóteles *Metaphysics* 1091a.

[16] Ibíd., pág. 250.

[17] Kirk, G.G., and Raven, J.A., *ThePre-Socratic Philosophers*, Cambridge: Cambridge University Press, 1963, pág. 260.

[18] Jung, C.G., *Mysterium Coinuctionis*, C.W., 14,par. 42 y sig.

[19] Mead, G.R.S., *Fragments of a Faith Forgotten*, London, John M. Watkins, 1931. Pág. 335.

En el Códice Bruce[20] tenemos la siguiente descripción de la mónada:

> Esta [...] es la Verdad que las abarca a todas (a las doce Profundidades); [...] esta es la Verdad del Todo; esta es la Madre de todos los Eones; esta es la que rodea todas las profundidades. Esta es la Mónada que es incomprensible o incognoscible; este es el que no tiene sello [...] en el que están todos los sellos; que es bendito por los siglos de los siglos. Este es el Padre eterno; este es el Padre inefable, impensable, incomprensible e intransferible.[21]

La imagen de la mónada gnóstica enfatiza el misterio universal de la individualidad. No permite una exégesis racional, pero sí transmite con fuerza el sentido de que el individuo es portador de un profundo misterio. Este tipo de imágenes son muy necesarias hoy en día ya que, en nuestra cultura contemporánea, hay poco que sirva para justificar y validar al individuo como tal.

La misma imagen la vemos en Platón. En el *Parménides*[22] hay un largo discurso sobre la naturaleza del Uno. Este diálogo presenta grandes dificultades para la comprensión racional; las únicas conclusiones que se alcanzan sobre el Uno son paradojas. Estas son algunas de estas conclusiones:

> [...] el uno no está en reposo ni en movimiento (139b).
>
> [...] el uno [...] debe estar siempre en movimiento y en reposo (146b).
>
> [...] el uno no tiene nada que ver con el tiempo y no ocupa ningún lapso de tiempo (141d).
>
> [...] si el uno es, es en el tiempo (152a).

---

[20] N. de T.: El códice Bruce es un manuscrito gnóstico comprado en Egipto por el escritor James Bruce en 1769 y que fue adquirido en 1842 por el Museo Británico a quien pertenece en la actualidad.

[21] Ibíd., pág. 549 y sig.

[22] Traducción de F.M.Cornford en *Plato: The Collected Dialogues*, editado por Hamilton and Cairns, Bollingen Series LXXI, Princeton University Press.

> [...] el uno toca, y no toca, tanto a sí mismo como a los demás (149d).
>
> [...] el uno es y se está volviendo más viejo y más joven que él mismo. (152e).
>
> [...] el uno [...] ni es ni se vuelve más viejo o más joven que sí mismo (152e).
>
> [...] si hay un uno, el uno es, a la misma vez, todas las cosas y nada en absoluto [...] (160b)

La lista de contradicciones podría prolongarse, pero es suficiente para nuestros propósitos. Incluso los filósofos tienen dificultades para sacar algo de este diálogo. Lo veo como un elaborado *koan* filosófico que confunde las facultades racionales, posiblemente para abrir el camino a la experiencia subjetiva inmediata de ser un individuo. Lo principal que demuestra Platón es que el Uno no puede ser comprendido por la lógica o por las categorías conscientes de tiempo, espacio y causalidad. No puede ser comprendido por la lógica porque involucra contradicciones. Participa y no participa del tiempo, del espacio y del proceso de causa y efecto. Estas conclusiones, por supuesto, no tienen sentido para un filósofo de orientación racional. Sin embargo, podemos entenderlas como una descripción bastante precisa de un hecho psicológico empírico, el hecho de la individualidad. Si pensamos en la experiencia de la individualidad como teniendo dos centros, el ego y el Sí-mismo, estas contradicciones encajan perfectamente. El ego es una encarnación, una entidad, que participa de las vicisitudes del tiempo, del espacio y de la causalidad. El Sí-mismo, como el centro de la psique arquetípica, se encuentra en otro mundo más allá de la consciencia y de sus modos de concretar la experiencia. El ego es el centro de la identidad subjetiva; el Sí-mismo, el centro de la identidad objetiva. El ego vive en la tierra, pero el nombre del Sí-mismo está escrito en el cielo. Este mismo hecho psicológico está representado por el mito de los Dióscuros; un hijo de Zeus, Cástor, es mortal; el otro, Pólux es inmortal, más allá del espacio y del tiempo.

La imagen de la mónada es tratada en extensión por Plotino, el filósofo neoplatónico del siglo III d. C. En las *Enéadas,*[23] dice muchas cosas bellas y profundas acerca de Aquel que, ciertamente, deriva de sus propias experiencias internas:

> Es por el Uno por el que todos los seres son seres [...] porque ¿qué podría existir si no fuera uno? Si no es uno, una cosa no es. No hay ejército, no hay coro, no hay bandada, excepto que pueda ser uno [...]. Lo mismo sucede con los cuerpos de plantas y animales; cada uno de ellos es una unidad [...]. La salud depende de que el cuerpo se coordine en unidad; la belleza, depende del dominio de las partes por el Uno; la virtud del alma, depende de la unificación en una sola coherencia.

Sería difícil encontrar una expresión mejor que esta para la importancia primordial del principio de individuación. Si entendemos este pasaje en un sentido estrictamente psicológico, dice que todo ser auténtico se da cuando vivimos y hablamos de nuestra individualidad unificada y única. Por supuesto, esto es fácil de decir con palabras, pero extremadamente difícil de vivir en la realidad.

Otra cita de las *Enéadas*:

> Como el Uno engendra todas las cosas, no puede ser ninguna de ellas, ni cosa, ni calidad, ni cantidad, ni inteligencia, ni alma. Ni en movimiento, ni en reposo, ni en el espacio, ni en el tiempo, es «el en-sí-mismo uniforme», o más bien es lo «sin forma» que precede a la forma, al movimiento y al descanso, que son características del Ser y hacen que el Ser sea múltiple.[24]

Este pasaje trata una cuestión cuya comprensión es absolutamente esencial para el desarrollo psicológico y que aparece con

[23] *Enneads* de *The Essential Plotinus*, editado por Elmer O'Brien,New York, Mentor Books, The New American Library,1964, VI, 9, 1.

[24] Ibíd., VI,9, 3.

frecuencia en la práctica psicoterapéutica. «Como el Uno engendra todas las cosas, no puede ser ninguna de ellas». Esto significa que es un error identificar nuestra individualidad con cualquier talento, función o aspecto particular de nosotros mismos. Sin embargo, esto es exactamente lo que hacemos a menudo. Si una persona se siente inferior y deprimida en presencia de personas que son más inteligentes, que han leído más libros, que han viajado más, que son más famosos o que son más hábiles o conocedores del arte, la música, la política o cualquier otro esfuerzo humano, entonces esa persona está cometiendo el error de identificar algún aspecto particular o función de sí misma con su individualidad esencial. Debido a que una capacidad particular es inferior a la de otra persona, se siente inferior. Este sentimiento conduce al retiro depresivo o a los esfuerzos defensivos y competitivos para demostrar que no se es inferior. Si esa persona puede experimentar el hecho de que su individualidad y valor personal están más allá de toda manifestación particular, su seguridad ya no estará amenazada por los logros de los demás. Esta sensación de valor innato, antes e independientemente de las obras y de los logros, es el depósito precioso que queda en la psique por la experiencia del amor parental genuino. Cuando se carece de esta experiencia, uno debe buscar laboriosamente desde las profundidades del inconsciente su equivalente interno, la mónada, a menudo simbolizada por un mandala. Esta experiencia transmite la sensación de tener una base transpersonal para la existencia y le permite a uno sentir que tiene derecho a existir como realmente es. El equivalente teológico a esta experiencia es la justificación ante Dios.

De nuevo dice Plotino:

> Debe haber algo que sea completamente autosuficiente. Este es el Uno; solo, dentro y fuera, sin necesidad. No necesita nada fuera de sí mismo ni para existir, ni para alcanzar el bienestar, ni para mantener su existencia.[25]

[25] Ibíd., VI, 9,6.

Este pasaje nos recuerda la descripción de Neumann del uróboros, la imagen de la serpiente que se muerde la cola.[26] Toda la exposición de Neumann es pertinente para nuestro tema, aunque se limita en gran medida a las manifestaciones infantiles del uróboros. Pero esta imagen es activa y da apoyo a través de todas las fases del desarrollo psíquico. El hecho psíquico al que apunta esta imagen es el antídoto contra todas las frustraciones que engendra la dependencia de los objetos externos y las personas. Ser consciente de la individualidad es darse cuenta de que uno tiene todo lo que uno necesita. También significa que uno necesita todo lo que uno tiene, es decir, que cada contenido y acontecimiento psíquico es significativo. Esta idea se expresa en la siguiente cita de Plotino:

> Aquellos que creen que el mundo del ser se rige por la suerte o por el azar y que depende de las causas materiales están muy alejados de lo divino y de la idea del Uno.[27]

Estar relacionado con la propia individualidad significa aceptar todo lo que se encuentra dentro de los aspectos significativos del todo individual. Sin embargo, con qué facilidad y con qué frecuencia recurrimos a la táctica perezosa de evadir un encuentro genuino con algún aspecto de nosotros mismos, al decir: «no quise decir eso», o «simplemente lo olvidé», o «fue solo un descuido» o cosas parecidas. Para aquellos que han sido iniciados en la individuación, esta salida ya no es válida. Saben que ningún acontecimiento psíquico es fortuito. No hay lugar para el azar en el significativo mundo de la psique.

Plotino lo resume en este pasaje:

> Como el Uno no contiene ninguna diferencia, siempre está presente y estamos presentes en él cuando ya no contiene diferencia. El Uno no aspira a nosotros, a moverse a nuestro alre-

[26] Neumann, Erich, *The Origins and History of Consciousness*, Bollingen Series, XLII, Princeton University Press, 1954, pág. 5 y sig.

[27] Plotino, VI, 9,4.

> dedor; nosotros aspiramos a él, a movernos a su alrededor. En realidad, siempre nos movemos alrededor de él; pero no siempre miramos. Somos como un coro agrupado alrededor de un director de orquesta que permite que el público distraiga su atención. Sin embargo, si se volvieran hacia su director de orquesta, cantarían como deberían y estarían realmente con él. Siempre estamos cerca del Uno. Si no lo estuviéramos, nos disolveríamos y dejaríamos de existir. Sin embargo, nuestra mirada no permanece fija en el Uno. Cuando lo miramos, alcanzamos el final de nuestros deseos y buscamos el descanso. Entonces es cuando, pasada toda discordia, bailamos una inspirada danza a su alrededor.
>
> En esta danza, el alma mira a la fuente de la vida, la fuente de la inteligencia, al origen del Ser, a la causa del bien, a la raíz del alma.
>
> Todas estas entidades emanan del Uno sin que él disminuya, ya que no es una masa material. Si lo fuera, las emanaciones serían perecederas. Pero son eternas porque su principio original siempre permanece igual; no se fragmenta para producirlas, permanece entero. Entonces también persisten, del mismo modo que la luz persiste siempre que el sol brille.[28]

Antes de dejar a Plotino, debo mencionar una especulación suya que es relevante para el tema de este capítulo. Está contenida en el séptimo tratado de la quinta Enéada y se titula: «¿Existe un arquetipo ideal de seres particulares?».[29] En otras palabras, ¿tiene el individuo una forma eterna o una idea platónica como base trascendental de su identidad personal? Plotino responde afirmativamente a esta pregunta y, por lo tanto, junto con otros filósofos y místicos, esbozó el descubrimiento empírico del Sí-mismo que hizo Jung.

Para completar nuestro estudio de la imagen de la mónada llegamos a los tiempos modernos y a la *Monadología* de Leibniz.

---

28 Ibíd., VI,9, 8 y 9.

29 Plotino,*The Enneads*, traducido por Stephen McKenna, London, Faber and FaberLtd., 1962, pág. 419.

Habla de mónadas sin ventanas, cuando escribe: «Las mónadas no tienen ventanas a través de las cuales algo pueda entrar o salir» (*Monadología*, 7). En nuestros días, F. H. Bradley expresa la misma idea. Escribe: «Mis sensaciones externas no son menos íntimas para mí que mis pensamientos o mis sentimientos. En cualquier caso, mi experiencia cae dentro de mi propio círculo, un círculo cerrado en el exterior; y, con todos sus elementos iguales, cada esfera es opaca a las otras que la rodean [...]. En resumen, considerado como una existencia que interviene en un alma, el mundo entero es peculiar y privado para esa alma».[30]

Esta idea transmite una verdad básica sobre la vida como experiencia de los individuos. Cada uno de nosotros habita en nuestro mundo separado y no tenemos forma de saber cómo se compara nuestro mundo con el de los demás. Por supuesto que tenemos un lenguaje, pero incluso eso, me temo, es una experiencia mucho más privada y personal de lo que pensamos. Lo mismo se aplica al arte, la música y al mundo externo de los objetos. Sé cómo experimento estas cosas, pero ¿cómo puedo saber si mi experiencia corresponde a la de otra persona? Por ejemplo, tengo una cierta imagen de una habitación y de su contenido. ¿Cómo puedo saber que todos tendrán la misma imagen? Por supuesto, todos podemos estar de acuerdo en una descripción verbal de la habitación y de los objetos que contiene. Pero las palabras pueden tener diferentes referencias subjetivas para cada uno de nosotros. Y no podemos ver el mundo de nadie más para comparar.

El mundo no existe hasta que hay una consciencia para percibirlo. De esto se desprende que habrá tantos mundos como centros de consciencia, y que cada uno estará separado, completa y herméticamente sellado de todos los demás. Esto puede parecer extremo, pero estoy convencido de que es un hecho importante que se vuelve evidente una vez que se disuelven ciertos supuestos e identificaciones inconscientes. Pero ¿qué pasa entonces con las experiencias

[30] Bradley, F.H. *Appeerance and Reality*, London, Oxford University Press, 1966, pág. 306.

innegables de la solidaridad humana, la empatía, la comprensión y el amor? ¿Y qué pasa con el proceso de psicoterapia que requiere que el terapeuta y el paciente tengan un efecto mutuo el uno sobre el otro? Si no tenemos ventanas, ¿cómo pueden suceder tales cosas? Primero, debemos excluir toda relación meramente aparente que en realidad se basa en la proyección e identificación inconsciente. En estos casos, uno solo tiene la ilusión de conocer y de relacionarse con la otra persona. Habiendo descartado los fenómenos de proyección que conforman la gran mayoría de lo que normalmente se conoce con el nombre de amor o relación, nos queda una sola experiencia que todos compartimos indudablemente con los demás y que puede permitirnos tener un amor y una comprensión objetivos. Esta experiencia es la experiencia de ser una mónada sin ventanas, el único habitante de un mundo sellado. En este sentido, todos estamos en el mismo barco. Y como esta experiencia es la característica principal y esencial de la existencia humana, lo que compartimos unos con otros es, con mucho, lo más importante de todo, sin duda lo básico para todo el amor y para toda la comprensión que hay en nosotros. Por lo tanto, estamos ciegos solo en lo que respecta a los detalles de nuestra vida personal, nuestros juicios y nuestras percepciones. Pero para podernos relacionar con nuestra individualidad como un todo y en su esencia, llegamos a una relación objetiva y compasiva con los demás. Para decirlo de manera concisa, podríamos decir que el ego no tiene ventanas, pero el Sí-mismo es una ventana a otros mundos del ser.

Hay otra imagen relevante para nuestro tema que está estrechamente relacionada con la de la mónada, pero que tiene algunas características distintivas propias. Me refiero al *monogenes*. Mientras que la mónada es el no engendrado, el *monogenes* es el unigénito. La referencia más familiar a esta imagen está en el Credo que se refiere a Cristo como el unigénito. El mismo término se usa en la descripción de Platón de la cosmogonía en el «Timeo»:[31]

---

[31] *Plato's Cosmology*, «The Timaeus of Plato», traducido por F.M. Cornford, Indianapolis, New

> Para que el mundo fuese semejante por su unidad al animal perfecto, el autor de los mundos no ha formado dos ni un número infinito de ellos; y así no hay más que un solo cielo creado [unigénito] [...] («Timeo», 31).

Según la especulación cosmogónica de los gnósticos valentinianos,[32] primero estaba el Profundo, el Padre de Todos llamado *Bythos*; de él emanó el *Noos*, que también es llamado *Monogenes*, y «se dice que "es igual a" aquel de quien había emanado».[33]

Aquí hay tres versiones de la misma imagen básica, la versión cristiana, la versión filosófica platónica y la versión gnóstica. En cada caso, un unigénito es creado, engendrado o emanado del Uno original no engendrado. Si entendemos estas imágenes como psicología proyectada, el unigénito que emana del no engendrado debe referirse al ego empírico que emerge del Sí-mismo original. El ego es unigénito; solo hay uno y no tiene hermanos excepto en los casos patológicos de personalidad múltiple. Por lo tanto, ser un individuo está relacionado con la experiencia de ser hijo único, una experiencia que tiene dos aspectos principales; uno positivo y uno negativo. El aspecto positivo es la experiencia de ser el favorecido, de no tener rivales con quienes competir por la atención, el interés y el amor disponibles. El aspecto negativo de ser hijo único es que significa estar solo.

Las mismas consideraciones se aplican a la experiencia de la individualidad. Ser un individuo significa ser especial, favorecido y también solitario. Alfred Adler fue el primero en llamar la atención sobre la psicología del hijo único, enfatizando particular-

---

York: Library of Liberal Arts, Bobbs Merrill. Para el texto en castellano se ha utilizado *Platón Obras Completas, tomo 6,* edición de Patricio de Azcárate, Madrid, 1872.

[32] N. de T.: Valentín fue un gnóstico del siglo II que estableció la rama más importante del gnosticismo y que tuvo un numeroso número de seguidores que formaban la llamada escuela valentiniana.

[33] Legge, Francis, *Forerunners and Rivals of Christianity,* New Hyde Park, N.Y., University Books, 1964, II, pág. 48.

mente la demanda y expectativa del hijo único de ser el centro de todas las cosas, el especial. Este es el egocentrismo inconsciente que hemos discutido anteriormente. El hijo único es particularmente vulnerable a la identificación con el *monogenes* porque sus experiencias tempranas de la vida concretan esta imagen; él es en realidad un unigénito. Si se va a desarrollar, debe pasar por la dolorosa experiencia de aprender que él no es especial en relación con el mundo exterior. Sin embargo, la imagen y experiencia de ser especial sigue siendo válida desde el punto de vista psicológico interno, ya que es una expresión de la naturaleza de la individualidad como tal.

El otro aspecto de ser hijo único es la soledad, y esta también es una fase crucial en el proceso de lograr la individualidad consciente. Sentirse solo es un paso previo a la experiencia positiva de saber estar solo. Podríamos decir que, si bien la soledad es un hecho de la existencia individual, la experiencia de la soledad es, para un ego que todavía no está dispuesto o no puede aceptarla, la primera aparición dolorosa de ese hecho en la consciencia. La soledad busca la distracción o la unión para olvidar el hecho incómodo de la individualidad. Ser un individuo significa ser un favorito especial, y también un solitario. Si la soledad se afronta en lugar de intentar olvidarla, puede conducir a la aceptación creativa del hecho de la soledad.

La soledad de la individualidad está representada por el ermitaño, el monje, el solitario. En un evangelio gnóstico recientemente descubierto llamado *El Evangelio de Tomás* hay varios dichos significativos de Jesús que hablan de los «solos» o los «solitarios». La palabra griega es *monachoi*, que también podría traducirse como los «unificados»:

> 54. Jesús dice: «¡Bienaventurados los solitarios [los unificados], los elegidos, porque encontraréis el Reino! Igual que fuisteis emitidos de él, volveréis a él nuevamente».[34]

---

[34] Doresse, Jean. *The Secret Books of Egyptian Gnostics*. New York, Viking Press, 1960, pág. 363.

65. Yo (Jesús) digo esto: «Cuando (una persona) se encuentra sola [integrada], estará llena de luz; pero cuando se encuentre dividida, estará llena de oscuridad».[35]

79. Jesús dice: «Muchos se paran afuera en la puerta, pero son solo los solitarios [los unificados] los que entrarán en la cámara nupcial».[36]

3. Unidad y multiplicidad

Si la unidad, la soledad y la indivisibilidad son las características de la individualidad, la multiplicidad y la dispersión son sus opuestos. Esta oposición se ejemplifica en el problema filosófico tradicional del uno y los muchos. Ya hemos visto cómo se puede entender que el mito de Narciso representa un proceso que rompe la unidad inconsciente original y la somete a desmembramiento y dispersión. Esto podría llamarse la fase analítica del desarrollo de la consciencia. Pero dado un estado de fragmentación psíquica, es necesaria una fase unificadora o de síntesis (consciente e inconsciente). Hay muchos ejemplos en la literatura gnóstica de la imagen de reunir lo que se ha dispersado.[37] Por ejemplo, en *El Evangelio de Eva*, citado por Epifanio, encontramos el siguiente pasaje:

> Me paré en una montaña alta y vi a un hombre poderoso y a otro enano, y oí como si fuera una voz de trueno, y me acerqué para escuchar; y me habló y dijo: «Yo soy tú y tu eres yo; y dondequiera que estés, estoy allí y estoy sembrado (o esparcido) en todo; cuando quieras, me reúnes, y recogiéndome, te reúnes».[38]

[35] Ibíd., pág. 365.

[36] Ibíd., pág. 366.

[37] Para profundizar en este tema del gnosticismo, ver H. Jonas, *The Gnostic Religion*. 1958, pág. 58 y sig.

[38] Mead,G.R.S., *Fragments of a Faith Forgotten*, pág. 439.

El hombre fuerte y el enano se refieren al tema «mayor que grande y menor que pequeño», que describe la naturaleza paradójica de la experiencia del ser de un individuo. El individuo no es nada en términos colectivos y estadísticos, pero lo es todo desde el punto de vista interno. El hombre poderoso, que es grande y pequeño a la vez, es el Antropos, la mónada original, que se ha dispersado en el proceso de la encarnación del ego. La adaptación al mundo real de la multiplicidad requiere atención y participación en los detalles que fragmentan el estado original de unidad. Nuestro texto dice que estos fragmentos dispersos ahora deben reunirse.

En otro pasaje de Epifanio en que cita el *Evangelio de Felipe*, el alma se está justificando a medida que asciende al mundo celestial:

> Me he reconocido a mí mismo y me he reunido desde todos lados. No he sembrado hijos para el Gobernante, el demiurgo de este mundo, sino que he destrozado sus raíces; he reunido mis miembros que estaban esparcidos por todas partes, y te conozco a ti, sé quien eres.[39]

Una versión teológica de la misma imagen se encuentra en Agustín:

> Ya que a través de la iniquidad del paganismo nos hemos separado, disentido y alejado del único y verdadero Dios en lo alto, y nos hemos disipado en las muchas divisiones entre los muchos y aferrado a los muchos; era necesario que [...] los muchos se unieran en clamor por la venida del Uno (Cristo) [...] y, justificados en la justicia del Uno, hacerse uno.[40]

De nuevo tenemos la expresión notablemente psicológica de la misma idea en Orígenes:

---

[39] Mead, pág. 439 y sig.

[40] The Trinity IV, 11, citada por H. Jones, *op.cit.*, pág. 62.

> *Había un hombre.* Nosotros, que todavía somos pecadores, no podemos obtener este título de alabanza, porque cada uno de nosotros no es uno sino muchos [...]. Ved cómo el que se cree uno no es uno, sino que parece tener tantas personalidades como estados de ánimo.[41]

La dispersión o la multiplicidad, como condición psicológica se puede ver desde el punto de vista interno o externo. Visto desde adentro, es un estado de fragmentación interna que involucra una serie de complejos relativamente autónomos que, cuando son tocados por el ego, causan cambios en el estado de ánimo y en la actitud, y hacen que el individuo se dé cuenta de que no es uno, sino muchos. Desde el punto de vista externo, la multiplicidad se manifiesta por la exteriorización o proyección de partes de la psique individual en el mundo exterior. En esta condición uno encuentra a sus amigos y enemigos, sus esperanzas y sus miedos, sus fuentes de apoyo y sus amenazas de fracaso, concretadas en personas externas, en objetos y en sucesos. En ese estado de dispersión no puede haber experiencia de individualidad esencial. Uno es esclavo de las «diez mil cosas».[42]

Los aspectos interno y externo son solo dos formas de ver el mismo hecho. De cualquier manera que lo veamos, se necesita reunir lo fragmentado. Este proceso de reunir es lo que ocupa la mayor parte del tiempo en el transcurso de una terapia personal. Una y otra vez el terapeuta debe ser capaz de reconocerse en una imagen de un sueño o en una proyección cargada de afecto y decir, «yo soy eso». El proceso de auto-síntesis o, dicho de otra manera, de auto-integración, implica aceptar como propios todos los aspectos del ser que han quedado fuera en el curso del desarrollo del ego. De forma muy gradual, a lo largo de este proceso de desa-

---

[41] Citado por Jung, *Mysterium Coniunctionis*, C.W., Vol.14, par.6, n. 26.

[42] Agustín dice, « ... toda alma es desdichada por abocarse al afecto por las cosas mortales; se rompe cuando las pierde y después comprende lo miserable que era antes de perderlas». *Confesiones*, Libro IV, Capítulo.VI.

rrollo del ego, uno comienza a darse cuenta de que hay una unidad detrás de la aparente multiplicidad y que, de hecho, es esta unidad preexistente la que ha motivado toda la ardua tarea de la auto-integración o psico-síntesis.

Un sueño moderno ilustrará los temas que hemos estado discutiendo. De hecho, todo este capítulo puede considerarse como un comentario sobre las implicaciones de este sueño. Es muy breve: *el soñador vio un organismo unicelular, una pequeña masa de protoplasma palpitante como una ameba. En el centro, donde normalmente estaría el núcleo, había un agujero. A través de este agujero, vio otro mundo, un paisaje que se extendía hasta el horizonte.*

Algunas de las asociaciones que tuvo el paciente fueron estas: el organismo unicelular le recordó al soñador que la vida es llevada por unidades individuales y discretas, las células. Aquí hay una referencia definitiva al simbolismo de la mónada. El protoplasma se describió como el material vital básico, la fuente de todos los impulsos biológicos para sobrevivir. Podríamos considerarlo el asiento de la concupiscencia y del deseo de todo tipo. La pulsación trajo a la mente el flujo y reflujo de la marea, la sístole y la diástole, y la alternancia entre el día y la noche. El agujero en el centro de la celda le recordó al soñador el agujero ante el conejo que era la entrada a otro mundo en *Alicia en el país de las maravillas*. El hecho de que el centro de la celda estuviera vacío también le recordó al paciente un pasaje de Jung que había leído, en el sentido de que los mandalas religiosos tradicionales tienen la imagen de la deidad en el centro, pero el centro de los mandalas individuales modernos generalmente está vacío. El efecto general del agujero se describió como una ventana que mira hacia otro mundo.

El sueño nos da una imagen de la mónada en su forma biológica, la célula. Esta célula está compuesta de protoplasma palpitante que simboliza las ansias básicas de la psique, sus deseos y sus ansias de vivir. En el centro de esta masa temblorosa de deseos concupiscentes está la ventana o entrada al otro mundo, la psique arquetípica. La implicación es que uno obtiene una visión del otro mundo atravesando el centro de los impulsos protoplásmicos, y no rechazando el protoplasma. En otras palabras, la experiencia de la individualidad como un hecho transpersonal se encuentra en el centro de nuestras personales y egoístas ansias de poder, lujuria y auto-engrandecimiento.

Este sueño tiene un paralelo en otro registrado por Jung:

> «El soñador se encontró con tres compañeros de viaje más jóvenes en Liverpool. Era de noche y llovía. El aire estaba lleno de humo y hollín. Subieron desde el puerto a la "parte alta de la ciudad". El soñador dijo: Estaba terriblemente oscuro y era muy desagradable, y no pudimos entender cómo alguien podría quedarse allí. Hablamos de esto, y uno de mis compañeros dijo que, curiosamente, un amigo suyo se había establecido allí, lo que sorprendió a todos. Durante esta conversación llegamos a una especie de jardín público en medio de la ciudad. El parque era cuadrado, y en el centro había un lago o una gran piscina [...]. En él había un solo árbol, un magnolio de flor roja, que milagrosamente se erguía bajo el sol eterno. Noté que mis compañeros no habían visto este milagro, a la vez que estaba empezando a entender por qué el hombre se había establecido allí».[43]

Este sueño tiene muchas similitudes con nuestro sueño anterior. La negrura desagradable de Liverpool corresponde al protoplasma. El nombre Liverpool, que se refiere al hígado (en inglés, *liver*), la sede de la vida, tiene el mismo significado simbólico que el protoplasma. En el centro de la negrura de Liverpool hay un estanque con un sol eterno, análogo a la vista del otro mundo en el centro del protoplasma. El lugar del sol eterno es descrito más tarde por el soñador como una «ventana que se abre a la eternidad» igual que el otro soñador llamó al agujero una ventana a otro mundo. Aquí tenemos una prueba empírica de que la mónada no

[43] Jung, C.G., *The Archetypes and the Collective Unconscious*, C.W., Vol.9i, par. 654.

tiene ventanas, después de todo. El sueño de Liverpool llevó a la pintura de un mandala que Jung publicó *(imagen 39)*.[44]

El mandala, como Jung ha demostrado, es la principal expresión simbólica de la experiencia de ser un individuo. Esta imagen emerge espontáneamente del inconsciente en momentos en que todas las grandes y terribles implicaciones de ser una mónada única, indivisible y solitaria están empezando a aparecer en el individuo. El conocimiento teórico consciente del simbolismo del mandala significa muy poco. De hecho, plantea el peligro de que esas imágenes puedan usarse deliberadamente como un sustituto de la experiencia real. Como dice Jung:

> No se puede ser demasiado cauteloso con estos asuntos, ya que con el impulso imitativo y una avidez insana de poseer plumas extravagantes y adornarse con un plumaje exótico, demasiadas personas se dejan engañar por esas ideas «mágicas» y las aplican externamente, como una pomada. La gente hará cualquier cosa, sin importar lo absurda que sea, para evitar afrontar sus propias almas.[45]

Dejando de lado estas extravíos, la experiencia que el mandala simboliza es, según todas las pruebas, el hecho más central y fundamental de la existencia humana. Es la condición de ser un individuo con todas las consecuencias e implicaciones que he intentado tratar. Este hecho al no ser comprendido totalmente es la fuente de nuestros mayores anhelos y nuestros mayores temores. Nos encanta y lo odiamos. Sus imperativos pueden en algún momento hundirnos en la angustia de la separación y el desmembramiento, y en otro momento transmitir el sentido más profundo de significado y seguridad. Pero a través de todas las vicisitudes sigue siendo el hecho definitivo de nuestro ser.

Apunté al principio que la observación externa indica que la

---

[44] Ibíd., figura 6.

[45] Jung, C. G., *Psychology and Alchemy*, C.W., Vol. 12, par.126.

Imagen 39. EL MANDALA DE LIVERPOOL, C.G. Jung.

vida no es un continuo, sino que está compuesta de unidades separadas. Sin embargo, al discutir la naturaleza sin ventanas de la mónada, descubrimos que la mónada sí tiene una ventana; que en el centro de la experiencia de la individualidad está la comprensión de que todos los demás individuos comparten la misma experiencia que nosotros: vivir en un mundo único y cerrado. Esta comprensión nos conecta de manera significativa con todas las demás unidades de la vida. El resultado es que nos experimentamos a nosotros mismos como parte de un continuo. Por lo tanto, la observación interna, a suficiente profundidad, contradice la observación externa. Me recuerda el problema de la naturaleza de la luz, en física. La luz, ¿está compuesta de partículas o de ondas?; es decir, ¿está formada por unidades individuales o es un continuo? Los datos actuales requieren que, a las unidades de luz, se las considere, paradójicamente, partículas y ondas.[46] Y así sucede con la psique; somos *a la misma vez* unidades de ser únicas e indivisibles y también parte del continuo que es la onda universal de la vida.

[46] Para una discusión sobre este problema, ver la obra de Werner Heisenberg, *Physics and Philosophy*. New York: Harper Torchbooks, 1962, pág. 44 y sig.

CAPÍTULO SIETE

El arquetipo de la Trinidad y la dialéctica del desarrollo

Hay tres tipos de Totalidad: la primera es la anterior a las partes, la segunda es la compuesta por las partes, la tercera la forma la unión de las partes con el todo.

Proclo[1]

1. El tres y el cuatro

Uno de los principales descubrimientos de Jung es el significado psicológico del número cuatro en lo que se refiere al simbolismo de la totalidad psíquica y las cuatro funciones.[2] La importancia de la cuaternidad es básica para toda su teoría de la psique, tanto en lo que respecta a su estructura como a su objetivo, el proceso de individuación. En consecuencia, los terapeutas estamos particularmente atentos al simbolismo de la cuaternidad tal como aparece en los sueños y en las imágenes del mito y del folclore. Sin embargo, con frecuencia se encuentran otros temas numéri-

[1] *Commentary on Timaeus*, 83.265.

[2] N. de T.: El pensamiento, el sentimiento, la sensación y la intuición, las cuatro funciones que Jung describe en su obra *Tipos Psicológicos*.

cos. Quizás el más frecuente de ellos es el tema del tres. Debido al valor predominante que Jung atribuía a la cuaternidad, en la mayoría de casos tendía a interpretar las imágenes trinitarias como cuaternidades incompletas.[3] Este enfoque provoca ciertas objeciones. Por ejemplo, Víctor White escribe:

> Cuando nos enfrentamos con el número tres ¿nos vemos siempre obligados a preguntarnos «dónde está el cuarto»? ¿Debemos suponer que siempre y en todas partes el número tres debe entenderse solo como cuatro menos uno, que cada triángulo es solo un cuadrado fracasado? [...] ¿O podría ser que los símbolos ternarios son, por así decirlo, imágenes arquetípicas por derecho propio, que presentan un contenido distinto del de la cuaternidad?[4]

El presente capítulo examinará esta pregunta.

La discusión más completa de Jung sobre el simbolismo trinitario se encuentra en su ensayo «A Psychological Approach to the Dogma of the Trinity».[5] El ensayo comienza con una revisión de imágenes trinitarias pre-cristianas, y luego continúa con una descripción del simbolismo numérico en Platón y en los filósofos pitagóricos. Después de un comentario psicológico sobre la Trinidad cristiana: Padre, Hijo y Espíritu Santo, Jung resume el desarrollo histórico del dogma de la Trinidad como parte del credo. Esto es seguido de un análisis detallado de la psicología de los tres aspectos de la Trinidad y una comparación con la imagen de la Cuaternidad. Se considera que esta última completa la Trinidad mediante la adición del cuarto elemento previamente rechazado: la materia, el diablo y el lado oscuro.

Sin decirlo específicamente, Jung parece estar entretejiendo dos interpretaciones diferentes que están en oposición. Por un

---

[3] Jung, C.G., *Psychology and Alchemy*, CW., Vol.12, par. 31 y *Aion*, C.W., Vol.9ii, par. 351.

[4] White, V., *Soul and Psyche*. New York, Harper and Brothers, 1960, pág. 106.

[5] Jung,C. G., *Psychology and Religion: West and East*, C.W., Vol. 11,par.169 y sig.

lado, interpreta la Trinidad como una representación incompleta de la deidad, tal vez necesaria para un cierto período de desarrollo psíquico, pero inadecuada para las necesidades de la individuación, porque deja de lado el cuarto principio, el aspecto oscuro de Dios. Esta interpretación se ilustra con la siguiente cita. Después de discutir la realidad del poder del mal, Jung escribe:

> En una religión monoteísta, todo lo que se opone a Dios solo puede haber surgido, en última instancia, del mismo Dios. Este pensamiento es inaceptable y debe ser evitado. Por esta profunda razón es difícil acomodar a un personaje influyente como el diablo en un cosmos trinitario ... Esto condujo a ciertas perspectivas gnósticas según las cuales el diablo, Satanael, es el primer hijo de Dios y Cristo el segundo. Pero otra conclusión lógica es posible: suprimir la fórmula de la Trinidad, y reemplazarla por la Cuaternidad.[6]

Sin embargo, en otros lugares del mismo ensayo, Jung dice que el símbolo de la Trinidad se refiere a tres etapas de un proceso de desarrollo que es completo y suficiente en sí mismo, sin la necesidad de agregar una cuarta. Por ejemplo, describe las tres etapas de Padre, Hijo y Espíritu Santo de la siguiente manera. Sobre el mundo del Padre escribe:

> El mundo del Padre tipifica una era que se caracteriza por una unidad prístina con toda la naturaleza.[7]
>
> [...] una edad muy alejada del juicio crítico y del conflicto moral.[8]
>
> Es [...] el hombre en su estado de infancia.[9]

Esto es lo que dice sobre el mundo del Hijo:

---

6 Ibíd., par. 249.

7 Ibíd., par.201.

8 Ibíd., par.199.

9 Ibíd., par. 201.

> Un mundo lleno de anhelo de redención y de ese estado de plenitud en el que el hombre todavía era uno con el Padre. Anhelante, miró hacia el mundo del Padre, pero se perdió para siempre, porque, mientras tanto, había tenido lugar un aumento irreversible en la consciencia del hombre que lo hizo independiente.[10]
>
> El escenario del Hijo es la situación de conflicto por excelencia [...]. Liberarse de la ley conlleva una intensificación de los opuestos.[11]

Acerca del mundo del Espíritu Santo:

> El avance a la tercera etapa (la del Espíritu Santo) significa un reconocimiento de la subordinación inconsciente, aunque real, a esa etapa del Espíritu [...]. Del mismo modo que la transición de la primera etapa a la segunda exige el sacrificio de la dependencia infantil, en la transición a la tercera etapa debe renunciarse a la exclusiva autonomía del ego.[12] Esta tercera etapa significa articular la propia consciencia del ego con una totalidad superior, de la cual no se puede decir que sea «yo», sino que se comprende como una totalidad mayor.[13]

En estas citas que describen las tres fases de desarrollo del Padre, el Hijo y el Espíritu Santo, no hay ninguna sugerencia de que la Trinidad sea un símbolo incompleto que requiera la adición de un cuarto elemento. Más bien, la Trinidad parece simbolizar adecuada y completamente un proceso de desarrollo en el tiempo. Al hablar sobre este proceso de desarrollo, Jung dice: «El ritmo se construye en tres pasos, pero el símbolo resultante es una cuaternidad».[14] Esta afirmación implica claramente que el triple ritmo y el objetivo cuádruple son entidades simbólicas separadas y que

---

[10] Ibíd., par. 203.
[11] Ibíd., par. 272.
[12] Ibíd., par. 273.
[13] Ibíd., par. 276.
[14] Ibíd., par. 258.

ninguna de las dos puede interpretarse correctamente en términos de la otra. Sin embargo, el argumento se pierde más adelante cuando la Trinidad se describe como una representación incompleta de la deidad.

El triple ritmo del proceso de desarrollo merece mayor atención. Consideremos que este símbolo ternario es una entidad separada y válida dentro de sí misma. En este caso, el arquetipo de la Trinidad, o de lo triple, y el arquetipo de la Cuaternidad, o de lo cuádruple, se referirían a dos aspectos diferentes de la psique, cada uno válido, apropiado y completo en su propio ámbito. La imagen de la cuaternidad expresa la totalidad de la psique en su sentido estructural, estático o eterno, mientras que la imagen de la trinidad expresa la totalidad de la experiencia psicológica en su aspecto dinámico, evolutivo y temporal.

Las imágenes de mandalas de Cuaternidad surgen en tiempos de confusión psíquica y encaminan hacia una sensación de estabilidad y descanso. La imagen de la naturaleza cuádruple de la psique proporciona una orientación estabilizadora. Le da a uno una idea de eternidad estática. Los mandalas del budismo tibetano se usan para este propósito. Son instrumentos de meditación que transmiten a la conciencia una sensación de paz y calma, como si uno estuviera a salvo en la sustancia estructural eterna y protegido de los peligros perturbadores del cambio. Los pacientes en psicoterapia a veces descubren por sí mismos este método de meditar en sus propias pinturas de mandalas cuando su integridad psíquica está en peligro.

Los símbolos trinitarios por otro lado implican crecimiento, desarrollo y movimiento en el tiempo. Se rodean de asociaciones dinámicas, en lugar de estáticas. Así, Baynes escribe: «el arquetipo trinitario simboliza el aspecto dinámico o vital».[15] Y nuevamente, «el número tres está específicamente asociado con el proceso creativo [...]. Cada forma de energía de la naturaleza tiene, de

[15] Baynes, H.G., *Mythology of the Soul*, London, Ryder and Company, 1969, pág. 565.

hecho, la forma de un par de opuestos, unidos por un tercer factor, su producto. Por lo tanto, el triángulo es el símbolo de un par de opuestos unidos por encima o por debajo por un tercer factor».[16] Jung da a la trinidad una interpretación dinámica y evolutiva en su descripción de las tres fases del desarrollo psicológico como las etapas del Padre, del Hijo y del Espíritu Santo. Todos los sucesos en el tiempo caen naturalmente en un patrón triple. Cada suceso tiene un comienzo, un desarrollo y un final. La mente consciente piensa en el tiempo en las tres categorías; pasado, presente y futuro. Hace mil años, Joaquín de Fiore interpretó la Trinidad en términos de períodos de tiempo. Según su punto de vista, la era antes de Cristo fue la era del Padre. El primer milenio después de Cristo fue la era del Hijo y el segundo milenio debía ser la era del Espíritu Santo.

Cuando se trata de sucesos temporales o del desarrollo, parece haber una tendencia arquetípica, profundamente arraigada, a organizar tales sucesos en términos de un patrón triple. Freud se ajustó a este patrón cuando describió el desarrollo psicológico en términos de las tres etapas; oral, anal y genital. Esther Harding hizo uso de este mismo patrón triple cuando describió las tres etapas del desarrollo psicológico con los términos *autos (auto-satisfacción)*, ego y Sí-mismo.[17] Otro ejemplo de una división triple en el proceso de desarrollo es proporcionado por Alfred North Whitehead. En su ensayo *The Rhythm of Education*[18] Whitehead distingue tres etapas en el proceso natural de aprendizaje. Él las denomina la etapa del romance, la etapa de la precisión y la etapa de la generalización. La primera fase, la etapa de romance, se caracteriza por el entusiasmo emocional del primer descubrimiento. Hay una respuesta total que no permite ni la frialdad ni la disciplina de un enfoque sistemático. Más bien, el niño, o el adulto si

---

[16] Ibíd., par. 405.

[17] Harding, M. Esther. *Psychic Energy: Its Source and Its Transformation*, Bollingen Series X, Princeton University Press, 1963, pág. 22 y sig.

[18] Whitehead, A.N. *The Aims of Education*, New York, MacMillan, 1929.

es el caso, está intoxicado por la visión de la apertura a un nuevo mundo. La segunda fase, la etapa de la precisión, subordina la extensión y la totalidad del enfoque a la formulación exacta. Aquí tenemos una acumulación precisa de hechos y de análisis crítico e intelectual. La tercera fase, la etapa de la generalización, es llamada por Whitehead la síntesis de los dos enfoques anteriores. Es un regreso a la respuesta total de la etapa romántica con la ventaja adicional de las ideas clasificadas y la técnica necesaria.

El proceso de desarrollo espiritual descrito por los místicos también es un proceso en tres partes. Según Inge:

> (Al místico) [...] le encanta imaginar su camino como una escalera que va desde la tierra hasta el cielo, y que debe subirse paso a paso. Esta *scala perfectionis* se divide, generalmente, en tres etapas. La primera se llama Via Purgativa; la segunda, Via Iluminativa; mientras que la tercera, que es realmente el objetivo más que una parte más del viaje, se llama Via Unitiva o estado de contemplación perfecta.[19]

Jung describe el simbolismo numérico de Pitágoras que estamos tratando. El número uno, como número primero y original, no es del todo un número, estrictamente hablando. El uno como unidad y totalidad, existe antes de la consciencia de los números, que requiere una capacidad para distinguir entre entidades separadas y discretas. Por lo tanto, «uno» corresponde simbólicamente al estado urobórico antes de la creación y de la separación de las cosas. Dos es el primer número real ya que con él nace la posibilidad de discriminar una cosa de otra. Dos simboliza el acto de la creación, la aparición del ego desde el estado original de la unidad. Dos implica oposición. Dos es la separación entre dos cosas y, por lo tanto, representa un estado de conflicto. Tres, sin embargo, es la suma de uno y dos, y los une a ambos dentro de sí mismo. Es

---

[19] Inge, W.R., *Christian Mysticism*, Methuen & Co., 1899, reeditado por Meridian Books, pág. 9 y sig.

el símbolo de la reconciliación que resuelve el estado de conflicto planteado con el dos. Al tres se le aplicaría el comentario de Jung sobre el significado simbólico del Espíritu Santo cuando dice: «El Espíritu Santo es una unión de opuestos».[20]

Al acercarse a la Trinidad desde este ángulo, no hay lugar para un cuarto elemento. Si pensamos que refleja un proceso dinámico y de desarrollo, el tercer término es la conclusión del proceso. La tercera etapa se ha restaurado la unidad original en un nivel superior. Esta nueva unidad solo puede verse perturbada por el surgimiento de una nueva oposición que repita el ciclo trinitario.

Existe un paralelismo exacto con este simbolismo numérico en la fórmula que Hegel propuso para comprender el proceso histórico. Según Hegel, todos los movimientos y sucesos en la historia humana caen en un patrón cíclico triple. Primero, se concibe y se establece una posición original. Esta se llama tesis. Después, se forma la posición opuesta que crece y finalmente sustituye a la primera. Esta se llama la antítesis. En la fase final, la unilateralidad y la insuficiencia de la antítesis son reconocidas y reemplazadas por una síntesis de los dos opuestos. La fórmula es esta: tesis, antítesis, síntesis. La síntesis puede convertirse en una nueva tesis a partir de la cual se repite el ciclo. Esta fue una idea de gran importancia. Es muy simple y, una vez entendida, es evidente y acertada. Tanto si esta fórmula se puede demostrar como si no en la Historia, ciertamente, puede verificarse experiencialmente en la psicología del individuo. Es una expresión más del arquetipo de la Trinidad que da estructura y significado a los sucesos dinámicos y temporales de la vida humana en contraste con el aspecto estático y eterno.

La humanidad tiene una tendencia habitual a concebir la deidad en una naturaleza triple. La Trinidad cristiana es solo un ejemplo de esto. En su ensayo, Jung describe las trinidades de Babilonia y de Egipto. Además, están las trinidades griegas Zeus,

[20] Jung, C.W. 11, par. 277.

Poseidón y Hades y las diversas encarnaciones de la triple Diosa-Madre. El destino, la fuerza que dirige la suerte temporal de uno, ha sido concebido generalmente en una triple imagen. Por ejemplo, en Grecia existían las tres Moiras, los tres destinos: Cloto, que hace girar el hilo de la vida; Láquesis, que lo mide; y Atropos, que lo corta. En el mito teutónico estaban las tres Nornas: Urd, Verdandi y Skuld. Urd, la anciana, se refiere al pasado, Verdandi al presente y Skuld al futuro. Hermes fue considerado frecuentemente como una trinidad. En los cruces de tres caminos, de tres vías, se establecieron numerosos santuarios en su honor, hasta que llegaron a ser tan comunes que proporcionaron el origen de la palabra «trivial» (tres vías). Esta lista de ejemplos, que podría ampliarse considerablemente, indica una tendencia generalizada a asociar la deidad con una naturaleza triple. ¿Cómo vamos a entender esto a la luz de nuestra convicción de que la psique tiene una estructura cuádruple? Estas imágenes trinitarias pueden referirse a deidades funcionales o de proceso, en oposición a las deidades de la estructura. En otras palabras, serían personificaciones del dinamismo psíquico en todas sus fases. Desde este punto de vista, una trinidad podría expresar tanto la totalidad como la cuaternidad, pero sería una totalidad de un tipo diferente. En un caso, sería una totalidad de las diversas fases dinámicas del movimiento en desarrollo, en el otro caso una totalidad de elementos estructurales. Tres simbolizaría un proceso, cuatro un objetivo.

Gerhard Adler hace una distinción entre tríadas femeninas y tríadas masculinas. Declara: «La tríada femenina siempre está conectada en su desarrollo y crecimiento natural con sucesos instintivos, mientras que la tríada masculina se basa en la oposición dinámica entre tesis y antítesis que encuentra su reconciliación en el tercer paso de la síntesis».[21] Esto es absolutamente cierto. Las trinidades femeninas parecen derivar de las categorías del proceso natural, biológico, uno casi podría decir no psíquico, como

[21] Adler, G. *The Living Symbol*. New York, Pantheon, 1961, pág. 260.n.

el nacimiento, el crecimiento y la muerte, mientras que las trinidades masculinas parecen relacionarse específicamente con el desarrollo de la psique o la consciencia. En el último caso, no tenemos categorías biológicas, sino más bien espirituales o psíquicas, tales como tesis y antítesis o Dios y Satanás. Sin embargo, a pesar de esta clara diferencia, en el sentido amplio, las trinidades masculinas y femeninas se refieren a un proceso dinámico y evolutivo en el tiempo.

En capítulos anteriores he esbozado un esquema de desarrollo psicológico para explicar las relaciones entre el ego y el Sí-mismo que observamos en los diversos niveles de desarrollo de la consciencia. También hice uso de un patrón triple: las tres entidades son el ego, el Sí-mismo (o no-ego) y el vínculo de conexión entre ellos (el eje ego/Sí-mismo). Según esta hipótesis, el desarrollo de la consciencia ocurre a través de un ciclo triple que se repite una y otra vez a lo largo de la vida del individuo. Las tres fases de este ciclo repetitivo son: (1) el ego identificado con el Sí-mismo, (2) el ego alienado del Sí-mismo y (3) el ego reunido con el Sí-mismo a través del eje ego/Sí-mismo. De forma más breve, estas etapas podrían llamarse: (1) la etapa del Sí-mismo, (2) la etapa del ego y (3) la etapa del eje ego/Sí-mismo. Estas tres etapas se corresponden exactamente con los tres términos de la Trinidad cristiana: la etapa del Padre (Sí-mismo), la etapa del Hijo (ego) y la etapa del Espíritu Santo (eje ego/Sí-mismo). Este es otro ejemplo de un patrón triple que expresa la totalidad de un proceso de desarrollo en el tiempo.

La idea medieval de que el hombre está compuesto de cuerpo, alma y espíritu es otra representación trinitaria de la totalidad. De forma similar, de acuerdo con la teoría alquímica, todos los metales estaban compuestos por los tres principios básicos; el mercurio, el azufre y la sal. Paracelso combinó estas dos concepciones cuando escribió:

> Ahora bien, para que puedan entenderse correctamente es-

> tas tres sustancias distintas, es decir, espíritu, alma y cuerpo, se debe saber que no significan nada más que los tres principios, el mercurio, el azufre y la sal, de los cuales se generan todos los siete metales. Porque el mercurio es el espíritu, el azufre es el alma y la sal es el cuerpo.[22]

Un sueño moderno expresa la misma imagen. Un hombre soñó lo siguiente: *para que una empresa llegue a completarse, tres cosas deben suceder conjuntamente. Debe haber pimienta, una exposición sobre la pimienta y un hombre, eficiente y con iniciativa, debe decir la palabra «pimienta»*. El sueño dice que la empresa se consumará solo cuando el cuerpo, el alma y el espíritu se unan. La pimienta es la picante «sustancia del alma»; la exposición es el cuerpo, el contexto concreto para la realización; y el pronunciar la palabra es el acto espontáneo y creativo del espíritu.

2. La transformación y el desarrollo

El tema de la transformación, de la muerte y el renacimiento, que es un acontecimiento dinámico y evolutivo, también está asociado con el número tres. Tres días es la duración simbólica del viaje nocturno por mar,[23] por ejemplo, el de Cristo o el de Jonás. Cristo fue crucificado entre dos ladrones. Fue así una triple crucifixión. Del mismo modo, Mitra se representaba comúnmente entre dos *dadóforos* o portadores de la antorcha, uno con la antorcha levantada y el otro con la antorcha baja. El tema del «camino», en el cual un tercer curso intermedio emerge de la dialéctica de los opuestos es otra expresión del simbolismo triádico. En este senti-

---

[22] Waite,A E., traductor,*The Hermetic and Alchemical Writings of Paracelsus,* reimpreso por University Books, New Hyde Park, N.Y., 1967, Vol. I, pág. 125.

[23] N. de T.: Uno de los símbolos que Jung usa para describir la etapa de prueba en el proceso de individuación, caracterizado por la desesperación y el deseo de muerte. Equivaldría a lo que San Juan de la Cruz describió como «la noche oscura del alma».

do, uno piensa en el dicho de Lao Tse: «El uno engendra al dos, el dos engendra al tres y el tres engendra todas las cosas» (Tao Te Ching, 42).

La relación entre la imagen de «el camino» y el simbolismo ternario se ilustra en un caso muy interesante publicado por Adler. Después de aproximadamente tres meses de terapia, una paciente tuvo el siguiente sueño: *escuché una voz que decía muy claramente: «Dentro de tres días»,*[24] Tres días después de este sueño, la paciente tuvo una fantasía muy conmovedora que describió de la siguiente manera:

> Puedo ver mi propio inconsciente no como algo extraño, sino como algo hecho de la misma materia de la que también yo estoy hecha; para que haya un camino, una conexión ininterrumpida entre mí y todas las otras criaturas. Puedo sentir cómo esto va a la raíz de mi problema neurótico: había tenido una percepción directa de algo no relacionado con el resto de mi experiencia e imposible de relacionarlo con ella; por lo tanto, el mundo no tenía sentido, y por lo tanto vivir era literalmente casi imposible. Ahora el mundo tiene sentido nuevamente.[25]

Cinco días después de esta fantasía, ella tuvo otra imagen visual de

> tres círculos que se intersectan (vistos como en tres dimensiones) con líneas verticales y horizontales que pasan por los puntos de intersección.[26]

Estas tres imágenes inconscientes, que sucedieron dentro de un período de ocho días, demuestran una conexión clara entre el número tres y el tema del camino o la carretera. Como observa Adler, la frase «en tres días» se refiere al viaje nocturno por mar.

---

[24] Adler, G., *op.cit.*, pág. 140.

[25] Ibíd., pág. 144.

[26] Ibíd., pág. 155.

Esto fue verificado por desarrollos posteriores. La visión de los tres círculos nuevamente enfatiza el número tres. La descripción de la fantasía de la carretera es muy interesante. Aquí la paciente toma conciencia de un vínculo de conexión entre ella, el ego y el no-ego. Yo entendería que la carretera trae un sentido de unión y reconciliación como una representación del eje ego/Sí-mismo. Este descubrimiento se alcanza a través de un proceso triple que involucra los tres términos, el ego, el no-ego y el vínculo de conexión entre ellos; de ahí el énfasis en el número tres.

En los cuentos infantiles encontramos una gran cantidad de símbolos ternarios. Las acciones importantes que conducen a la transformación o al logro de la meta a menudo se deben repetir tres veces. En muchos casos, la historia deja claro que la primera acción se basa en un aspecto de un par de opuestos, la segunda acción se basa en el otro aspecto del par de opuestos, y la tercera acción es una síntesis o reconciliación de los dos opuestos. Para dar un solo ejemplo, en el cuento de los Hermanos Grimm, «El agua de la Vida», una princesa está esperando casarse con el hombre que bajará directamente por un pavimento dorado hasta su puerta. Tres hermanos intentan alcanzarla. El primero, que no quiere dañar el pavimento, se desplaza hacia la derecha y se le niega la entrada. El segundo tampoco quiere dañar el pavimento a la izquierda y se le niega la entrada. El tercero, preocupado por alcanzar a la princesa, ni siquiera ve el pavimento dorado y cabalga recto por el camino. A él se le permitió entrar y casarse con la princesa.

Estos ejemplos demuestran que, en un cierto aspecto de la vida psíquica, la totalidad se expresa simbólicamente mediante tres y no mediante cuatro. Este aspecto es el proceso evolutivo y temporal de realización. Aunque la meta es cuádruple, el proceso para realizarlo es triple. Por lo tanto, el tres y el cuatro representarían dos aspectos separados de la vida. Cuatro es la integridad estructural, la plenitud, algo estático y eterno. Tres, por otro lado, representa la totalidad del ciclo de crecimiento y cambio dinámico, el conflicto, la resolución y el conflicto renovado. Por lo tanto, de acuerdo con la fórmula trinitaria, la tesis «tres» y la antítesis «cuatro» deben resolverse en una nueva síntesis.

Jung, una y otra vez en sus escritos, vuelve a la pregunta alquímica: «Aquí hay tres, pero ¿dónde está el cuarto?» Esta oscilación entre tres y cuatro está bien explicada por la teoría de las cuatro funciones y el esfuerzo para lograr la plenitud. Sin embargo, el antagonismo entre el tres y el cuatro podría tener también otro significado. Podría referirse al conflicto, real y necesario, entre la plenitud de la Cuaternidad estática y eterna y el cambio dinámico y la vitalidad de la Trinidad. El simbolismo de la cuaternidad y el mandala, incluidos los *témenos*[27] y el círculo mágico, enfatizan claramente el tema de la contención. A esto hay que añadirle el hecho de que los números pares se consideran tradicionalmente femeninos, mientras que los números impares se consideran masculinos. Esto sugiere que la Cuaternidad puede ser predominantemente una expresión del arquetipo de la madre o principio femenino, con énfasis en el apoyo y la contención estáticos, mientras que la Trinidad es una manifestación del arquetipo del padre o principio masculino, que enfatiza el movimiento, la actividad y la iniciativa. Si esta visión es válida, entonces necesitaríamos otra imagen de totalidad para unir los opuestos tres y cuatro.

Si la Trinidad puede tener una importancia igual, aunque diferente, a la Cuaternidad, debería surgir en el material psicológico empírico con aproximadamente la misma frecuencia y énfasis que la Cuaternidad. Y de hecho, este es el caso. Acudí a una colección de mandalas publicados por Jung[28] y me sorprendí al ver la frecuencia con la que había imágenes trinitarias incrustadas en imágenes que habían sido seleccionadas para demostrar la Cuaternidad. Un mandala reproducido por Jung titulado «La rueda del mundo tibetana» es interesante a este respecto. Se dice que re-

27 N. de T.: Espacio reservado a la adoración a los dioses en la Antigua Grecia.

28 Jung, C. G., *The Archetypes and the Collective Unconscious,* C.W., Vol. 9 i.

presenta el mundo. La rueda es sostenida por el dios de la muerte Yama y se basa en un patrón trinitario *(imagen 7,* página 88).[29] En el centro hay tres animales, un gallo, una serpiente y un cerdo. Hay seis radios en la rueda y doce divisiones externas. Jung dice acerca de este mandala: «El estado incompleto de la existencia es expresado, de forma notable, por un sistema triádico, y el estado completo (espiritual) por un sistema tetrádico. La relación entre el estado incompleto y el completo corresponde, por lo tanto, a la proporción de 3:4».[30] Añadiría que un estado completo también es estático, eterno, de otro mundo. Correspondería a la imagen de un dios que no participa en el conflicto y el flujo de la historia, que no experimenta desarrollo.

Cuando uno comienza a examinar material inconsciente teniendo en cuenta la Trinidad, descubre que los símbolos ternarios son frecuentes. Por ejemplo, un hombre, al que había estado tratando durante muchos años el problema de haber permanecido mucho tiempo en el estado del uróboros,[31] tuvo el siguiente sueño. Soñó que un objeto circular se dividía en sectores triangulares de forma muy parecida a como se corta un pastel en pedazos. Las dos formas geométricas, círculo y triángulo, parecían destacar en el sueño y estamparse en el soñador. El sueño tuvo un sentido de impacto e importancia. El círculo se asoció con la concepción de Jung del mandala, la totalidad, algo que se deseaba. El paciente asoció el triángulo con la imagen trinitaria de Dios. Si queremos comprender este sueño, debemos recurrir a algunas generalizaciones conceptuales, como las que estoy tratando de presentar. En el sueño, un círculo se está desmembrando en triángulos y luego la imagen de un círculo se contrasta con la imagen de un triángulo. Entiendo que este sueño se refiere a la ruptura de un estado original de totalidad urobórica, lo que he llamado la identidad en-

---

29 Jung, C.W:, 9 i, figura 3.

30 Ibíd., par. 644.

31 Ver figura 1 en el capítulo 1.

tre el ego y el Sí-mismo, por medio de un triple proceso dinámico representado por el triángulo. El sueño contrasta el estado completo y circular con el triple estado triangular. Considero que esto significa que una actitud que enfatiza la integridad estática debe ser complementada por el principio dinámico trinitario. El triple proceso temporal rompe el estado estático y eterno y lo somete a un desarrollo de acontecimientos en el tiempo que conlleva conflictos recurrentes y resoluciones según la fórmula tesis, antítesis, síntesis.

Otra paciente tuvo este sueño: *soñó que era una estudiante que estaba en el aula. Se siente segura de su lección y cuando se le pide que recite los deberes, empieza a recitar la tabla de multiplicar del cuatro: cuatro por uno, cuatro por dos, etc. La maestra interrumpe diciendo que esto no son los deberes asignados. Los deberes son multiplicar los números de tres cifras por cuatro. La mujer pierde la confianza en sí misma porque se da cuenta de que todavía no puede multiplicar números de tres cifras y se siente confundida.* Su asociación con el cuatro fue la Cuaternidad de la totalidad psíquica, el mandala. Acerca de los números de tres cifras ella dijo que triplicaban la dificultad al multiplicar y también que el número tres le recordaba a la Trinidad cristiana. Este sueño parece hablar directamente de nuestro tema. La tarea no consiste en una Cuaternidad simple y uni-dimensional. Al contrario, lo cuádruple debe cumplirse en un entorno triple que lo hace mucho más complejo y difícil. La Cuaternidad, o totalidad psíquica, debe actualizarse sometiéndola al proceso triple de realización en el tiempo. Uno debe someterse a la dolorosa dialéctica del proceso de desarrollo. La Cuaternidad debe ser complementada con la Trinidad.

Otro ejemplo es tomado del estudio de un caso de Adler previamente mencionado. Este sueño ocurrió varios años antes del comienzo de la terapia y se considera que inició el proceso de individuación. Tuvo un fuerte impacto y se registró de la siguiente manera: *Vi, en un área ovalada de oscuridad que sombreaba vagamente, una vara de metal de color blanco amarillento; en un extremo había un monograma de las figuras 1, 2 y 4 (superpuestas una sobre la otra).*[32] Las asociaciones del soñador con el monograma de números fueron particularmente significativas. La vara le recordó a una llave o a una varita mágica, y ella lo asoció con el *labarum* que se llevaba ante los emperadores romanos. Le recordó especialmente el sueño de Constantino en vísperas de la batalla en el que vio el signo de la cruz en el cielo y escuchó una voz que decía: «*In hoc signo vinces*». Con respecto a este sueño, Adler escribe:

> En lo que respecta a la secuencia «1, 2, 4», representa el desarrollo del símbolo del mandala y de la totalidad psíquica. El número 1 representa una totalidad preconsciente original; 2 es la división de esta totalidad preconsciente en dos polaridades, produciendo dos opuestos [...]. Y la subdivisión adicional –correspondiente a la síntesis que surge de la tesis y la antítesis– produciría las cuatro partes del círculo, y con su centro, significando el mandala: ⊙ ⦶ ⊕ La secuencia de los tres números 1, 2, 4 representaría así el crecimiento natural, la «fórmula» del mandala.[33]

A continuación, Adler cita a Jung: «Este conflicto indescriptible planteado por la dualidad [...] se resuelve en un cuarto principio, que restaura la unidad del primero en su desarrollo completo. El ritmo se construye en tres pasos, pero el símbolo resultante es la Cuaternidad».[34] Más adelante, Adler complica esta interpretación al considerar necesario darse cuenta de lo que él llama la «sorprendente omisión del número 3». Interpreta que la omisión del 3 masculino representa una compensación por la identificación del paciente con el mundo patriarcal. En mi opinión, esta segunda interpretación es dudosa y, de ser cierta, invalidaría la primera. El número tres ya está en la secuencia 1, 2, 4 si se toma

[32] Adler, pág. 26.
[33] Adler, pág. 29 y sig.
[34] Ibíd.

como una totalidad, ya que es una secuencia triple. Si consideramos que se trata de una serie geométrica, en lugar de una aritmética, el tres falta por completo. Pero si comprendo correctamente el simbolismo, sustituir la secuencia 1, 2, 3, 4 por la secuencia 1, 2, 4 del sueño destruiría la esencia del significado simbólico, que yo entiendo que es la combinación de un proceso triple con un objetivo cuádruple.

Jung nos proporciona otro ejemplo de fusión de imágenes cuaternarias y ternarias. Me refiero a la visión del mandala publicada en *Psicología y Alquimia.*[35]

> El soñador ve un círculo vertical y otro horizontal que tienen un centro común. Este es el reloj del mundo. Está sostenido por un pájaro negro. El círculo vertical es un disco azul con un borde blanco dividido en treinta y dos particiones. Un puntero gira sobre él. El círculo horizontal consta de cuatro colores. En él se encuentran cuatro hombres pequeños con péndulos y alrededor de él hay un anillo de oro. El reloj tiene tres ritmos o pulsos:
>
> 1) El pulso pequeño: el puntero vertical avanza 1/32;
> 2) El pulso medio: una vuelta completa del puntero vertical. Al mismo tiempo, el círculo horizontal avanza 1/32;
> 3) El gran pulso: treinta y dos pulsos medios son iguales a una vuelta del anillo dorado.

Esta visión es una hermosa imagen de mandala con marcado énfasis en lo cuaternario, por ejemplo, cuatro colores, cuatro hombres pequeños. Sin embargo, tiene un pulso o ritmo triple. En *Psicología y Alquimia*, publicado originalmente en 1944, Jung enfatiza el aspecto cuaternario de la imagen y solo dice acerca de los tres ritmos: «No sé a qué se refieren los tres ritmos. Pero no dudo ni por un momento que la alusión está sobradamente justificada [...]. Difícilmente nos equivocaremos si suponemos que nuestro mandala aspira a una unión de opuestos lo más completa posible,

[35] Jung, C.G., *Psychology and Alchemy,* C.W., Vol. 12, par. 307,

incluyendo los opuestos de la trinidad masculina y de la cuaternidad femenina [...]».[36]

En su comentario sobre la misma visión en *Psicología y Religión* publicada por primera vez en inglés en 1938, Jung dice lo siguiente sobre el triple ritmo:

> Si nos remontamos a la antigua idea pitagórica de que el alma es un cuadrado, entonces el mandala expresaría la Deidad a través de su triple ritmo y expresaría también el alma a través de su Cuaternidad estática, el círculo dividido en cuatro colores. Y así, su significado más profundo sería simplemente la unión del alma con Dios.[37]

Y continúa diciendo:

> [...] la Cuaternidad es la condición *sine qua non* del nacimiento divino y, en consecuencia, de la vida interior de la trinidad. Así, el círculo y la Cuaternidad por un lado y el triple ritmo por el otro se compenetran para que cada uno quede contenido en el otro.[38]

A partir de estas citas, queda claro que Jung no considera la Cuaternidad como un símbolo completamente adecuado para la totalidad. Más bien se requiere una unión de la cuaternidad con la Trinidad en una síntesis más completa.

Si, cuando nos enfrentamos al tres, es apropiado preguntarse dónde está el cuatro, es igualmente apropiado, cuando nos enfrentamos al cuatro, preguntar dónde está el tres. Debido a la preocupación por la Cuaternidad uno solo puede ver el cuatro en imágenes que, en realidad, combinan el cuatro y el tres. El tema del doce, por ejemplo, incluye tres y cuatro como sus factores. Del mismo modo, el número siete combina cuatro y tres por ser su suma.

---

[36] Ibíd., par. 310 y sig.

[37] Jung, C.G., *Psychology and Religion: West and East,* C. W., Vol. 11, par.

[38] Ibíd., par. 125.

El arquetipo de la Trinidad parece simbolizar la individuación como un proceso, mientras que la Cuaternidad simboliza su objetivo o estado completado. Tres es el número del centramiento del ego, cuatro es el número del descentramiento del ego, de la plenitud, el Sí-mismo. Pero dado que el proceso de individuación nunca se completa del todo, cada estado temporal de plenitud debe someterse, una vez más, a la dialéctica de la Trinidad para que la vida continúe.

TERCERA PARTE

SÍMBOLOS HACIA LA INDIVIDUACIÓN

El hombre tiene un alma y [...] hay un tesoro enterrado en el campo.

C. G. Jung[1]

[1] Carta a Eugene Rolfe, no publicada.

CAPÍTULO OCHO

La metafísica y el inconsciente

[...] nuestros esfuerzos son testigos del misterio viviente.
C.G. Jung[1]

1. La metafísica empírica

El proceso de individuación a menudo se expresa en imágenes simbólicas de naturaleza metafísica. Estas imágenes pueden ser un problema para el psicoterapeuta que es reacio a dar crédito a ideas grandiosas e indemostrables sobre la vida, debido, especialmente, a que estas ideas a menudo están asociadas con una inflación obvia, por ejemplo, en el caso de la psicosis. Además, el común mal uso colectivo de las imágenes metafísicas es preocupante. Para el psicólogo, la palabra metafísica tiende a afirmaciones de fe arbitrarias acerca de la naturaleza de la realidad última. Recuerda las actitudes dogmáticas, tan rechazables para

[1] Jung. C.G. Carta a John Trinick, 15 de octubre de 1957, publicada en John Trinck, *The Fire-Tried Stone,* London: Stuart and Watkins, 1967, pág. 11.

el carácter empírico. Para el científico, el dogmatismo metafísico es una demostración del hecho de que uno es «el más ignorante de aquello de lo que está más seguro». Jung también evitó el término. Por ejemplo, escribió:

> Abordo las cuestiones psicológicas desde un punto de vista científico y no desde un punto de vista filosófico [...]. Me limito a la observación de fenómenos y evito cualquier consideración metafísica o filosófica.[2]

En otro lugar, dice:

> La psicología, como ciencia del alma, debe limitarse a su tema y evitar sobrepasar sus propios límites mediante afirmaciones metafísicas u otras profesiones de fe [...]. El hombre con mentalidad religiosa es libre de aceptar cualquier explicación metafísica que le plazca sobre el origen de estas imágenes (los arquetipos) [...]. El científico es un trabajador escrupuloso; no puede confundir el cielo con la tormenta. Si se dejara reducir a esa extravagancia, estaría cortando la rama en la que se sienta.[3]

Ciertamente, estas advertencias son apropiadas. Sin embargo, la metafísica como tema puede separarse de la actitud personal que los individuos pueden tomar hacia ella. Se puede adoptar una actitud dogmática y no empírica hacia la física igual que hacia la metafísica. Pongamos por ejemplo la negativa de los tribunales eclesiásticos del siglo XVII a comprobar las observaciones que Galileo hizo al mirar por su telescopio, porque se «sabía» que Júpiter no podría tener lunas. La metafísica ha sido un tema que ha preocupado al hombre desde el comienzo de la Historia. Igual que los esfuerzos del hombre para adaptarse a otros aspectos de la realidad comenzaron con planteamientos ingenuos, arbitrarios y, concretamente, mitológicos, así ha sido en su relación con la

---

2 Jung, C.G., *Psychology and Religion: West and East,* C.W., 11, par. 2.

3 Jung, C.G., *Psychology and Alchemy,* C.W., 12 par.6.

realidad metafísica. Pero esto no implica que sea necesario desacreditarla.

Paul Tillich ha hecho una aguda observación sobre la relación entre los descubrimientos de Jung y la metafísica. Habla de «la ansiedad de Jung por lo que él llama metafísica», y continúa diciendo:

> Me parece que esto no concuerda con sus descubrimientos reales, que en muchos puntos alcanzan profundamente la dimensión de una doctrina del ser, es decir, una ontología. Este miedo a la metafísica, que comparte con Freud y otros conquistadores del espíritu del siglo XIX, es una herencia de ese siglo [...]. Al tomar lo biológico y, por implicación necesaria, el reino físico en la génesis de los arquetipos, en realidad ha alcanzado la dimensión ontológica «impresa en el continuo biológico». Y esto era inevitable, dado el poder revelador que atribuye a los símbolos en los que los arquetipos se expresan a sí mismos. Para revelar el misterio del ser, que es lo que necesita ser revelado, este debe ser expresado.[4]

Por supuesto, Jung no tenía miedo de la metafísica. Exploró ese reino con gran valentía. No le tenía miedo a la metafísica, sino a los metafísicos. Aunque las imágenes no mienten, los mentirosos pueden inventar significados. Del mismo modo, aunque la realidad metafísica puede ser demostrada hasta cierto punto por los métodos del empirismo psicológico, aquellos que no comprenden estos métodos pueden hacer mal uso de los hallazgos realizados. Aunque Tillich está equivocado acerca de la naturaleza de la ansiedad de Jung, destaca una cuestión importante: que las imágenes simbólicas del inconsciente, para ser reveladoras, «deben expresar aquello que necesita revelación, es decir, el misterio del ser». En *Aion*, Jung dice algo parecido:

---

[4] Carl Gustav Jung, *A Memorial Meeting,* The Analytical Psychology Club of New York, 1962, pág.31.

> Es posible [...] relacionar los conceptos llamados metafísicos, que han perdido su conexión con la experiencia natural, con los procesos psíquicos vitales universales, para que puedan recuperar su significado verdadero y original. De esta forma, la conexión se restablece entre el ego y los contenidos proyectados, que ahora se formulan como ideas «metafísicas».[5]

Esta es una declaración psicológica redactada cuidadosamente. Se podría agregar que un contenido metafísico proyectado, cuando se retira de la proyección, aún puede conservar su calidad metafísica.

Sabemos que, ocasionalmente, los sueños revelan, hasta cierto punto, el «misterio del ser». Por lo tanto, estos mensajes pueden llamarse metafísicos, es decir, más allá de las concepciones físicas u ordinarias de la vida. Además, estos sueños personales, aunque usan imágenes únicas y transmiten una revelación individual a quien sueña, tienden también a expresar un punto de vista general o común, una especie de filosofía perenne del inconsciente que parece tener una validez más o menos universal. Esta validez general se puede entender mejor cuando se considera que está basada en la universalidad del impulso de individuación.

2. Una serie de sueños «metafísicos»

Hace algunos años tuve la oportunidad de observar una notable serie de sueños que contenían muchas imágenes metafísicas. El soñador era un hombre que vivía cerca de la muerte. Por decirlo de alguna manera, estaba rodeado de muerte. Justo antes de que comenzara la serie de sueños, había intentado suicidarse de forma repentina, impulsiva y sin premeditación al tragarse todo un frasco de pastillas para dormir. Estuvo en coma y al borde de

[5] Jung, C.G., *Aion,* C.W., 9 ii, par. 65.

la muerte durante treinta y seis horas. Dos años y medio más tarde murió, con casi sesenta años, de un ictus.

Durante un período de aproximadamente dos años, este hombre venía a verme una vez por semana y hablaba de sus sueños. Nuestras sesiones difícilmente podían llamarse terapia. El paciente carecía de la capacidad objetiva y autocrítica para asimilar cualquier interpretación que le condujera a una consciencia de la sombra. Lo que sucedía era que observábamos los sueños juntos e intentábamos descubrir las ideas que intentaban expresar. Repetidamente, tuve la impresión de que el inconsciente estaba tratando de darle al paciente lecciones de metafísica, bien para ayudarlo a asimilar el significado de su cercanía con la muerte o para prepararlo a afrontar la muerte en un futuro cercano. Debo enfatizar que este hombre de ninguna manera había pasado por un proceso de individuación en la forma en que usamos el término. Sin embargo, muchas de las imágenes asociadas con el objetivo de ese proceso se le presentaron en los últimos sueños de su vida.

Durante un período de dos años, el paciente registró aproximadamente 180 sueños de los cuales alrededor de un tercio tenían claras alusiones metafísicas o trascendentales. Algunos de los sueños parecían estar presentados desde el punto de vista del ego y en ellos había una atmósfera de fatalidad y de tragedia. Al despertar de estos sueños, el paciente quedaba en un estado de profunda depresión. Otros sueños parecían ser una expresión de un punto de vista transpersonal y estos traían consigo una sensación de paz, alegría y seguridad. Como un ejemplo único de la primera categoría, citaré el siguiente sueño que tuvo seis meses antes de su muerte: *Estoy en casa pero no es ningún lugar en el que haya estado antes. Voy a la despensa para conseguir algo de comida. Los estantes están abarrotados de condimentos y especias, todos de la misma marca, pero no hay nada para comer. Siento que no estoy solo en la casa. ¿Está amaneciendo o es la brillante luz de la luna? Enciendo la luz pero viene de otra habitación. Algo cruje. No estoy solo. Me pregunto dónde está mi perro. Necesito más luz. Necesito más luz y más valor. Tengo miedo.*

Este sueño probablemente expresa el miedo anticipado del ego antes de conocer al intruso, la muerte. La luz ya no está con el ego, sino en la otra habitación. Recordamos las últimas palabras de Goethe, «más luz».

Solo hubo unos pocos sueños de este tipo. Fueron mucho más frecuentes los de la segunda categoría, que contenían imágenes transpersonales definitivas y que, según sentí, intentaban darle lecciones de metafísica. De este grupo, he seleccionado trece sueños para presentarlos y comentarlos. Aquí los presento en orden cronológico.

Sueño 1:

Debo aprender a hacer los ejercicios de una obra japonesa de Nō. Mi intención era que, al final de los ejercicios, mi cuerpo llegara a una posición física que sería el equivalente de un koan zen.

El teatro Nō de Japón es una forma de arte clásica y muy estructurada. Los actores usan máscaras y, en otros aspectos, también hay similitudes con el drama griego antiguo. El teatro Nō expresa realidades universales o arquetípicas; todo el énfasis está en lo transpersonal. Nancy Wilson Ross lo describe de la siguiente manera:

> Cualquiera que se preste a la experiencia atemporal del Nō, nunca se olvida de ello, aunque puede ser completamente incapaz de transmitir a los demás el sentido exacto de su peculiar encanto. El Nō explora el tiempo y el espacio en formas desconocidas para nuestra estética occidental [...]. Usa de manera inquietante la voz humana, en la cual la respiración normal ha sido suprimida artísticamente; las ocasionales notas largas, tristes y solitarias de una flauta; las señales agudas periódicas y los alaridos felinos del coro; el chasquido abrupto de palos y la variada tonalidad de tres tipos de tambores; los ligeros bailarines fantasmales; [...] el impacto de una invocación repentina en el escenario resonante donde cada «objeto» es representado por un símbolo; los disfraces extravagantes y lujosos; la realidad

> irreal de las máscaras de madera usadas por los participantes; sobre todo, el uso ingenioso del vacío y del silencio [...]. Estos son algunos de los elementos tradicionales que ayudan a crear la magia especial del Nō.[6]

El sueño dice, por lo tanto, que el paciente debe practicar la relación con las realidades arquetípicas. Debe dejar de lado las consideraciones personales y empezar a vivir «bajo el aspecto de la eternidad». La consecuencia de estos ejercicios será que su cuerpo se convierte en un koan zen. Un koan es una anécdota o afirmación paradójica utilizada por el maestro zen con la esperanza de que ayude al alumno a abrirse paso a un nuevo nivel de conciencia (iluminación, *satori*[7]). Suzuki da el siguiente ejemplo. Un alumno le pregunta al maestro, ¿qué es el Zen? Él responde: «Cuando tu mente no está viviendo en el dualismo entre el bien y el mal, ¿cuál es tu rostro original antes de que nacieras?».[8]

Estas preguntas están destinadas a romper el estado ligado al ego y darnos una idea de la realidad transpersonal, en términos junguianos, del Sí-mismo. Un erudito budista después de experimentar el satori, quemó sus comentarios previamente atesorados sobre el Sutra del Diamante y exclamó: «Sin importar cuán profundo sea el conocimiento de la filosofía incomprensible, es como un cabello que vuela en la inmensidad del espacio; no importa cuán importante sea la experiencia de las cosas mundanas, es como una gota de agua arrojada a un abismo insondable».[9]

Creo que podemos suponer que el sueño trata de transmitir una actitud como esta: instar al soñador a renunciar a su actitud personal y centrada en el ego como preparación para abandonar este mundo.

---

[6] Ross, Nacy Wilson, *The World of Zen*. New York, Random House, 1960, pág. 167 y sig.

[7] N. de T.: En japonés significa, literalmente comprender, y se refiere a la iluminación espiritual temporal.

[8] Suzuki, D. T., *An Introduction to Zen Buddhism,* New York, Philisophical Library, 1949, pág. 104.

[9] Ibíd., pág. 94.

Sueño 2:

Estaba *con varios compañeros en un paisaje estilo Dalí en el que las cosas parecían estar aprisionadas o fuera de control. Había incendios por todas partes, fuegos que salían del suelo y estaban a punto de engullir el lugar. Con un esfuerzo colectivo logramos controlar los incendios. En el mismo paisaje encontramos a una mujer tendida de espaldas sobre una roca. El lado frontal de su cuerpo era de carne, pero la parte posterior de la cabeza y el cuerpo formaba parte de la roca viva sobre la que yacía. Tenía una sonrisa deslumbrante, casi beatífica, que parecía aceptar su terrible situación. El control de los incendios parecía haberle causado una metamorfosis de algún tipo. Comenzó a aflojar la roca de su espalda para que finalmente pudiéramos sacarla de allí. Aunque todavía era, en parte, de piedra, no parecía demasiado pesada y continuaba cambiando. Sabíamos que ella volvería a estar completa de nuevo.*

El paciente tenía una asociación específica con este sueño. Los fuegos le recordaban el fuego que se decía que acompañaba a Hades cuando emergió de la tierra para capturar a Perséfone. El soñador había visitado Eleusis una vez y se le mostró el lugar donde se suponía que había surgido Hades. También se acordó de una estatua inacabada de Miguel Ángel. *(imagen 40).*

Una figura que sale de la roca nos recuerda el nacimiento de Mitra de la *petra genetrix*. El sueño también tiene otra analogía con el mito de Mitra. Una de las primeras tareas de Mitra fue domar al toro salvaje. De forma similar, en el sueño, el control de los fuegos estaba de alguna manera conectado con la aparición de la mujer en la roca. Al controlar los fuegos, una mujer viva es extraída de la piedra. Esto se corresponde con el soltar de Sofía del abrazo de la *Physis*, que se logra cuando se sofocan los fuegos del deseo. En un sueño posterior, se encuentra nuevamente la personificación femenina de la Sabiduría o el Logos. La imagen también sugiere la separación del alma de la materia o del cuerpo que está asociado con la muerte.

Hay una imagen similar en el antiguo texto alquímico griego

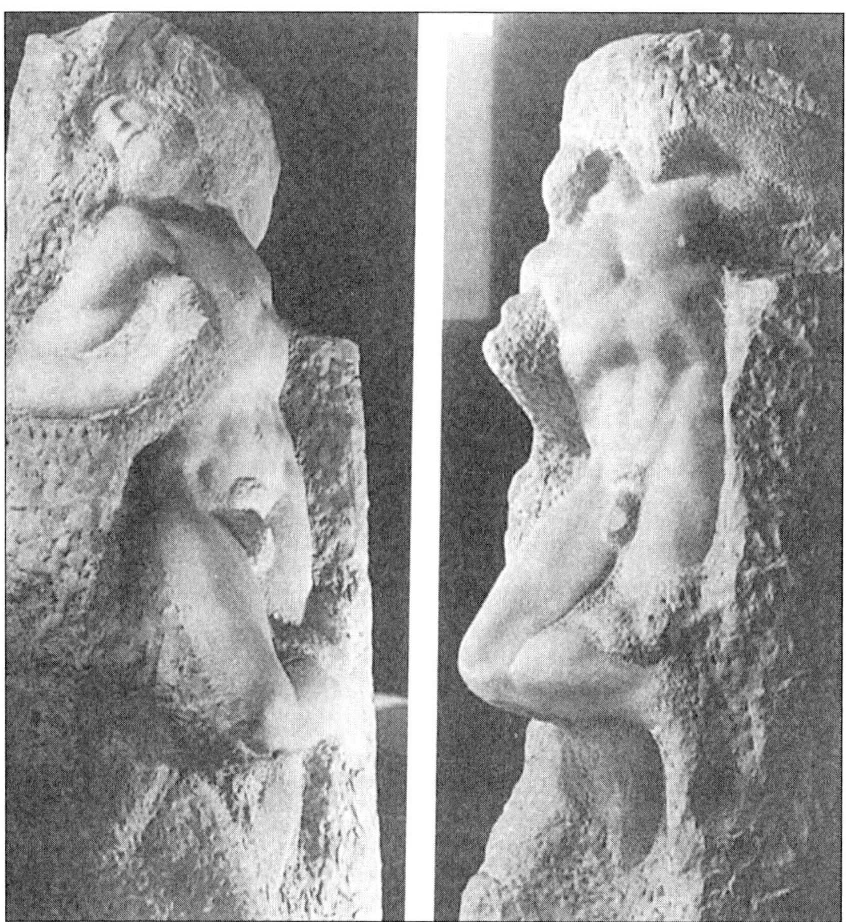

Imagen 40. EL GIGANTE QUE DESPIERTA de Miguel Ángel.

de Zósimo: «Ve a las aguas del Nilo y allí encontrarás una piedra que tiene un espíritu (pneuma). Tómala, divídela, exprímela en tu mano y saca su corazón: porque su alma (psique) está en su corazón».[10] Una nota adicional al texto indica que esto se refiere a

[10] Berthelot, M.P.E., *Collection des ancients alchimistes grecs,* Paris, 1887-1888, 3 vols., reimpreso por Holland Press, London, 1963, III, vi. 5. Citado por Jung, *Psychology and Alchemy,* C.W., 12 par. 405.

la expulsión del mercurio. Es la idea alquímica de extraer el alma o el espíritu que está aprisionado en la materia y correspondería al proceso psicológico de extraer el significado de una experiencia concreta (una piedra de tropiezo, 1 Pedro 2:8). En el contexto de la situación del soñador, tal vez lo que se extraía era el significado de su vida terrenal.

También debemos considerar la asociación del soñador con Hades, Perséfone y el presunto sitio del secuestro de esta en Eleusis. Esta asociación nos permite considerar el sueño como una versión individual moderna de los misterios eleusianos. En la antigua Grecia, la iniciación en los misterios se consideraba muy importante para determinar el destino de uno en el más allá. En el Himno homérico a Deméter leemos:

> Feliz es aquel de entre los hombres sobre la tierra que ha visto estos misterios; pero el que no es iniciado y que no tiene parte en ellos, no tiene nada meritorio una vez que está muerto, en la oscuridad y en la pesadumbre.[11]

Platón hace la misma consideración:

> ... los que han establecido las purificaciones no eran personajes despreciables, sino grandes genios, que desde los primeros tiempos han querido hacernos comprender por medio de estos enigmas, que el que vaya a los infiernos sin estar iniciado y purificado, será precipitado en el fango; y que el que llegué allí después de haber cumplido con las expiaciones, será recibido entre los dioses.[12]

Aunque se sabe poco sobre el contenido de los misterios de Eleusis, deben haber incluido un ritual de muerte y resurrección, ya que el mito de Deméter-Kore se refiere a este tema. El descenso de Perséfone al inframundo y el posterior acuerdo por el cual

[11] Hesíodo, *The Homeric Hymns and Homerica* (Loeb Classical Library), Cambridge, Harvard University Press, 1914, pág. 323, líneas 480 y sig.

[12] Platon, *Fedón. Platón: Obras Completas,* edición de Patricio de Azcárate, Madrid, 1871.

pasa parte del año sobre la superficie y parte del año en el inframundo es una referencia definitiva al espíritu de la vegetación verde que muere y renace cada año. Por lo tanto, el sueño alude a la resurrección. La mujer que se desconecta de la roca corresponderá a Perséfone que regresa del inframundo. Esta línea de interpretación se verifica mediante un sueño posterior en la serie en la que se representa específicamente el espíritu de la vegetación verde que simboliza la resurrección.

3. Retorno al principio

Sueño 3:

Fue una escena extraña. Parecía estar en África, de pie, al borde de una sabana que se extendía tanto como alcanzaba a ver. Las cabezas de los animales emergían del suelo unas, y otras habían ya emergido. Había mucho polvo. Mientras miraba a algunos animales, todos emergieron por completo. Algunos eran bastante mansos, otros bastante salvajes. Un rinoceronte y una cebra embestían de aquí para allá levantando una gran cantidad de polvo. Me preguntaba si este era el Jardín del Edén.

Este sueño tiene cierta similitud con el anterior. Una vez más, las criaturas vivientes están saliendo de la tierra sólida. El soñador comentaba que sentía que se le permitía mirar la creación original. Es una reminiscencia de la observación de un alquimista:

> Tampoco estés ansioso por preguntar si realmente poseo este tesoro precioso (la piedra filosofal). Mejor pregúntate si he visto cómo se creó el mundo; si estoy familiarizado con la naturaleza de la oscuridad egipcia; [...] cuál será la apariencia de los cuerpos glorificados en la resurrección final.[13]

Este autor está demostrando que sabía que el secreto alquími-

[13] Waite, A.E., traductor, *The Hermetic Museum*, London, John W. Watkins, 1953, Vol. I, pág. 8.

co no era una sustancia, sino un estado de consciencia, una percepción del nivel arquetípico de la realidad.

Al final de su vida personal, al soñador se le está mostrando el comienzo universal de la vida. Las formas vivas están emergiendo de la tierra amorfa e inorgánica. El énfasis en el polvo nos recuerda el uso de esta imagen en el Génesis. «Dios formó al hombre del polvo de la tierra» (Génesis 2:7). «Polvo eres y al polvo volverás» (Génesis 3:19). El polvo es tierra seca pulverizada. Es similar a las cenizas y la palabra hebrea «aphar», traducida aquí como polvo, también significa cenizas. Las cenizas son el resultado de la *calcinatio* alquímica a la que aludía el fuego del segundo sueño. Pero según el tercer sueño, de las cenizas y polvo de la vida calcinada, emerge una nueva vida.

Poco después hubo otro sueño sobre la sabana:

Sueño 4:

Otra vez el paisaje de la sabana. Varias hectáreas de terreno vacío. Dispersas alrededor habían hogazas de pan de diversas formas. Parecían quietas y estables como piedras.

Nuevamente tenemos el símbolo de la piedra que surgió primero en el sueño 2. Allí había una piedra que no era una piedra, sino una mujer. En el sueño presente, es una piedra que no es una piedra, sino una hogaza de pan. Este motivo de la piedra que no es una piedra es bien conocido en alquimia *(lithos ou lithos)*.[14] Es una referencia a la Piedra Filosofal que según Ruland «es una sustancia que es pétrea en cuanto a su eficacia y virtud, pero no en cuanto a su sustancia».[15] Esta declaración sería una alusión a la realidad de la psique.

En el cuarto capítulo del Evangelio de Mateo, las imágenes del pan y la piedra están conectadas. Durante la tentación de Jesús en el desierto, el diablo le dijo: «Si eres el Hijo de Dios, di que

---

[14] Berthelot, *op. Cit., I iii. 1.*

[15] Ruland, Martin, *A Lexicon of Alchemy,* traducido por Waite, A.E., London, John M.Watkins, 1964, pág.189.

estas piedras se conviertan en pan». Pero él respondió: «Escrito está: No sólo de pan vive el hombre, sino de toda palabra que sale de la boca de Dios» (Mateo 4:3,4). De nuevo en Mateo 7:9, la piedra y el pan están vinculados: «¿quién de vosotros es el que si su hijo le pide pan, le da una piedra?» Estos pasajes establecen que el pan es un requisito humano, que la piedra no satisface las necesidades humanas, y esa voluntad de convertir la piedra en pan (es decir, unir estos opuestos) es una prerrogativa de la deidad. Así, este sueño ofrece una visión detrás de la barrera metafísica o, como lo llama Jung, la cortina epistemológica, las figuras detrás de las cuales hay «uniones imposibles de opuestos, seres trascendentales que solo pueden ser percibidos por los contrastes».[16]

Sueño 5:

Fui invitado a una fiesta para Adán y Eva. Ellos nunca habían muerto. Fueron el principio y el final. Me di cuenta de esto y acepté su existencia permanente. Ambos eran enormes, de gran tamaño, como las esculturas de Maillol. Tenían un aspecto escultural y no humano. La cara de Adán estaba velada o cubierta y yo deseaba saber cómo era. Me atreví a tratar de descubrir su rostro y lo hice. La cubierta era una capa muy pesada de musgo, o algún otro tipo de materia vegetal. Lo aparté solo un poco y miré hacia detrás. Su cara era amable pero aterradora: era como un gorila o como un simio gigante de algún tipo.

El lugar en el que se celebra esta fiesta es, obviamente, el reino eterno y arquetípico. Las representaciones nunca mueren, sino que viven en un presente eterno. El «Reino de los Cielos» es el lugar donde uno se encuentra con las celebridades antiguas. Mateo 8:11 dice: «Os digo, pues, que vendrán muchos del Oriente y del Occidente y se sentarán a la mesa con Abraham, Isaac y Jacob en el Reino de los Cielos».

Se decía que las figuras de los sueños eran tanto principio como fin. Tradicionalmente, la característica de ser tanto princi-

[16] Jung, C.G., Carta a John Trinick, *op. cit.*, pág. 10.

pio como fin nunca se le ha aplicado a Adán. Sin embargo, sí que se aplica a Cristo, que fue llamado el segundo Adán. Como Logos, existió desde el principio y fue el agente de la creación (Juan 1:1-3). Todo el pasaje del apóstol Pablo sobre la resurrección que menciona al segundo Adán (*deuteros Anthropos*) es relevante para este sueño:

> Fue hecho el primer hombre Adán alma viviente; el postrer Adán, espíritu vivificante [...]. El primer hombre es de la tierra, terrenal, el segundo hombre, que es el Señor, es del cielo [...]. Y así como hemos traído la imagen del terrenal, también traeremos también la imagen del hombre celestial [...]. He aquí, os digo, un misterio. No todos dormiremos, pero todos seremos transformados, en un momento, en un abrir y cerrar de ojos, a la final trompeta; porque se tocará la trompeta, y los muertos serán resucitados incorruptibles, y nosotros seremos transformados. Porque es necesario que esto corruptible se vista de incorrupción, y esto mortal se haya vestido de inmortalidad.[17]

Adán, como primer hombre, es una imagen del *Antropos*, el hombre primigenio de la especulación gnóstica. Según el tratado hermético gnóstico, *Poimandres*, la Mente eterna dio a luz al *Antropos* que luego cayó en el mundo de la existencia espacio-temporal porque la «Naturaleza» lo amaba:

> Y la Naturaleza tomó al objeto de su amor y se enrolló completamente a su alrededor, y se mezclaron, porque eran amantes. Y esta es la razón por la cual más allá de todas las criaturas en la tierra, el hombre es doble; mortal debido al cuerpo, pero debido al hombre esencial, es inmortal.[18]

El *Anthropos* es la forma preexistente del hombre, la eterna idea platónica, el pensamiento divino que se encarnó con el abrazo

---

[17] 1 Corintios 15:45-53, *La Biblia,* edición Nácar-Colunga, 1960.

[18] Mead, G.R.S., editor, *Thrice-Greatest Hermes,* London, John M. Watkins, 1964, Vol. II, pág. 6 y sig.

de *Physis*. Por lo tanto, el soñador sugiere que se le está mostrando el «rostro original» de Adán, antes del nacimiento del ego, y esto implica que está por llegar un proceso de desencarnación.

Sueño 6:

Estoy en un jardín. El lugar se llama «Los pensamientos de Dios». Aquí se cree que las doce Palabras de Dios son para conquistar el mundo. Sus paredes están cubiertas, como un nido, con hiedra y algo suave como el plumón o la piel. Yo, junto a otros, estoy caminando dentro del recinto. La fuerza de las palabras viene con la fuerza de una explosión o de un terremoto que nos tira al suelo. Las paredes acolchadas evitan que uno se lastime. Es costumbre, en este recinto, caminar junto a las paredes. El objetivo es completar el círculo en el sentido de las agujas del reloj o al contrario. A medida que caminamos, el área se hace más pequeña y más íntima, más acolchada y más como un nido. El caminar en sí parece tener algo que ver con el proceso de aprendizaje.

Este sueño elabora temas a los que han aludido los sueños anteriores. De nuevo, el soñador es llevado al comienzo preexistente, a la fuente del Logos. No conozco ninguna referencia a las doce palabras de Dios; sin embargo, en la Cábala, a veces se dice que el nombre divino consiste en doce letras.[19] De forma más común, se piensa que tiene cuatro letras, el Tetragrámaton formado por las letras *yod, he, vau y he*. Según Mathers, el tetragrámaton «tiene doce transposiciones posibles, y todas transmiten el significado de "ser"; es la única palabra que tiene tantas transposiciones sin que se altere su significado. Se los llama "los doce estandartes del poderoso nombre" y algunos dicen que gobiernan los doce signos del zodiaco».[20]

El sueño deja claro que el jardín de los pensamientos de Dios

---

[19] Waite, A.E., *The Holy Kabbalah,* reimpreso por University Books, New Hyde Park, New York, pág. 617.

[20] Mathers, S. L., MacGregor, traductor, *The Kabbalah Unveiled,* London, Routledge and Kegan Paul, 1962, pág. 30 y sig.

es un círculo con doce palabras que emanan de él. Por tanto, sería equivalente a los signos del Zodiaco que son una diferenciación en doce partes del círculo del año. Otros paralelismos serían los doce hijos de Jacob y los doce discípulos de Cristo. Los panteones de muchos pueblos estaban formados por doce dioses. Según Heródoto, los egipcios fueron los primeros en nombrar a los doce dioses.[21]

Una característica inusual es que se dice que las doce palabras de Dios conquistan el mundo. La función típica del Logos es crear el mundo, no conquistarlo. Tal vez esto es una alusión al hecho de que, en breve, el ego consciente (mundo = ego) se extinguirá en la muerte. La misma idea está implícita en el hecho de que el nido circular se hace más pequeño a medida que se recorre, convirtiéndose cada vez más en un útero acolchado. El símbolo del nido enfatiza el aspecto maternal, protector y de contención, de regreso a la fuente metafísica, y seguramente será tranquilizador para el ego que está ansioso por la muerte. El nido donde se ponen y eclosionan los huevos también tiene implicaciones de renacimiento. Por ejemplo, se nos dice que en Egipto el festival de Año Nuevo se llamaba «el día del niño en el nido».[22]

El nido estaba cubierto de hiedra. Según Frazer, la hiedra era sagrada tanto para Atis como para Osiris. Los sacerdotes de Atis se tatuaban con un patrón de hojas de hiedra. Como la hiedra es de hoja perenne, Frazer sugiere que podía haber representado «la confirmación de una vida divina, de algo exento de las tristes vicisitudes de las estaciones, constante y eterno como el cielo [...]».[23] La hiedra perenne está aún relacionada más explícitamente con Osiris como el espíritu inmortal de la vegetación. Esta imagen tiene una expresión más completa en el sueño 9.

---

[21] Heródoto, *Histories, II, 4.*

[22] Erman, Adolf, *The Religion of the Egyptians,* citado por Neumann, E., *The Great Mother,* Princeton University Press, 1955, pág. 243.

[23] Frazer, James G., «Adonis, Attis, Osiris», Parte IV de *The Golden Bough,* reimpreso por University Books, New Hyde Park, New York, 1961, Vol. I, pág. 277 y sig.

4. La dimensión trascendente

Sueño 7:

Dos boxeadores están involucrados en una pelea ritual. Su pelea es hermosa. En el sueño, no son tanto rivales como colaboradores que elaboraban un diseño planificado. Están tranquilos, imperturbables y concentrados. Al final de cada ronda se retiran a un vestuario. En el vestuario se aplican «maquillaje». Veo a uno de ellos sumergir su dedo en un poco de sangre y untarlo en la cara de su oponente y en la suya propia. Vuelven al ring y reanudan su actuación, rápida, furiosa pero totalmente controlada.

Este sueño le da a uno la sensación espeluznante de que es una visión de cómo la vida humana aparece más allá del velo de Maya. La lucha entre los opuestos se reconcilia al ser vista como parte de un diseño mayor. Hay una pelea, pero nadie se lastima, es solo un bello espectáculo dramático. Hay sangre, pero es solo «maquillaje», que pertenece al mundo de la apariencia y la ilusión. La lección del sueño parece muy similar a la dada por Krishna a Arjuna en el *Bhagavad Gita*, donde también está la imagen de la lucha, la guerra en la que Arjuna no quiere participar:

> ¡Oh, poderoso entre los hombres! El que está sereno y no se aflige por estas sensaciones, sino que es el mismo en el placer y en el dolor, está en condiciones de alcanzar la inmortalidad. No hay existencia para lo irreal y lo real nunca puede ser inexistente. Los Videntes de la Verdad conocen la naturaleza y los finales definitivos tanto del dolor como del placer. Debes saber que es indestructible por aquello de lo que todo esto está impregnado. Nadie es capaz de destruir a ese Inmutable. Estos cuerpos son perecederos; pero los habitantes de estos cuerpos son eternos, indestructibles e impenetrables. ¡Por lo tanto, lucha, oh descendiente de Bharata! Aquel que considera que este (el Sí-mismo) es un asesino o el que piensa que este (el Sí-mismo) es asesinado, ninguno de ellos conoce la Verdad. Porque no mata ni es matado. Este (el Sí-mismo) nunca nace, ni muere, ni después

de haber sido entra en el no ser. Este (el Sí-mismo) es nonato, eterno, inmutable, ancestral.[24]

Sueño 8:

Hay tres cuadrados, son unidades de calefacción hechas de bobina de metal o de tubos de neón. Representan mis problemas sexuales. Ahora han sido desconectados y están siendo limpiados. Hay un nuevo concepto mundial de Dios, una ampliación de la consciencia de la inmensidad del universo. En el contexto de la eternidad, una cosa tan temporal como un problema sexual es inconsecuente. El lavado es, en cierto sentido, un lavado ritual, una limpieza de los tres cuadrados para dejarlos caer en su lugar natural en la inmensa totalidad.

En el sueño, mi mente jugaba con la imagen visual de los tres cuadrados. De forma natural dibujaba un círculo primero dentro de cada uno, y luego fuera de cada uno.

En el sueño, la referencia al reino eterno y divino, en contraste con el dominio temporal y personal, se hace explícita. Los tres cuadrados aparentemente representan la existencia individualizada personal del soñador en el espacio y en el tiempo. Están asociados con la sexualidad, la fuente de calor o de energía. El hecho de que haya tres cuadrados plantea el significado simbólico de la triada que he tratado en el capítulo 7. La Trinidad se refiere a la existencia dinámica en la realidad histórica. Expresa la dolorosa dialéctica del proceso de desarrollo que procede de acuerdo con la fórmula hegeliana de tesis, antítesis, síntesis.

El cuadrado, por otro lado, es una imagen cuádruple que expresa la totalidad haciendo énfasis en los aspectos estáticos, estructurales y de contención. En el simbolismo oriental, el cuadrado representa la tierra en contraste con el cielo. De acuerdo con una idea antigua, el alma humana es un cuadrado.[25] En contraste, el círculo es un símbolo común de Dios y de la eternidad. Así,

[24] *Bhagavad Gita, II, 15-20,* traducido por Swami Paramandenda, *The Wisdom of China and India,* The Modern Library, New York, Random House, 1942, pág. 62.

[25] Jung, C. G., *Psychology and Religion: West and East,* C.W., 11, åpar. 124.

cuando el soñador dibuja un círculo dentro del cuadrado y otro que rodea el cuadrado, combina lo individual y lo personal con lo eterno y lo transpersonal. El sueño expresa la misma idea en su afirmación de que los cuadrados «caen en su lugar natural en la inmensa totalidad».

La imagen de un cuadrado que contiene un círculo y está rodeada por un círculo ◎ tiene paralelismos en la alquimia. Si nos movemos de dentro hacia afuera, el círculo interno correspondería a la *prima materia*, el caos original sin límites. El cuadrado representaría la separación de la *prima materia* en los cuatro elementos, es decir, la diferenciación que el ego consciente hace del conjunto original indiferenciado. Sin embargo, como afirma Jung, el cuadrado es una forma imperfecta porque, «en el cuadrado, los elementos están todavía separados y son hostiles entre sí».[26] Por lo tanto, es necesario reunirlos en una unidad superior, la quintaesencia, que correspondería al círculo exterior rodeando el cuadrado. Según el sueño, esta reunificación del cuadrado es un proceso para encontrar su «lugar natural en la inmensa totalidad».

La condición psicológica del primer círculo, antes de la aparición de la cuadratura, es bellamente descrita por Alce Negro, un hombre santo sioux. Él condena el hecho de que los indios vivan ahora en casas cuadradas. Dice:

> [...] hicimos estas pequeñas casas grises de troncos que ves, y son cuadradas. Es una mala forma de vivir, porque no puede haber poder en un cuadrado.
>
> Habréis notado que todo lo que hace un indio está en un círculo, y eso se debe a que el Poder del Mundo siempre funciona en círculos, y todo tiende a ser redondo. En los viejos tiempos, cuando éramos personas fuertes y felices, todo nuestro poder provenía del aro sagrado de la nación, y mientras el aro no se rompiera, el pueblo progresaba. El árbol floreciente era el centro viviente del aro, y el círculo de los cuatro cuartos lo nutría.

[26] Jung, C.G., *The Practice of Psychotherapy,* C.W., 16, par. 402.

> El este dio paz y luz, el sur dio calor, el oeste dio lluvia, y el norte con su viento frío y poderoso dio fuerza y resistencia. Este conocimiento del otro mundo vino a nosotros con nuestra religión. Todo lo que hace el Poder del Mundo es hecho en un círculo. El cielo es redondo, y he oído que la tierra es redonda como una pelota, y también lo son todas las estrellas. El viento, en su mayor expresión de potencia, da vueltas. Las aves hacen sus nidos en círculos, porque su religión es la misma que la nuestra. El sol sale y se pone en un círculo. La luna hace lo mismo, y ambos son redondos. Incluso las estaciones forman un gran círculo en su cambio, y siempre vuelven a donde estaban. La vida de un hombre es un círculo desde la niñez hasta la niñez, y así sucede en todo donde se mueve el poder. Nuestros *tipis* eran redondos como los nidos de las aves, y estos siempre estaban dispuestos en un círculo, el aro de la nación, un nido de muchos nidos, donde el Gran Espíritu quería que criáramos a nuestros hijos. Pero los Wasichus (hombres blancos) nos pusieron en estas cajas cuadradas. Nuestro poder se ha ido y nos estamos muriendo, porque el poder ya no está en nosotros.[27]

Sueño 9:

Estoy solo en un gran jardín arreglado como los que se encuentran en Europa. La hierba es un tipo inusual de césped, de siglos de antigüedad. Hay grandes setos de boj y todo está completamente ordenado. Al final del jardín veo un movimiento. Al principio parece ser una enorme rana hecha de hierba. Al acercarme, veo que en realidad es un hombre verde, hecho de hierba. Está danzando. Es muy hermoso y pienso en la novela de Hudson, «Mansiones Verdes». Me dio una sensación de paz, aunque no podía entender lo que estaba viendo.

En este sueño, tenemos una representación notablemente explícita del espíritu de la vegetación que jugó un papel tan importante en la mitología antigua y que ha sido tratado ampliamente

[27] Neihardt, John G., *Black Elk Speaks,* Lincoln, University of Nebraska Press, 1961, pág. 198 y sig.

en *La Rama Dorada* de Frazer. La imagen más desarrollada en esta categoría es Osiris como espíritu del cereal, espíritu del árbol y Dios de la fertilidad. La muerte y el renacimiento de la vegetación eran episodios de su drama: «La hiedra era sagrada para él, y se la llamaba su planta porque siempre estaba verde».[28]

Sobre el simbolismo del verde, Jung dice: «En la esfera de la psicología cristiana, el verde tiene una cualidad espermática y procreadora, y por esta razón es el color atribuido al Espíritu Santo como principio creativo».[29] Y más adelante: «El verde es el color del Espíritu Santo, de la vida, de la procreación y de la resurrección».[30] Un ejemplo del verdor del Espíritu Santo se encuentra en el «Himno al Espíritu Santo» de Hildegarda de Bingen: «De ti las nubes sueltan su lluvia, los cielos se mueven, las piedras se humedecen, las aguas producen arroyos, y la tierra transpira en verdor».[31] Este pasaje tiene un estrecho paralelo en un antiguo himno egipcio a Osiris que dice: «por él el verde se expande por el mundo».[32] Otra conexión entre el verdor y la vida resurgente se encuentra en un texto de la pirámide egipcia. Este pasaje evoca a *Khepter* (Khoprer, Khopri, «el que se vuelve uno»)[33] el dios escarabajo, que es el sol naciente: «¡Salve, Oh, Dios! [...] el que dió la vuelta, Khepter [...]. ¡Salve, Oh Verde! [...]».[34]

El verdor es una imagen importante en la alquimia. Algunos textos se refieren a él como *benedicta viriditas*, bendito verdor. Según Johann Daniel Mylius, el Alma del Mundo, o *Anima Mundi*, es verde:

> Dios respiró en las cosas creadas [...] una cierta germinación o

[28] Frazer, *op. cit.*, Vol.II, pág. 112.

[29] Jung, C. G., *Mysterium Coniunctionis*, C.W., 14, par. 137.

[30] Ibíd., par. 395.

[31] Jung, C.G., *Psychology and Religion: East and West*, C.W., 11, par. 151.

[32] Frazer, *op. cit.*,Vol. II, pág. 113.

[33] Clark, R. T. Rundle, *Myth and Symbol in Ancient Egypt*, New York, Grove Press, 1960, pág. 40.

[34] Budge, E. A. Wallis, *Osiris the Egyptian Religion of Resurrection*, reimpreso por University Books, New Hyde Park, New York, 1961, Vol. II, pág. 355.

> verdor, por el cual todas las cosas deberían multiplicarse [...] llamaron a todas las cosas verdes, porque ser verde significa crecer [...] por lo tanto, esta virtud de la generación y la preservación de las cosas podría llamarse el Alma del mundo.[35]

En otro texto alquímico, la personificación femenina de la *prima materia* negra y rechazada dice: «estoy sola entre lo oculto; sin embargo, me regocijo en mi corazón, porque puedo vivir en secreto y renovarme en mí misma [...] bajo mi negrura he ocultado el verde más claro». Jung interpreta este pasaje de la siguiente manera:

> El estado de la transformación imperfecta, simplemente esperado con esperanza, no parece ser solo tormento, sino también felicidad positiva, aunque oculta. Es el estado de alguien que, en sus andanzas entre las imágenes de su transformación psíquica, encuentra una felicidad secreta que lo reconcilia con su aparente soledad. Al comunicarse consigo mismo, no encuentra el aburrimiento y la melancolía mortales, sino una pareja interna; más que eso, una relación que parece la felicidad de un amor secreto, o como una primavera escondida, cuando la semilla verde brota de la tierra estéril, ofreciendo la promesa de futuras cosechas. Es la alquímica *benedicta viriditas*, el bendito verdor, que significa por un lado la «lepra de las comidas» (el venenoso pigmento llamado cardenillo), pero por el otro la inmanencia secreta del espíritu divino de la vida en todas las cosas.[36]

A lo que Jung se refiere como la felicidad secreta que acompaña el descubrimiento del verde, correspondería, tal vez, a la sensación de paz que describe el soñador. Para este hombre que pronto va a morir, el inconsciente está presentando una imagen vívida y hermosa de la naturaleza eterna de la vida, cuyas manifestaciones particulares están desapareciendo continuamente, pero que está renaciendo continuamente en nuevas formas. El sueño

---

[35] Jung, C. G., *Mysterium Coniunctionis,* C.W., 14, par. 623.

[36] Ibíd., par. 623.

expresa la misma idea que las palabras de Pablo en su pasaje de resurrección: «La muerte ha sido devorada en la victoria. ¿Dónde está, muerte, tu victoria? ¿Dónde está, muerte, tu aguijón?» (I Corintios 15:54-55, Biblia de Jerusalén, 1976).

5. El término de la obra

Sueño 10:

Como en «Las leyendas de los judíos» de Ginsberg, donde Dios se comunicaba personalmente con varias personas, parecía que Dios me había asignado una prueba, desagradable en todos los sentidos, para la cual yo no estaba preparado de ninguna manera, ni técnica ni emocionalmente. Primero debía buscar y encontrar a un hombre que me estaría esperando, y juntos debíamos seguir exactamente las instrucciones. El resultado final fue que nos convertimos en un símbolo abstracto más allá de nuestra comprensión, con connotaciones religiosas, sagradas o de tabú. La tarea consistía en quitar las manos del hombre de sus muñecas, recortarlas y unirlas para hacer una forma hexagonal. Se eliminaban dos rectángulos, uno de cada mano, dejando algo parecido a ventanas. Los rectángulos en sí mismos también eran símbolos de gran valor. Los resultados debían ser momificados, secados y ennegrecidos. Todo llevó mucho tiempo, fue extremadamente delicado y difícil. Lo soportó estoicamente, ya que era su destino y el mío, y el resultado final, según creíamos, era lo que se exigía. Cuando miramos el símbolo que había resultado de nuestras labores, tenía un aura impenetrable de misterio. Ambos estábamos exhaustos por la dura prueba.

El soñador había ojeado el libro «Las Leyendas de los judíos» de Ginsberg en la casa de un amigo, pero no lo había leído en su extensión. Además, su conocimiento del Antiguo Testamento era mínimo. El sueño es una reminiscencia de las tareas impuestas a los individuos por Jahvé, por ejemplo, a Jonás, a Oseas, etc. Si la vida de uno se rige por el sentido de una tarea divina, esto significa psicológicamente que el ego está subordinado al Sí-mismo y que ha sido liberado de las preocupaciones egocéntricas. Algo de esta idea está indicado por la naturaleza de la tarea impuesta en el sueño. Las manos de un hombre deben ser amputadas. Esta imagen primitiva, y bastante espeluznante, expresa un proceso psicológico. La misma imagen aparece en la alquimia cuando al león se le cortan sus patas[37] *(imagen 41)* y, en una forma más extrema, en el hombre desmembrado del tratado de *Splendor Solis (imagen 42).*[38] Las manos son la agencia de la voluntad consciente. Por lo tanto, cortarlas se correspondería con la experiencia de la impotencia del ego. En palabras de Jung, «la experiencia del Sí-mismo es siempre una derrota para el ego».[39]

El siguiente paso en la tarea del sueño era unir las manos amputadas en un hexágono. Aquí tenemos una referencia a la unión de los opuestos, la derecha y la izquierda, el consciente y el inconsciente, lo bueno y lo malo. El producto de la unión es una cifra seis veces mayor. Un conocido símbolo hexadecimal, que también está hecho de la unión de dos elementos similares, pero que contrastan es el llamado Sello de Salomón. ✡ Consiste en dos triángulos, uno que apunta hacia arriba y otro hacia abajo. Para los alquimistas representaba la unión de fuego (Δ) y agua (∇). Para otros, ha significado lo interpenetración de la trinidad del espíritu (que apunta hacia arriba) con la trinidad ctónica de la materia (que apunta hacia abajo) y, por lo tanto, simboliza el proceso de interrelación entre las dos. El número seis está asociado con la finalización o el cumplimiento de una tarea creativa. En Génesis, el mundo fue creado en seis días con el acto final, la creación de Adán, en el sexto día. Jesús fue crucificado el sexto día de la semana. De acuerdo con Joannes Lyndus, citado por Jung,

---

[37] Jung, C. G., *Psychology and Alchemy,* C.W., 12. Fig. 4.

[38] Trismosin, Solomon, *Splendor Solis,* reimpreson por Kegan, Paul, Trench, Trubner and Company, London, Lámina X.

[39] Jung, C. G., *Mysterium Coniunctionis,* C.W., 14, par. 778.

Imagen 41. LEÓN CON LAS PATAS CORTADAS, dibujo alquímico.

> El número 6 es el que requiere más habilidad para ser engendrado, porque es, a la vez, par e impar, participando tanto de la naturaleza activa a causa de ser impar, como de la naturaleza material por causa de ser par, por lo cual los antiguos también lo llamaron matrimonio y armonía [...]. Y dicen también que es tanto masculino como femenino [...]. Y otros dicen que el número seis produce alma porque se multiplica en la esfera del mundo, y porque en ella los opuestos se mezclan.[40]

Resumiendo el significado de estas amplificaciones, el sueño parece decir que debe realizarse una tarea mediante la cual los poderes del ego individual, tanto para el bien como para el mal, se separan o se extraen de su unión con ese ego y se reúnen en una imagen abs-

[40] Jung,C. G., *The Practice of Psychoteraphy,* C.W., 16. 451, n. 6.

Imagen 42. EL HOMBRE DESMEMBRADO, dibujo alquímico.

tracta o suprapersonal. Cuando se agregan las dos ventanas rectangulares, se crea un efecto bastante misterioso que recuerda a una máscara primitiva. El resultado es una imagen geométrica que me atrevo a sugerir que es una representación simbólica del rostro de Dios.

Sueño 11:

Hay una oscuridad, pero con una luminosidad que no se puede describir. Una oscuridad que de alguna manera brilla. De pie en ella hay una hermosa mujer dorada, con una cara casi de Mona Lisa. Ahora me doy cuenta de que el brillo emana de un collar que usa. Es de gran delicadeza: pequeñas turquesas, cada una rodeado de oro rojizo. Tiene un gran significado para mí, como si hubiera un mensaje en la imagen completa si tan solo pudiera romper con su vaguedad.

El soñador, que estaba bastante desinformado acerca de la filosofía y de la religión, no conocía el pasaje inicial en el Evangelio de Juan sobre el Logos. Este mensaje es ciertamente relevante para el sueño.

> Al principio era el Verbo y el Verbo estaba en Dios, y el Verbo era Dios. Él estaba al principio con Dios. Todas las cosas fueron hechas por él, y sin él no se hizo nada de cuanto ha sido hecho. En él estaba la vida, y la vida era la luz de los hombres. La luz luce en las tinieblas, pero las tinieblas no la abrazaron (Juan 1:1-5).

La doctrina del Logos que expone Juan aplica a Cristo la teoría del Logos de la filosofía helenística. Cristo se convirtió en la Palabra creadora o el Pensamiento de Dios que había estado con Él desde el principio. En los círculos gnósticos, el Logos se equiparaba con Sofía, la personificación femenina de la Sabiduría. La misma imagen ya había aparecido en la literatura sapiencial hebrea. Por ejemplo, se menciona en esta oración a Dios: «Contigo está la Sabiduria, conocedora de tus obras, que te asistió cuando hacías el mundo, y que sabe lo que es grato a tus ojos y lo que es recto según tus preceptos» (Sabiduría 9:9, Nácar-Colunga). Marie-Louise Von Franz, en su edición de la obra *Aurora Consurgens,*[41] ha comentado largamente la figura de Sofía o *Sapientia Dei*. Ella escribe:

[41] N. de T.: El texto original se remonta a la segunda mitad del siglo XIII. Marie-Louise Von Franz, responsable de la edición crítica alemana, después de una rigurosa investigación, ha formulado una tesis conducente a demostrar la paternidad de Santo Tomás sobre la obra Aurora Consurgens, basándose en datos extraídos de la biografía elaborada por el Padre Reginaldo sobre Tomás de Aquino. Para más información ver la edición española de la que se ha extraido la nota, Tomás de Aquino, Aurora Consurgens, Barcelona, Ediciones Índigo, 1997.

> En la literatura patrística se la interpretaba principalmente como Cristo, el Logos preexistente, o como la suma de las *rationes Aeternae* (formas eternas), de las «causas primordiales autoconocidas», los ejemplos, las ideas y los prototipos en la mente de Dios. También se la consideró el *archetipus mundus* «ese mundo arquetípico a cuya semejanza se hizo este mundo sensible» y mediante el cual Dios toma conciencia de sí mismo. La *Sapientia Dei* es, de este modo, la suma de las imágenes arquetípicas en la mente de Dios.[42]

Tomás de Aquino expresa la misma idea:

> [...] la sabiduría divina ideó el orden del universo que reside en la distinción de las cosas y, por lo tanto debemos decir que en la sabiduría divina están los modelos de todas las cosas y, por lo tanto, que hemos llamado ideas, es decir, formas ejemplares que existen en la mente divina.[43]

La mujer dorada del sueño, con cara de Mona Lisa, es Sofía o la Sabiduría Divina. Su collar luminoso de azul y oro sería una especie de rosario celeste que une en una sola cuerda circular diversas formas y maneras de ser como el ciclo anual une los signos del zodíaco: «la suma de imágenes arquetípicas en la mente de Dios».

Sueño 12:

Me han puesto una tarea demasiado difícil para mí. Un tronco de madera dura y pesada se encuentra cubierto en el bosque. Debo destaparlo, serrarlo o cortar una pieza circular, y luego tallar un diseño en la pieza. El resultado debe conservarse a toda costa, ya que representa algo que ya no se repetirá y que está en peligro de perderse. Al mismo tiempo, se realizará una grabación describiendo en detalle qué es, qué representa, todo su significado. Al final, la talla y la grabación se

[42] Von Franz, Marie-Louise, *Aurora Consurgens,* Bollingen Series LXXVII, Princeton University Press, pág. 155 y sig.

[43] Tomás de Aquino, *Summa Theologica I,* q. 44, art. 4.

entregarán a la biblioteca pública. Alguien dice que solo la biblioteca sabrá cómo evitar que la cinta se deteriore en cinco años. ❀

De nuevo, tenemos el tema de la difícil tarea asignada, análoga a la obra alquímica. El registro cubierto es el material oculto y original que primero debe descubrirse o manifestarse y luego debe tener una forma especial que tenga cierta singularidad, ya que no volverá a repetirse. El diseño tallado es una imagen de cinco pliegues. El número cinco aparece nuevamente en la observación de que existe peligro de deterioro en cinco años. El simbolismo del cinco aparece en la quintaesencia de los alquimistas. Es la quinta forma y la unidad final de los cuatro elementos y, por lo tanto, el objetivo final del proceso. Ruland dice que la quintaesencia es «la medicina misma y la cualidad de las sustancias separadas del cuerpo por el arte».[44] Jung dice que el número cinco sugiere el predominio del hombre físico.[45] Esto correspondería al hecho de que la imagen del sueño recuerda a una figura humana abstracta con cinco protuberancias: cuatro extremidades y cabeza. Por lo tanto, sugeriría la meta y la finalización de la existencia física.

El depósito del objeto y una grabación de su significado en la biblioteca pública plantean algunas cuestiones muy interesantes. En algunos aspectos, el objeto y la grabación se pueden considerar sinónimos ya que el boceto del objeto se parece mucho a una bobina de cinta magnética para grabaciones. Mediante esta línea de asociaciones, la tarea puede verse como la transformación de la Madera en Palabra, es decir, la materia en espíritu. Es posible que este sueño presagiara el hecho de que yo publicaría una serie de sus sueños en el futuro. La tarea sería entonces la grabación de los sueños que depositó en mí al hablar conmigo. Sin embargo, especialmente en el contexto de los otros sueños, esta interpretación simple y personalista es completamente inadecuada según

[44] Ruland, *op. cit.*, pág. 272.

[45] Jung, C. G., *Psychology and Alchemy,* C.W., 12, Par. 287, n. 122.

los datos obtenidos. Mucho más probable es la suposición de que la tarea del sueño se refiere a su tarea de vida psicológica, cuyos resultados deben depositarse como un incremento permanente en una biblioteca colectiva o transpersonal, es decir, una palabra o tesoro del espíritu.

En la alquimia, se encuentra el motivo del tesoro como sinónimo de la piedra filosofal.[46] La quinta parábola de *Aurora Consurgens* se titula «De la casa del tesoro que la sabiduría construyó sobre una roca». Alfidio dice: «Este es la casa-tesoro en la que se atesoran todas las cosas sublimes de la ciencia o la sabiduría o las cosas gloriosas que no se pueden poseer».[47] Para Alfidio, la casa del tesoro es una estructura cuádruple y, por lo tanto, claramente un símbolo del Sí-mismo.

Una imagen parecida de «tesoro» aparece en la teología católica con respecto al «tesoro de los méritos» acumulado por Cristo y los santos.[48] A pesar del mal uso concreto de esta imagen por parte de la Iglesia para justificar la venta de indulgencias, es una idea arquetípica que expresa un cierto aspecto de la psique objetiva.

En los ejemplos citados, el tesoro, cuando se encuentre, transmitirá sus beneficios al buscador. En nuestro sueño, sin embargo, el soñador no está haciendo un reintegro para su propio uso, sino más bien un depósito que aumentará el tesoro público. Recordamos las palabras de Jesús: «Como el Hijo del Hombre no vino para ser servido, sino para servir» (Mateo 20:28). El sueño parece implicar que los logros psicológicos del individuo dejan algún residuo espiritual permanente que aumenta el tesoro colectivo acumulado, una especie de karma colectivo positivo. En ese caso, las palabras de Milton sobre un buen libro podrían aplicarse igualmente a los frutos de la tarea psicológica interna de la individuación. Se

---

46 Jung, C.G., *Mysterium Coinctionis,* C.W., 14, par.2, n.9.

47 Von Franz, *op. cit.,* pág. 314.

48 Hastings, James, editor, *Encyclopaedia of Religion and Ethics,* New York, Charles Scribner's Sons, 1922, Vol. VII, pág. 253 y sig.

deja un depósito espiritual permanente que «es la preciosa sangre de vida de un espíritu maestro, embalsamado y atesorado a propósito para una vida más allá de la vida».[49]

El sueño menciona la necesidad de prevenir el deterioro. Se requiere algún proceso de preservación o embalsamamiento. El sueño 10 trajo el mismo tema con la momificación de las manos amputadas. Quizás el significado de estas referencias corresponde al simbolismo arquetípico que subyace a los elaborados procedimientos de embalsamamiento del antiguo Egipto. Esta es una idea parece provocadora, aunque, por el momento, no puedo seguir profundizando en ella.

Sueño 13:

Estaba mirando un jardín único y hermoso. Era un gran cuadrado con un suelo de piedra. A intervalos de unos sesenta centímetros se colocaron objetos de bronce, de pie, y se parecía mucho al «El pájaro en el espacio» de Brancusi. Me quedé allí mucho tiempo. Tenía un significado muy positivo, pero no pude comprender qué era.

«El pájaro en el espacio» de Brancusi es un elegante poste vertical ligeramente curvado, de metal pulido más grueso en su región media y afilado hasta la punta en la parte superior *(imagen 43)*. Trae a colación toda la cuestión del simbolismo de la columna o pilar. En los términos más simples, representa el empuje fálico, esforzado y vertical hacia el reino espiritual superior. Puede significar el *axis mundi* que es la conexión entre el mundo humano y el mundo divino transpersonal. Por ese mástil cósmico los dioses descienden para manifestarse o el chamán primitivo asciende para buscar su visión extática.[50] Un ritual religioso egipcio nos da otras implicaciones simbólicas de un poste o un pilar vertical. En los ritos que celebraban la muerte y resurrección de Osiris, las ce-

---

49 Milton, John, *Aeropagitica*.

50 Eliade, Mircea, *Shamanism*, Bollingen Series LXXVI, Princeton University Press, 1964, pág. 259 y sig.

remonias culminaban cuando el sacerdote principal levantaba la llamada columna de Djed en posición vertical. R. T. Rundle Clark dice acerca de esta columna:

> La idea de la columna de Djed es que se mantenga firmemente erguida, porque estar en posición vertical es estar vivo, haber superado las fuerzas inertes de la muerte y la decadencia. Cuando Djed está en posición vertical, implica que la vida continuará en el mundo.[51]

La *Pistis Sophia* habla de «Un tesoro de luz» en el que se recogen las partículas de luz que han sido redimidas de su encarcelamiento en la oscuridad de la materia. Este tesoro es una especie de estación de recolección intermedia que luego transmite la luz acumulada a una región más alta, el Mundo de la Luz, por medio de una corriente de luz llamada El Pilar de Gloria.[52] Según la doctrina maniquea, los elegidos realizan esta función redentora de la luz dispersa. Habiendo renacido a través de la gnosis, los elegidos se convierten en instrumentos para reunir y concentrar partículas de luz dispersas en la materia. En el momento de la muerte, cada uno lleva su haz de luz acumulado fuera del mundo material y al reino eterno de la luz.[53] La escultura de Brancusi que se lanza hacia el cielo podría compararse con el Pilar de la Gloria a través del cual las partículas recogidas de luz redimida fluyen hacia el reino eterno. Una imagen similar ocurre en la escatología maniquea. Al final de los tiempos aparece la última «estatua» (o pilar):

> Toda la luz que aún se puede guardar se une en la «Gran Idea» [...] en la forma de la «última estatua», que se eleva al cielo, mientras que los condenados y los demonios, la materia con su

---

[51] Clark, *op. cit.*, pág.236.

[52] *Pistis Sophia, traductor,* G.R.S. Mead, London, John W. Watkins, 1947, pág 2 y sig.

[53] Legge, Francis, *Forerunners and Rivals of Christianity,* 1915, reimpreso por University Books, New Hyde Park, New York, 1964, II, 296.

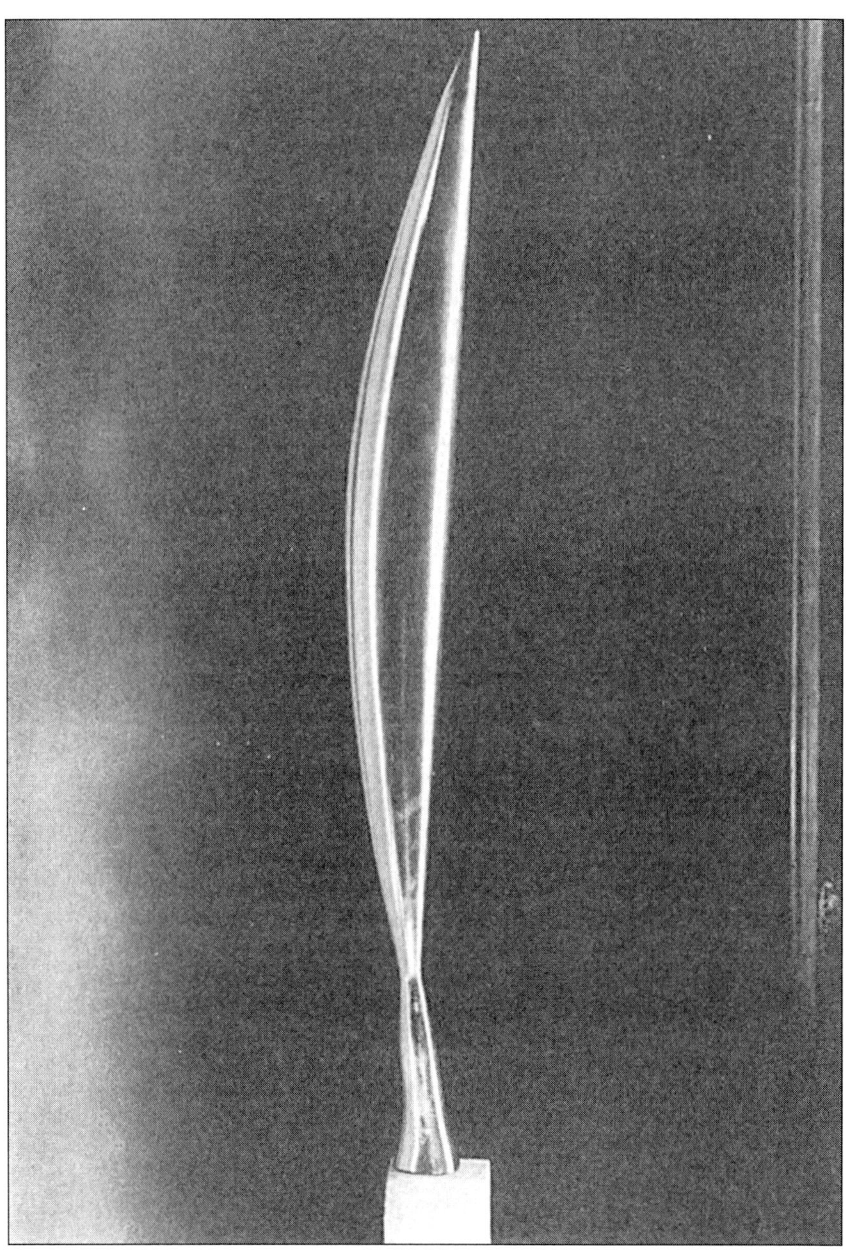

Imagen 43. EL PÁJARO EN EL ESPACIO, Brancusi.

lujuria y desenfreno, son arrojados a un pozo sellado con una piedra inmensa.[54]

Jung se refiere a la «estatua» maniquea y la relaciona con un texto alquímico. Escribe:

> Está claro [...] que la estatua o pilar es el Hombre Primordial perfecto [...] o al menos su cuerpo, tanto al comienzo de la creación como al final de los tiempos.[55]

La imagen del sueño, que combina los símbolos del cuadrado de piedra con el de las columnas, tiene un paralelo en antiguos santuarios semíticos, según lo descrito por Frazer:

> Sabemos que en todos los antiguos santuarios cananeos, incluidos los santuarios de Jehová hasta las reformas de Ezequías y Josías, los dos objetos de adoración regulares eran una fuente sagrada y una piedra sagrada, y que estos santuarios eran los asientos de los ritos sexuales realizados por hombres sagrados (kedeshim) y mujeres sagradas (kedeshoth).[56]

Jeremías se refiere a las tallas y piedras sagradas cuando critica a los israelitas por decir: «a un leño: "Tú eres mi padre", y a una piedra: "Tú me engendraste"» (Jeremías 2:27, Nácar-Colunga). La piedra y el leño son, por lo tanto, representaciones de las deidades femeninas y masculinas, respectivamente. En términos psicológicos, el sueño presenta así una *coniunctio* de los principios masculino y femenino. No sé por qué debería haber una multiplicidad de polos masculinos dentro de un cuadrado de piedra. Quizás tiene implicaciones similares a la multiplicidad de perlas en el collar de Sofía. Sin embargo, como expresión de la totalidad y la unión de los opuestos, es una imagen de finalización. Este

---

[54] Peuch, Henri-Charles, «The Concept of Redemption in Manichaeism», en *The Mystic Vision,* artículos del Eranos Yearbooks 6. Bollingen Series XXX, Princeton University Press, 1968, pág. 313.
[55] Jung, C.G., *Mysterium Coinctionis,* C.W., 14, par. 567.
[56] Frazer, *op. cit.,* vol. I, pág. 107.

sueño es uno de los últimos que tengo de este paciente. Tres meses después murió.

Esta serie de sueños puede demostrar que el inconsciente, bajo ciertas circunstancias, plantea consideraciones que pueden llamarse metafísicas. Aunque el soñador no sufrió el proceso de individuación en el sentido habitual de ese término, se puede suponer que la presión de la muerte inminente puede haber acortado ese proceso. Ciertamente, estos sueños sugieren una urgencia por parte del inconsciente para transmitir la consciencia de una realidad metafísica, como si esa consciencia fuera importante antes de la muerte física.

La pregunta será: ¿qué efecto tuvieron estos sueños en el paciente? Esto es difícil de responder con certeza. Prácticamente todos los sueños registrados aquí tuvieron un impacto emocional intenso en el soñador, pero curiosamente experimentó este impacto solo al contar los sueños en la sesión analítica, no antes. De alguna manera, la presencia del terapeuta era necesaria para liberar lo numinoso de las imágenes de los sueños. Tomados en conjunto, los sueños transmitieron una serie de pequeñas experiencias religiosas que provocaron un cambio gradual y definitivo en la actitud de vida del paciente. A este hombre, ni religioso ni filosófico, se le dio una iniciación metafísica. Como resultado, fue liberado, al menos parcialmente, de la preocupación previa por las frustraciones personales y su personalidad adquirió un nuevo nivel de profundidad y dignidad. Después de sobrevivir a estados próximos a la muerte, expresó la pregunta varias veces: «¿Por qué mi vida se prolonga?» Quizás estos sueños contengan la respuesta.

CAPÍTULO NUEVE

La Sangre de Cristo

La teología sin alquimia es como un cuerpo noble sin su mano derecha.[1]

Nuestro arte, su teoría así como su práctica, es en conjunto un regalo de Dios, quien lo da a quien Él elige y cuando Él decide: no es del que lo quiere, ni de quien lo intenta, sino simplemente por la misericordia de Dios.[2]

1. Introducción

El tema de este capítulo es una imagen arquetípica ancestral cargada de significados sagrados desde hace miles de años. Esta imagen tiene un gran poder para bien o para mal y debe tratarse con cuidado. Cuando está insertada en el marco de la ortodoxia, da seguridad. Pero el método empírico de la psicología analítica requiere que intentemos despojarnos del contexto protector y tradicional para examinar el símbolo vivo y explorar su función espontánea en la psique individual. Es como si estuviéramos visi-

[1] Waite, A. E., traductor. *The Hermetic Museum,* London, John M. Watkins, 1953, Vol. 1, pág. 119.

[2] Ibíd., pág. 9.

tando poderosos animales salvajes en su hábitat natural en lugar de mirarlos confinados en las jaulas de un zoológico. Aunque este método es necesario, debemos reconocer su peligro. Si tenemos que trabajar con explosivos en nuestro laboratorio, tratémolos con cuidado. El ego ingenuo que se acerca a esta imagen sin cautela puede caer en *hybris* y luego ser condenado por el inevitable retroceso de némesis. Con estos pensamientos en mente, he agregado dos citas alquímicas como lemas. La primera expresa la actitud del empirismo científico y de la psicoterapia práctica. Dice: «La teología sin alquimia es como un cuerpo noble sin su mano derecha».[3] Pero para protegerse de la *hybris* de la voluntad humana, la segunda cita debe seguir inmediatamente: «Nuestro arte, su teoría así como su práctica, es en conjunto un regalo de Dios, quien lo da a quien Él elige y cuando Él decide: no es del que lo quiere, ni de quien lo intenta, sino simplemente por la misericordia de Dios».[4]

Jung ha demostrado que la figura de Cristo es un símbolo del Sí-mismo[5] y este descubrimiento nos ha permitido recorrer un largo camino para relacionar la mitología cristiana tradicional con la moderna psicología profunda. Una importante imagen, asociada con el simbolismo de Cristo, es la imagen de su sangre. Mi atención se dirigió primero a este tema cuando encontré varios sueños que se refieren a la sangre de Cristo. Estos sueños indican que la sangre de Cristo es un símbolo viviente que todavía funciona en la psique moderna. Por lo tanto, propongo explorar este símbolo y algunas de sus ramificaciones a la luz de la psicología de Jung.

Para demostrar que esta imagen, junto con otras asociadas a ella, es un organismo vivo y no una construcción teórica, se debe usar el enfoque empírico, descriptivo y fenomenológico. Sin embargo, este enfoque exige mucho al lector. A medida que los di-

---

[3] Waite, A. E., traductor. *The Hermetic Museum,* London, John M. Watkins, 1953, Vol. 1, pág. 119.

[4] Ibíd., pág. 9.

[5] Jung. C.G., «Christ, a Symbol of the Self» en *Aion,* C.W., 9 ii, par. 68 y sig.

versos enlaces se trazan entre varios paralelismos y analogías, corre el peligro de perderse en el laberinto de interconexiones. No conozco ninguna manera de evitar este problema si uno quiere ser fiel al método empírico. A pesar de la incomprensión de los críticos, la psicología de Jung no es una filosofía o una teología, sino una ciencia verificable. Para no ocultar este hecho, estamos obligados a utilizar el incómodo método empírico-descriptivo que siempre mantiene a la vista las manifestaciones reales de la psique, a pesar de su confusa complejidad. Para proporcionar una orientación general, incluyo un cuadro que muestra algunas de las imágenes interconectadas que veremos asociadas con la imagen de la sangre de Cristo *(Figura 8).*

2. El significado de la sangre

La imagen de la sangre de Cristo tiene numerosas conexiones con el pensamiento y las prácticas antiguas. Desde tiempos primitivos, la sangre ha tenido implicaciones numinosas. La sangre fue considerada como la sede de la vida o del alma. Debido a que se pensaba que el hígado era una masa de sangre coagulada, el alma estaba localizada en ese órgano.[6] Dado que la vida se desvanecía cuando alguien moría desangrado, la analogía entre sangre y vida era natural e inevitable. Del mismo modo, las sombras de los muertos en el Hades podían restaurarse brevemente y adquirir una apariencia de vida dándoles sangre para beber. El ejemplo clásico de esta práctica es la historia de la visita de Ulises al Hades en el Libro XI de la Odisea. La sangre, como la esencia de la vida misma, era lo más precioso que el hombre podía concebir. Tenía connotaciones suprapersonales y se pensaba que pertenecía solo a Dios. Por lo tanto, a los antiguos hebreos se les prohibió

[6] Yerkes, R. K., *Sacrifice in Greek and Roman Religions and Early Judaism,* New York, Scribner's, 1952, pág. 42 n. 1.

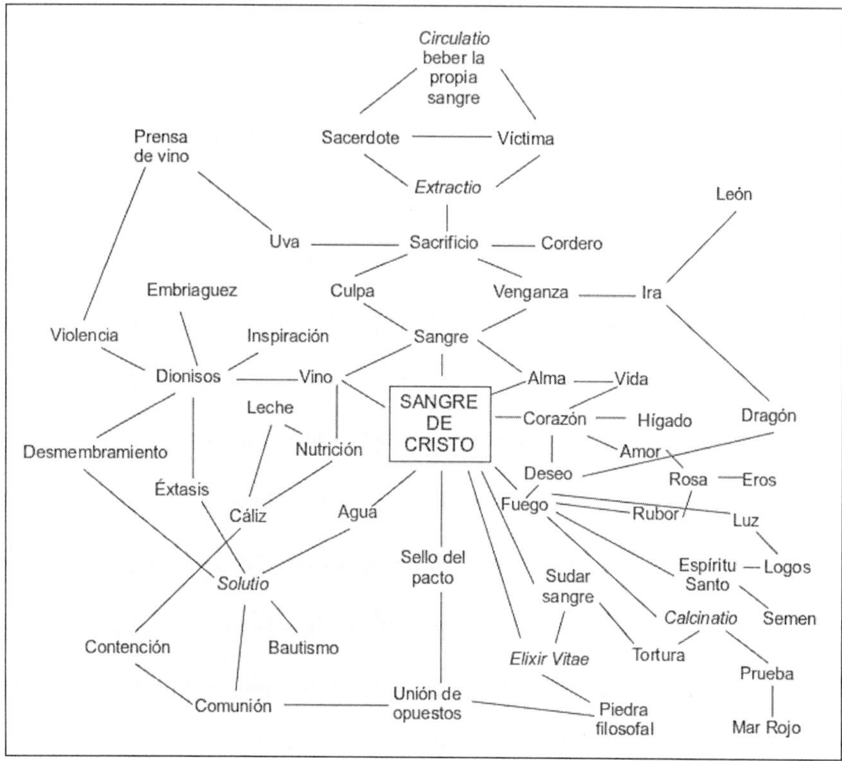

Figura 8.

comer sangre. En Deuteronomio, Jahvé dice: «[...] la sangre es la vida, y no debes comer la vida de la carne» (12:23, Nácar-Colunga) «[...]la sangre será derramada en el altar de Yahvé, tu Dios [...]» (12:27, Nácar-Colunga). Según Pausanias, las sacerdotisas de Apolo sacrificaban un cordero una vez al mes por la noche y probaban la sangre para comunicarse con Dios y profetizar.[7] Dado que tenía estos significados, la sangre era el regalo más apropiado para Dios, lo que explica la extendida práctica del sacrificio de sangre.

Como la sangre era un fluido divino, derramarla era un cri-

[7] Yerkes, pág.43.

men, excepto en un ritual de sacrificio dedicado a los dioses. Por lo tanto, la sangre se asoció con el asesinato, con la culpa y la venganza que los acompaña. La sangre fue pensada como una entidad autónoma que puede exigir su propia venganza, como cuando la sangre de Abel clama desde la tierra (Génesis 4:10). Según el pensamiento primitivo (es decir, el pensamiento inconsciente) no es que sea moralmente incorrecto quitarle la vida a otra persona, sino que es muy peligroso interferir con una sustancia tan poderosa como la sangre. Esta se vengará, como el cable de alta tensión se venga del hombre descuidado e ignorante que se atreve cogerlo con mano descubierta.

Así, entendida psicológicamente, la sangre representa la vida del alma, de origen transpersonal, sumamente preciosa y potente. Debe ser reverenciada como algo divino y cualquier esfuerzo del ego para manipularla, apropiarse de ella o destruirla para propósitos personales provoca venganza o resarcimiento. La sangre derramada requiere más sangre para pagar la deuda. Las cuentas deben equilibrarse. Este pensamiento ilustra la ley de la conservación de la energía psíquica. Hay mucha vida psíquica. Si a una parte se le niega la satisfacción, debe satisfacerse en otra parte. Debe pagarse sangre por sangre. La represión, que es el asesinato interno, se manifestará. La represión es un crimen contra la vida por el que se termina pagando. Jung tiene este hecho en mente cuando dice:

> [...] la naturaleza parece estar resentida con nosotros [...] si retenemos nuestras emociones ante nuestros semejantes [...]. Atesorar secretos y contener las emociones es un delito psíquico por el cual la naturaleza finalmente nos visita con la enfermedad, es decir, cuando las reprimimos o escondemos.[8]

Otra característica del simbolismo ancestral de la sangre es la idea de que la sangre establece un vínculo o pacto entre los po-

[8] Jung, C.G., *The Practice of Psychotherapy,* C.W., 16, par. 132.

deres divinos o demoníacos y el hombre. Los pactos con el diablo deben firmarse con sangre y la sangre debe fluir para unir un contrato entre Dios y el hombre. La «sangre del pacto» aparece en la ceremonia a través de la cual Jahvé se une a Israel en el Capítulo 24 del Éxodo:

> Escribió Moisés todas las palabras de Yahvé. Levantóse de mañana y alzó al pie de la montaña un altar y doce piedras, por las doce tribus de Israel. Y mandó a algunos jóvenes, hijos de Israel, y ofrecieron a Yahvé holocaustos; inmolaron toros, víctimas pacíficas a Yahvé. Tomó Moisés la mitad de la sangre, poniéndola en vasijas, y la otra mitad la derramó sobre el altar. Tomando después el libro de la alianza, se lo leyó al pueblo, que respondió: «Todo cuanto dice Yahvé lo cumpliremos y obedeceremos». Tomó él la sangre y asperjó al pueblo, diciendo: «Esta es la sangre de la alianza que pacto con vosotros conforme a todas estas palabras». (Éxodo 24:4-8, Nácar-Colunga, 1944).

La sangre indica aquí un nexo de unión. Una parte de ella se derrama sobre Jahvé, representado por su altar, y la otra mitad se arroja sobre el pueblo. Las personas están así unidas con Dios «en una sola sangre». Dios y las personas han participado en un bautismo conjunto o *solutio*, que los une en una comunión.

La idea de la «sangre del pacto» se recoge nuevamente en el Nuevo Testamento y se aplica a la sangre de Cristo. Así como la sangre de los animales sacrificados derramada por Moisés selló el antiguo vínculo entre Dios e Israel, así la sangre de Cristo, voluntariamente derramada por él mismo, sella el nuevo vínculo entre Dios y el hombre. Este paralelismo se hace explícito en el noveno capítulo de Hebreos:

«Por esto es el mediador de una nueva alianza, a fin de que por su muerte, para redención de las transgresiones cometidas bajo la primera alianza, reciban los que han sido llamados las promesas de la herencia eterna. Porque donde hay testamento es preciso que intervenga la muerte del testador. El testamento es valedero por la muerte, pues nunca el testamento es firme mientras vive el testador. Por donde ni siquiera la primera alianza fue otorgada sin sangre; porque Moisés, habiendo leído al pueblo todos los preceptos de la Ley, tomó la sangre de los becerros y de los machos cabríos, con agua y lana teñida de grana e hisopo, rocio el libro y a todo el pueblo, diciendo: "Esta es la sangre de la alianza que Dios ha contraído con vosotros". Y el mismo tabernáculo y los vasos del culto los roció del mismo modo con sangre, y, según la Ley, casi todas las cosas han de ser purificadas con sangre, y no hay remisión sin efusión de sangre. Era, pues, necesario que las figuras de las realidades celestes fuesen purificadas de ese modo, pero las realidades mismas celestes habían de serlo con más excelentes sacrificios; que no entró Cristo en un santuario hecho por mano de hombres, figura del verdadero, sino en el mismo cielo, para comparecer ahora en la presencia de Dios a favor nuestro Ni para ofrecerse muchas veces, a la manera que el pontífice entra cada año en el santuario en sangre ajena; de otra manera sería preciso que padeciera muchas veces desde la creación del mundo. Pero ahora una sola vez en la plenitud de los siglos se manifestó para destruir el pecado por el sacrificio de sí mismo. (Hebreos 9:15-26, NÁCAR-COLUNGA, 1944)».

Este pasaje demuestra cómo el mito y el ritual hebreo se funden con el pensamiento platónico en la evolución del simbolismo cristiano de la sangre de Cristo. La «sangre del pacto» hebrea se considera un sustituto simbólico de la sangre de Cristo y se rocía sobre el tabernáculo de Jahvé, que es una imagen del cielo eterno. Esta idea, junto con la afirmación de que la sangre de Cristo es única y eterna, implica psicológicamente que se ha producido una transformación en el nivel arquetípico de la psique colectiva. Dios mismo ha experimentado un cambio para que el fluido unificante y redentor que une al hombre con Dios, es decir, al ego con el Sí-mismo, esté ahora siempre disponible a través de la iniciativa del Sí-mismo como Cristo.

En esta nueva etapa, la «sangre del pacto» se convierte en la sangre del alimento en la comunión. Esta conexión se hace en el relato de la última cena donde se dice: «Y tomando un cáliz y dando gracias, se lo dio, diciendo: Bebed de él todos, que esta es mi sangre del Nuevo Testamento, que será derramada por muchos para remisión de los pecados».(Mateo 26:27-28, Nácar-Colunga. Véase también Marcos 14:23-24 y 1 Corintios 11:25). Por lo tanto, el mandato del Antiguo Testamento de no comer sangre ha sido reemplazado, al menos con fines simbólicos y rituales. Beber la sangre de Cristo se convierte en un símbolo para sellar el pacto, la conexión entre Dios y el hombre.

En cuanto a la sangre como el símbolo de sellar un pacto, W. Robertson Smith nos da una información importante:

> La idea de que, al comer carne, o particularmente al beber la sangre de otro ser vivo, un hombre absorbe su naturaleza, o vida, aparece entre los pueblos primitivos en muchas formas [...]. La aplicación más notable de la idea está en el rito de la hermandad de sangre, de la cual se encuentran ejemplos en todo el mundo. En la forma más simple de este rito, dos hombres se convierten en hermanos al abrir sus venas y chuparse la sangre unos a otros. Desde entonces sus vidas no son dos sino una [...]. En la literatura árabe antigua hay muchas referencias al pacto de sangre, pero en lugar de sangre humana se emplea la de una víctima sacrificada en el santuario.
>
> [...] En tiempos posteriores, encontramos la concepción actual de que cualquier alimento que dos hombres coman juntos, de modo que la misma sustancia entre en su carne y sangre, es suficiente para establecer una unidad de vida sagrada entre ellos; pero en la antigüedad este significado parece estar siempre unido a la participación en la carne de una víctima consagrada, y el misterio solemne de su muerte se justifica por la consideración de que solo de esta manera se puede obtener el nexo sagrado que crea o mantiene vivo el vínculo viviente de unión entre los adoradores y su dios. Este nexo no es otro que la vida del animal sagrado que reside en su carne, pero especialmente en su sangre, y así, en el banquete sagrado, se distribuye realmente

> entre todos los participantes, cada uno de los cuales incorpora una partícula de ella a su propia vida individual.[9]

Entendida psicológicamente, es el aporte a la libido comunitaria lo que genera la hermandad. Las personas comprometidas en una empresa común, que comparten los mismos objetivos, las mismas pruebas y compromisos, son aquellos que se experimentan a sí mismos como hermanos de una sola sangre. Del mismo modo, en la vida interior del individuo, es a partir de las ocasiones en que el ego tiene consciencia del intenso afecto cuando descubre la existencia del Sí-mismo y crea el vínculo con él. La intensidad de la libido simbolizada por la sangre es necesaria para forjar la conexión entre las personas y entre la persona y Dios.

Con estas observaciones en mente, beber la sangre de Cristo en el ritual de la Misa Católica Romana se puede ver como el símbolo que representa un proceso de unión doble. Primero, el comulgante individual sella su relación personal con Dios. En segundo lugar, se identifica psicológicamente con todos los demás comulgantes como parte del cuerpo místico de Cristo. La acción de Cristo de ofrecer su sangre como bebida nutritiva (como la madre pelícano en el folclore europeo) es una expresión del arquetipo positivo de la madre, o más bien, ese componente del Sí-mismo. El mismo significado debe adjuntarse al simbolismo de la copa o cáliz que se ha reunido alrededor de la sangre de Cristo. Perteneciente a esta línea de pensamiento hay una imagen interesante e inusual en el apócrifo *Odas de Salomón*. Los primeros cuatro versículos de la Oda 19 dicen lo siguiente:

> Me ofrecieron una taza de leche, y la bebí con dulzura en el deleite del Señor. El Hijo es la copa, y el que fue ordeñado es el Padre; y el Espíritu Santo lo ordeñó: porque sus pechos estaban llenos, y era necesario para él que su leche se liberase

[9] Smith, W. Robertson, *The Religion of the Semites,* 1899, reimpreso por Meridian Books, New York, 1956, pág. 313 y sig.

> lo suficiente; y el Espíritu Santo abrió su seno y mezcló la leche de los dos pechos del Padre; y le dieron la mezcla al mundo sin su conocimiento.[10]

Debido al sesgo patriarcal de la mayoría de los teólogos, el hecho fenomenológico de que el Sí-mismo es una unión de principios tanto masculinos como femeninos generalmente se ha suprimido en el material canónico. Este pasaje es, por lo tanto, inusual al otorgar atributos abiertamente femeninos a la deidad. Sin embargo, en el material psicológico empírico la regla es que el Sí-mismo está representado en imágenes paradójicas o andróginas.

El texto presenta una imagen sorprendente de la Trinidad. En relación con el simbolismo de la comunión, la leche se equiparará con la sangre de Cristo que es la leche o la sangre del Padre, es decir, el aspecto remoto o trascendente del Sí-mismo que no es accesible al ego consciente. El Hijo es la copa, es decir, la encarnación humana en la vida personal y temporal, es la vasija que contiene y transmite la energía de vida arquetípica. Para que este fluido vital se realice en su naturaleza esencial, la copa, su contenedor personal particular, debe vaciarse. En otras palabras, el significado arquetípico de la vida que conecta al individuo con su fuente transpersonal debe extraerse de las encarnaciones particulares en las que se expresa en la vida personal y concreta. De acuerdo con el texto, el Espíritu Santo es quien hace el ordeño. También podría considerarse como la leche misma. Esto encajaría con otras descripciones del Espíritu Santo y también con la conclusión que haré más adelante de que la sangre de Cristo es sinónimo del Espíritu Santo.

Clemente de Alejandría usa la misma imagen e iguala la leche del Padre con el Logos:

> ¡Oh misterio asombroso! Se nos ordena abandonar la co-

[10] *The Lost Books of the Bible and the Forgotten Books of Eden,* Cleveland, World Publishing Co., II, 130.

> rrupción vieja y carnal, como también el antiguo alimento, y cambiar a un alimento nuevo y diferente, el de Cristo [...]. *La comida es la leche del Padre*, con la cual son exclusivamente alimentados los niños. El muy amado, el que nos da alimento, el Logos, ha derramado su propia sangre por nosotros y ha salvado a la naturaleza humana. Creyendo en Dios a través de él, nos refugiamos en el »pecho que cuida y reconforta» (*Ilíada*, XXII, 83) del Padre, que es el Logos. Y solo él, como corresponde, nos proporciona a nosotros, bebés, la leche del amor (*ágape*), y solo son verdaderamente bendecidos los que maman de este pecho.[11]

El Logos no es solo leche, sino también semilla de procreación, como indican los versículos de la Oda 19, que siguen inmediatamente a los citados anteriormente:

> Y aquellos que la toman (la leche del Padre) están en la plenitud de su diestra. El útero de la Virgen la tomó, y recibió la concepción y dio a luz: y la Virgen se convirtió en una madre de gran misericordia.[12]

Según la fisiología antigua, la hembra podía convertir la sangre en leche y el macho podía convertirla en semen. La sangre, la leche y el semen eran variaciones de la misma sustancia esencial. Así llegamos al concepto estoico del *Logos Spermatikos*, la Palabra creadora e impregnante que se corresponde a la función creadora de la Palabra en Juan 1:3: «Todas las cosas fueron hechas por él, y sin él no se hizo nada de cuanto ha sido hecho» (Nácar-Colunga).

Otra imagen de la sangre de Cristo en el Antiguo Testamento es la sangre del cordero pascual. En la noche en que todos los primogénitos de Egipto fueron asesinados por el ángel vengador de Jahvé, los israelitas fueron instruidos para matar un cordero sin defecto y poner un poco de su sangre en los dinteles de las puertas de sus casas. Por lo tanto, dice Jahvé, «La sangre servirá de se-

[11] «Paedagogos», 1, 42, 2-43, 4, citado en Goodenough, Erwin, *Jewish Symbols in the Greco-Roman Period, Vol. 6,* Princeton University Press, pág. 119.

[12] Ibíd., pág. 121.

ñal en la casa donde estéis; yo veré la sangre y pasaré de largo, y no habrá para vosotros plaga mortal cuando yo hiera la tierra de Egipto» (Éxodo 12:13, NÁCAR-COLUNGA). Esta imagen de Dios, marcando a aquellos que serán salvados de su venganza (la muerte de los primogénitos en Egipto) se desarrolla en una visión de Ezequiel. Se describe a un hombre vestido de blanco con el cuerno de tinta de un escriba en su cinturón y Dios le dice a este hombre: «Pasa por en medio de la ciudad, por en medio de Jerusalén, y pon por señal una «tau» en la frente de los que se duelen de todas las abominaciones que en medio de ella se cometen» (Ezequiel 9:4, NÁCAR-COLUNGA). Dios ordenó la muerte a todos aquellos sin la señal en sus frentes.

Menciono este pasaje en particular porque la figura del escriba vestido de blanco con el cuerno de tinta se corresponde muy de cerca con una figura de un sueño que se presentará más adelante en el que la «tinta» es la sangre de Cristo. La marca de sangre en el marco de la puerta y la marca en la frente en Ezequiel son la marca de los elegidos de Dios. Serán inmunes a la ira sangrienta de Dios o al ahogamiento en el Mar Rojo que son simbólicamente equivalentes. Hay una tercera variación del mismo tema en Apocalipsis (7:2-3 y 9:4) donde los siervos de Dios, en un número de 144.000, tienen un sello puesto en sus frentes para indicar que deben ser salvados de la destrucción final.

El sacrificio de sangre de Cristo tiene muchos paralelismos con el sacrificio del cordero pascual cuya sangre protege a los israelitas de la venganza de Jahvé, y estos paralelismos ayudan a comprender el significado psicológico del poder redentor de la sangre de Cristo. En la historia del Éxodo, se requería un sacrificio involuntario del primogénito de cada familia egipcia. Los judíos se libraron mediante el sacrificio voluntario, cuya sangre exhibieron. Los acontecimientos fueron empeorando por la dureza del corazón de Faraón. Se vivía una situación de rigidez inamovible. Para remediar esta condición, la sangre debía fluir. Las vivencias del alma deben licuarse, extraerse del *status quo* duro y estéril para que la vida y la libido fluyan de nuevo. Cuando se transforma en este sentido, podemos ver de inmediato cómo estas imágenes se activan en la vida interior del individuo. El impulso de individuación, simbolizado por Jahvé, exige transformación, liberar las capacidades esclavizadas y reprimidas. Si nuestro corazón egipcio no cede, la sangre debe licuarse por la fuerza. En la medida en que la libido se transfiere voluntariamente al propósito transpersonal mediante una actitud de sacrificio, uno puede evitar las consecuencias destructivas que le suceden a la personalidad, que ocurren cuando el ego establece su voluntad contra los requisitos de la totalidad, del Sí-mismo.

Cristo se identificó con el cordero pascual y se le llamó *Agnus Dei*. Además, de acuerdo con una evaluación objetiva del simbolismo, Cristo, como el primer hijo nacido de Dios, se equiparará con el sacrificio de los hijos primogénitos de los egipcios. Parece esta conclusión no se alcanza en la exégesis tradicional; sin embargo, es necesario para una comprensión psicológica completa del mito. El sacrificio redentor siempre ocurre con una mezcla de estados de ánimo: mansedumbre a modo de cordero e intransigencia faraónica. En el mejor de los casos, el ego está dispuesto y reacio a la vez, como lo estaba Cristo en Getsemaní.

Se puede decir más sobre el simbolismo del sacrificio del cordero. Como significado de inocencia, mansedumbre y pureza, representa algo que no quisiéramos matar. Este tema aparece ocasionalmente en los sueños. Por ejemplo, recuerdo a un paciente que tenía lo que podría llamarse un complejo de Job o de Ahab: un resentimiento inextinguible contra Dios por permitir que sufrieran los jóvenes y los inocentes. Una vez soñó que un cordero iba a ser sacrificado y no podía soportar mirarlo. En tal caso, es la inocencia infantil del cordero la que debe sacrificarse, a saber, la expectativa de que la realidad es, o debe ser, supervisada por un padre que todo lo ama. La «sangre del cordero» debe extraerse de esta actitud inmadura para que el espíritu de benevolencia pueda vivir efectivamente en la realidad, no como la demanda pasiva de un ego infantil, sino como un poder activo que motiva a la personalidad consciente. El sacrificio de la pureza inocente también implica la realización de la sombra que lo libera de la identificación con el papel de víctima inocente y de la tendencia a proyectar la figura del malvado verdugo sobre Dios o sobre el prójimo.

3. Cristo y Dionisos

Otra importante línea de conexiones simbólicas vincula la sangre de Cristo con la uva y el vino de Dionisos. La referencia original está en el Evangelio de Juan, donde Cristo dice de sí mismo: «Yo soy la vid verdadera, y mi padre es el viñador. Todo sarmiento que en mí no lleve fruto, lo cortará; y todo aquel que dé fruto, lo podará, para que dé más fruto [...] Yo soy la vid, vosotros los sarmientos». (Juan 15:1-5, Nácar-Colunga). Desde aquí solo hay un pequeño paso hasta la identificación de Cristo con la uva que se tritura para hacer vino. El poeta del siglo XVII Henry Vaughn expresó esta conexión en sus versos sobre La Pasión.

> ¡La vid más bendita!
> cuyo jugo tan bueno
> siento como Vino,
> pero tus verdes ramas
> sintieron como sangre,
> ¡Cómo fuiste prensada
> para ser mi fiesta![13]

El milagro en Caná, que transformó el agua en vino (Juan 2:1 y sig.) presentó a Cristo como creador de vino y, el vino, con el espíritu que contiene, es equivalente al «agua viva» que Cristo le ofreció a la mujer de Samaria. (Juan 4:10). El agua viva o *elixir vi-*

---

[13] Vaughn, Henry, *Silex Scintillans en The Complete Poetryof Henry Vaughn,* editado por French Fogle, Garden City, New York, Anchor Books, Doubleday, 1964, pág.185.

Imagen 44. EL CÁLIZ DE ANTIOQUÍA.

tae es un término usado mucho más tarde por los alquimistas. El cáliz de Antioquía en los Claustros del Museo Metropolitano, que data probablemente del siglo IV d. C., muestra a Cristo rodeado de racimos de uvas (*Imágenes 44 y 45*). Como dice Jung: «El milagro del vino en Caná era el mismo que el milagro en el templo de Dionisos, y es profundamente significativo que, en el cáliz de Damasco, Cristo esté entronizado entre los zarcillos de la vid como el propio Dionisos».[14]

Dionisos, con su vino, es un símbolo ambivalente. Él puede traer inspiración, éxtasis y transformación benévola de la conciencia como lo describió el poeta persa Omar Khayyám:

> La uva que puede con la Lógica absoluta
> las setenta y dos sectas en desacuerdo refutan:

[14] Jung, C.G., *Psychology and Religion: West and East,* C.W., 11, par. 384,

> El sobrio Alquimista en un instante
> el plomo del metal de la vida en oro transmuta.[15]

Platón en *La República* (II, 363C) describe la idea, común en su tiempo, de una vida futura paradisíaca reservada a los justos. Los dioses «los llevan al Hades, coronadas sus cabezas, les preparan un banquete de santos y les hacen pasar todo el tiempo embriagados, con el pensamiento de que la retribución más bella de la virtud es una borrachera eterna».[16]

En *Las Bacantes* de Eurípides hay una imagen impactante y hermosa del flujo milagroso de la vida durante las celebraciones de las Bacantes:

> Una tomó su tirso y golpeó sobre una roca, de donde empieza a brotar, como de rocío, un chorro de agua. Otra hincó la caña en el suelo del terreno y ante el dios hizo surgir una fuente. Todas las que deseaban la blanca bebida, apenas escarbaban la hierba con las puntas de sus dedos, obtenían manantiales de leche. Y de los tirsos cubiertos de hiedra destilaban dulces surcos de miel.[17]

Sin embargo, las orgías sagradas de Dionisos también pueden ser violentas y aterradoras con las locas Ménades desmembrando vivo a todos los que se crucen en su camino. Ese fue el destino de Orfeo y Penteo. Los horrores que pueden perpetrarse, cuando el ego está inflado por la identificación con el poder del inconsciente colectivo, son asombrosos. Consideremos, por ejemplo, los autos de fe medievales, cometidos por eclesiásticos egoístas ebrios con la sangre de Cristo.

El aspecto terrible del simbolismo del vino se elabora en la imagen de las uvas de la ira de Dios. En el Apocalipsis leemos:

---

[15] *Rubayt of Omar Khayyam,* trad. Edward Fitzgerald, Verso LIX.

[16] N.de T.: Platón, Diálogos: República, trad. de Conrado Eggers Lan, Madrid, Editorial Gredos,1988.

[17] Traducción de *Las Bacantes de Eurípides,* publicada en la página web del Departamento de Filología griega de la Universidad de Almería.

Imagen 45. CRISTO COMO UN RACIMO DE UVAS.

> Arroja la hoz afilada y vendimia los racimos de la viña de la tierra, porque sus uvas están maduras. El ángel arrojó su hoz sobre la tierra, y vendimió la viña de la tierra, y echó las uvas en la gran cuba del furor de Dios, y fue pisada la uva fuera de la ciudad, y salió sangre de la cuba [...].[18]

La ira de Dios es el lagar que extrae el vino de las uvas, pero también puede ser el vino mismo, como lo demuestra la frase de Apocalipsis 16:19 «[...] el vino del furor de su cólera (la de Dios)».

---

[18] Apocalipsis 14:18-20, Nácar-Colunga, 1944.

La misma imagen feroz aparece en Isaías 63:1-3:

> ¿Quién es aquel que avanza de Edom, rojos los vestidos, de Bosra; aquel tan magnífico en su vestido, avanzando en la plenitud de su fuerza? Yo soy el que habla en justicia, el poderoso para salvar. ¿Cómo está, pues, rojo tu vestido, y tus ropas como las del que pisa en el lagar? He pisado en el lagar yo solo, y no había conmigo nadie de las gentes. Los he pisado en mi furor y los he hollado en mi ira, y su jugo ha salpicado mis vestiduras y he manchado todas mis ropas (NÁCAR-COLUNGA, 1944).

Los padres de la Iglesia consideraban que este pasaje se refería al Mesías sufriente.[19] Según ellos, «el que sale "rojo" del "lagar" no es otro que Nuestro Señor Jesucristo, porque [...] esta es la pregunta que los ángeles le hicieron el día de su ascensión triunfal».[20]

El texto de Isaías dice que la figura con vestimentas ensangrentadas es Jahvé, empapado en la sangre de sus enemigos. Los autores patrísticos identificaron la imagen con las vestimentas sangrientas de Cristo empapado en su propia sangre. Por lo tanto, se produce la inversión paradójica característica del simbolismo cristiano. El sacrificador se convierte en la víctima sacrificial. Para Jahvé, la sangre de sus enemigos se convierte en su propia sangre.

Los antiguos sacerdotes egipcios habían identificado el vino con la sangre de los enemigos de Dios. Según Plutarco:

> [...] no bebían vino ni lo usaban en libación como algo querido por los dioses, creyendo que era la sangre de aquellos que una vez habían luchado contra los dioses, y de quienes, cuando habían caído y se habían mezclado con la tierra, creían que surgían las vides. Esta es la razón por la cual la embriaguez saca a los hombres de sus sentidos y los enloquece, debido a que se llenan con la sangre de sus antepasados.[21]

---

[19] Biblia de Jerusalén, pág. 1243, nota b.

[20] Pinedo, Ramiro de; *El Simbolismo en la escultura medieval española, Madrid, 1930,* citado por Cirlot, J.E., *A Dictionary of Symbols,* New York, Philosophical Library, 1962, pág. 29.

[21] Plutarco, «Isis ans Osiris» en *Plutarch's Moralia Vol. 5.,* Loeb Classical Libraru, Cambridge,

Esta idea es más interesante psicológicamente como descripción de los efectos de una afluencia del inconsciente colectivo: uno está lleno de la sangre de sus antepasados. Jung ha hablado en términos similares sobre su propia experiencia del inconsciente. En cuanto a su impulso imperativo de comprender la psique, dice: «Tal vez sea una pregunta que preocupaba a mis antepasados y a la que no podían responder [...]. ¿O es el inquieto Wotan-Hermes de mis antepasados alemanes y francos el que plantea acertijos desafiantes?».[22]

Otro pasaje del Antiguo Testamento asociado con Cristo es Génesis 49:10-12:

> No se irá de Judá el báculo, el bastón de mando de entre tus piernas hasta tanto que se le traiga el tributo y a quien rindan homenaje las naciones; el que ata a la vid su borriquillo y a la cepa el pollino de su asna; lava en vino su vestimenta, y en sangre de uvas su sayo; el de los ojos encandilados de vino, el de los dientes blancos de leche (Nácar-Colunga, 1944).

Según la tradición judeo-cristiana, este pasaje se refiere al Mesías.[23]

El pasaje nos da la imagen de un gobernante lleno de vino y rubor, una especie de fuente rebosante de jugos vitales. Los ojos rojos y los dientes blancos sugieren una unión de opuestos que se retoma mucho más tarde en la alquimia con la *coniunctio* del hombre rojo y la mujer blanca. La asociación de este pasaje con Cristo es otro vínculo entre él y Dionisos. Los ojos «rojos del vino» son ojos dionisíacos, borrachos con un exceso de sangre o intensidad de vida. Es una versión ampliada del temperamento sanguíneo o lleno de sangre. Esa imagen apareció, por ejemplo, en el sueño de un paciente antes de la aparición de una nueva cantidad de

Harvard University Press, 1962, pág. 17.

[22] Jung, C.G., *Memories, Dreams, Reflections,* New York, Pantheon Books, 1961, pág. 318.

[23] *La Biblia de Jerusalén,* pág. 75, nota g.

energía psíquica. Soñó lo siguiente: *había una mujer cuya sangre era muy, muy roja, tan roja que casi podía verse bajo su piel. Ella era una persona que vivía la vida al máximo, disfrutando siempre que podía.* Esta figura de un sueño podría ser una versión más pequeña del gobernante de ojos rojos que se lava en el fluido vital.

Los alquimistas también utilizaron el simbolismo de la uva y el vino para representar la esencia vital de la vida, que es el objetivo de su proceso. El opus alquímico se llamaba «vendimia». Un texto dice: «Presiona la uva». Otro dice: «La sangre del hombre y el jugo rojo de la uva son nuestro fuego». El vino es sinónimo del *aqua permanens.* Hermes, la deidad que preside la alquimia es llamado «el viñador» y al agua filosófica se la llama «uvas de Hermes», *Uvae Hermetis.*[24]

La imagen del vino en los sueños generalmente transmitirá significados similares al uso alquímico del símbolo. Además, a menudo se asocia a la sangre de Cristo. Por ejemplo, un joven que estaba descubriendo su tendencia a derramar y disipar su propia esencia individual soñó que se estaba sirviendo un poco de vino, un conocido (una imagen de la sombra) lo tomó y lo vertió en un fregadero. El soñador, completamente excitado, le dijo que había ido demasiado lejos y que no debía hacerlo más. Con este sueño, se hizo el vínculo con la sangre de Cristo a través de la asociación, hecha por el soñador, con el vino consagrado que sobra de la comunión, que no debe ser eliminada vertiéndola en el fregadero.

4. La extracción por el sacrificio

Cristo a veces se representa como uva estrujada en una prensa de vino. Por ejemplo, una xilografía del siglo XV *(imagen 46)* muestra a Cristo en una prensa. Desde su pecho, fluye la sangre hacia un cáliz y desde el cáliz fluyen varias corrientes hacia diver-

---

[24] Jung, C.G., *Alchemical Studies,* C.W., 13, par. 359 n.

Imagen 46. CRISTO ESTRUJADO COMO UN RACIMO DE UVAS.

sas actividades del hombre. En esta imagen, el sacrificio divino está liberando energía para sostener la vida diaria del hombre. El Sí-mismo está apoyando la existencia del ego. Esta idea es el reverso de la visión antigua de que el hombre debe hacer sacrificios para alimentar a los dioses, es decir, el ego debe apoyar al Sí-mismo. Una representación llamativa de este último punto de vista se encuentra en una imagen azteca *(imagen 47)* que muestra una corriente de sangre que fluye de una víctima del sacrificio a la boca del dios sol.

Entendido psicológicamente, ambos procesos operan en diferentes momentos en la vida psíquica del individuo. A veces, la totalidad transpersonal debe ser alimentada por la sangre sacrificial del ego. En otras ocasiones, el ego no puede sobrevivir, a menos que sienta los efectos de la sangre sacrificial del Sí-mismo, que regeneran la vida. La naturaleza recíproca y doble del proceso de apoyo a la vida psíquica se expresa en el simbolismo cristiano. Según el mito, Cristo es a la vez Dios y hombre, es decir, tanto el Sí-mismo como el ego. En términos del rito de sacrificio, él es

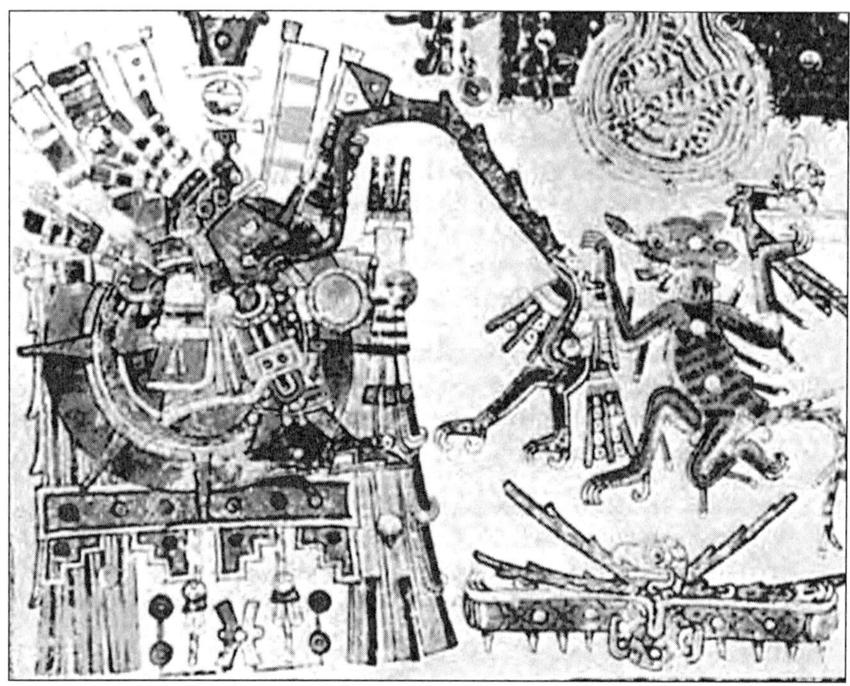

Imagen 47. DIOS SOL AZTECA ALIMENTÁNDOSE DE SANGRE HUMANA.

tanto el sacerdote sacrificador como la víctima del sacrificio. Este punto se enfatiza en otro pasaje de Hebreos:

> Pero Cristo, constituido Pontífice de los bienes futuros, a través del tabernáculo mejor y más perfecto, no hecho por manos de hombres, esto es, no de esta creación, entró de una vez para siempre en el santuario, no por la sangre de los machos cabríos y de los becerros, sino por su propia sangre, habiendo obtenido una redención eterna. Porque si la sangre de los machos cabríos y de los toros y la aspersión de la ceniza de la vaca santifica a los inmundos y les da la limpieza de la carne, ¡cuánto más la sangre de Cristo, que en virtud de un espíritu eterno a sí mismo se ofreció inmaculado a Dios, limpiará nuestra conciencia de las obras muertas, para servir al Dios vivo! (Hebreos 9:11-14, NÁCAR-COLUNGA, 1944).

En este pasaje, Cristo es simultáneamente el sacerdote que sacrifica y la víctima del sacrificio. Él es el agente que extrae de sí mismo la sangre redentora. Una imagen parecida se encuentra en *Las visiones de Zósimo*. En esta obra leemos:

> «Soy Ion, el sacerdote de los santuarios interiores, y me someto a un tormento insoportable [...] hasta que percibí por la transformación del cuerpo que me había convertido en espíritu». Y mientras hablaba así, y le obligué por la fuerza a que conversara conmigo, sus ojos se volvieron como sangre.[25]

Y más tarde:

> «Este es el sacerdote de los santuarios interiores. Es él quien transforma los cuerpos en sangre, hace que los ojos sean clarividentes y levanta a los muertos».[26]

Jung dice acerca de esta visión:

> «La visión en sí misma indica que el propósito principal del proceso de transformación es la espiritualización del sacerdote que se sacrifica: él debe ser transformado en *pneuma* [...].
>
> A lo largo de las visiones, está claro que el sacrificador y el sacrificado son uno y el mismo. Esta idea de la unidad de la prima y última materia, de lo que redime y lo que ha de ser redimido, impregna toda la alquimia de principio a fin».[27]

La idea de que Cristo se sacrificó para revelar su esencia espiritual se expresa en los pasajes de las Escrituras que se refieren a la venida del Paráclito. En Juan 16:7 Cristo dice a sus discípulos: «Pero os digo la verdad: os conviene que Yo me vaya. Porque, si no me fuere, el Paráclito no vendrá a vosotros; pero, si me fuere, os lo enviaré» (Nácar-Colunga). En el capítulo catorce de Juan se hace

---

[25] Berthelot, M.P.E., *Collection des Anciens Alchemistes Grecs,* 1888, reimpreso por Holland Press, London, 1963, III, 1, 2. Traducido en Jung, C.G., *Alchemical Studies,* C.W., 13, par. 86.

[26] Ibíd.

[27] Jung, C.G., *Psychology and Religion: West and East,* C.W., 11, par. 353.

referencia al Paráclito de esta manera: «Y yo rogaré al Padre, y os dará otro Paráclito, que estará con vosotros para siempre, el Espíritu de verdad, que el mundo no puede recibir porque no lo ve ni le conoce; vosotros le conocéis, porque permanece con vosotros y está en vosotros» (Juan 14:16, 17, Nácar-Colunga). Y nuevamente, «Os he dicho estas cosas mientras permanezco entre vosotros, Pero el Paráclito, el Espíritu Santo, que el Padre enviará en mi nombre, ese os lo enseñará todo [...]». (Juan 14:25, 26, Nácar-Colunga).

En cierto sentido, el Paráclito es sinónimo de la sangre de Cristo. Los dos son producto del sacrificio de Cristo. Los dos son la esencia efectiva incorpórea que puede existir solo por la pérdida de la forma concreta de Cristo. El Paráclito, como se describe en Juan, solo puede verse como una guía interna individual que reemplaza al Jesús de la historia y del dogma. Es el «Cristo interior» del Maestro Eckhart o, en términos psicológicos, el camino de la individuación.

La conexión entre Cristo y su sangre plantea cuestiones de importancia como se demuestra en una penosa disputa medieval. Hubo un combate teológico entre los dominicos y los hermanos menores franciscanos sobre la sangre de Cristo derramada durante la Pasión. Los hermanos menores decían que dejó de estar unida a la divinidad de Cristo, los dominicos que la unión no cesó. Finalmente, el Papa Pío II prohibió a ambas partes discutir más sobre la cuestión.[28]

Cuando se las considera psicológicamente, estas disputas intelectuales aparentemente estériles son ricas en significado simbólico. El problema es si es posible o no extraer el significado arquetípico completo de su encarnación particular en el mito de Cristo y en la Iglesia fundada en ese mito. En otras palabras, si es posible tener un enfoque puramente psicológico de las energías numinosas de la psique sin la ayuda de una fe religiosa en particular o de

[28] Hastings, James, editor, *Encyclopaedia of Religion and Ethics,* New York, Scribner's, 1922, Vol. XII, pág. 321.

una afiliación eclesial determinada. Para nosotros, la respuesta es obvia; pero, si se hubiera formulado conscientemente en la Edad Media, habría sido una pregunta ciertamente revolucionaria.

El método por el cual se extrae la sangre de Cristo es el proceso del sacrificio. Las implicaciones psicológicas del sacrificio son bastante complejas. Para una visión más completa sobre ello, se puede consultar el ensayo de Jung «El simbolismo de la transformación en la Misa».[29] Para los propósitos actuales, señalaría que son posibles al menos cuatro disposiciones diferentes en la cuestión del sacrificio, dependiendo de quién está haciendo el sacrificio, qué se sacrifica, y a beneficio de quién se realiza el sacrificio. Las cuatro posibilidades se pueden resumir de la siguiente manera:

	SACERDOTE		VÍCTIMA		A BENEFICIO DE
1	Dios	sacrifica a	el hombre	para	Dios
2	Dios	sacrifica a	Dios	para	el hombre
3	El hombre	sacrifica a	Dios	para	el hombre
4	El hombre	sacrifica a	el hombre	para	el hombre y Dios

1. Dios sacrifica al hombre. Esta versión se corresponde con todas las antiguas prácticas de sacrificio. El sacerdote, que actúa en lugar de Dios sacrifica a un animal que representa al hombre (originalmente se sacrificaba a un humano). El movimiento es de lo humano a lo divino, es decir, es el reino divino el que debe ser aumentado a expensas de lo humano. Por lo tanto, la implicación es que el ego está demasiado lleno y el mundo transpersonal está demasiado vacío. El equilibrio debe establecerse mediante un sacrificio del ego en beneficio del Sí-mismo.

---

[29] Jung, C.G., *Psychology and Religion:West and East,* C.W., 11, par. 381 y sig.

2. Dios sacrifica a Dios. Este procedimiento se corresponde con el simbolismo de todas las comidas totémicas en la medida en que se realizan como un ritual sagrado y, por lo tanto, bajo los auspicios de Dios. El ejemplo más destacado es la Misa Católica Romana en la cual el sacerdote que celebra representa a Dios el sacrificador y los elementos representan a Dios el sacrificado. En este caso, el movimiento es de lo de divino a lo humano, lo que indica un vacío relativo del ego (pobreza de espíritu) que requiere una influencia constante desde el inconsciente colectivo transpersonal.

3. El hombre sacrifica a Dios. Esta acción no tiene representación religiosa específica, ya que su esencia es aparentemente secular o personal. Corresponde a extraer energía y significado de las categorías transpersonales para servir a los intereses del ego consciente. Ejemplos míticos serían el robo de fuego de Prometeo y el pecado original de Adán y Eva. Estrictamente hablando, parece que la palabra sacrificio no debería aplicarse aquí, ya que es más una cuestión de desacralización que de realizar un acto sagrado. Sin embargo, durante las visiones experienciales del desarrollo psicológico cuando se requiere este paso, la experiencia justifica el término sacrificio para describir la resistente renuncia a ser contenido en los antiguos modos de ser. En realidad, es el mayor sacrificio de todos y, como los mitos nos dicen, exige el precio más alto. En la historia de la cultura, esta etapa estaría representada por el materialismo ateo. El movimiento de la energía es de lo divino a lo humano y, por tanto, pertenece a una condición que requiere un aumento de la autonomía consciente.

4. El hombre sacrifica al hombre. Este cuarto tipo de sacrificio es un ideal hipotético y solo ha comenzado a surgir como una posibilidad para la comprensión humana. Se refiere a un sacrificio del ego por el ego con el doble propósito del propio desarrollo del ego y la realización de su destino transpersonal. Como el hombre es a la vez agente y víctima, es un procedimiento consciente, no motivado por la compulsión arquetípica inconsciente, sino más bien por una cooperación consciente con el impulso de individuación.

Reconstruye en el nivel humano consciente lo que está prefigurado en el nivel divino y arquetípico en el sacrificio de Cristo por sí mismo. Según Crisóstomo, Cristo fue el primero en comerse su propia carne y beber su propia sangre.[30] Esta acción se convierte en un modelo para el ego que ha alcanzado un nivel suficiente de conciencia para comprender su significado. Jung describe este significado de la siguiente manera:

> Si el conflicto proyectado tiene que curarse, debe regresar a la psique del individuo, donde tenía sus orígenes inconscientes. Debe celebrar una Última Cena consigo mismo y comer su propia carne y beber su propia sangre lo que significa que debe reconocer al otro en sí mismo [...]. Porque si tienes que aceptarte a ti mismo, ¿podrás ser capaz de destruir a otros?[31]

Los efectos colectivos de la auto-aceptación son descritos por Neumann en estas palabras:

> [...] la aceptación previa de lo tenido como malo que [...] (el individuo) lleva a cabo como parte del proceso de asimilación de su sombra es lo que lo convierte, a la vez, en un elemento inmunitario para el colectivo. La sombra de un individuo está invariablemente ligada a la sombra colectiva de su grupo, y cuando acepta su propio mal, un fragmento del mal colectivo es resuelto invariablemente al mismo tiempo.[32]

La misma imagen ocurre en el proceso alquímico de la *circulatio* que tenía lugar en un matraz de reflujo, matraz también llamado pelícano. Acerca de esto, Jung dice:

> En la imagen milenaria de los uróboros radica la idea de devorarse a uno mismo y convertirse en un proceso circulatorio

---

[30] Jung, C.G., *Mysterium Coniunctionis,* C.W., 14, par. 423.

[31] Ibíd., par. 512.

[32] Neumann, Erich *Depth Psychology and a New Ethic,* New York, C. G. Jung Foundation, Putman's, 1969, pág. 130.

> [...]. Este proceso de «retroalimentación» es al mismo tiempo un símbolo de inmortalidad [...]. Simboliza al Uno, que procede del choque de los opuestos [...]. (Estos símbolos de la alquimia eran un misterio) cuyo parentesco interno con el misterio de la fe era percibido por los adeptos, de modo que para ellos los dos eran idénticos.[33]

5. Los atributos de la sangre de Cristo

Las Escrituras atribuyen características muy definidas a la sangre de Cristo. Ya hemos notado la cualidad de unir, la cualidad de sellar el pacto que une al hombre con Dios. Además, limpia del pecado (I Juan 1:7 y Apocalipsis 1:5), es decir, le libera a uno de la culpa inconsciente. También se dice que santifica (Hebreos 13:12) lo cual, entendido psicológicamente, sugeriría la introducción de la dimensión sagrada o arquetípica en la consciencia personal. Se la llama preciosa (I Pedro 1:19) indicando que tiene el valor más alto. En el calendario religioso católico romano, el 1 de julio se designa como «La fiesta de la Preciosísima Sangre de nuestro Señor Jesucristo».

Un atributo principal de la sangre de Cristo es su poder para la redención de las almas, como se evidencia en pasajes como:

> En quien tenemos la redención por la virtud de su sangre [...] (Efesios 1:7).
>
> [...] el Hijo de su amor, en quien tenemos la redención y la remisión de los pecados. (Colosenses 1:13-14).
>
> [...] fuiste degollado y con tu sangre has comprado para Dios hombres [...] (Apocalipsis 5:9, Nácar-Colunga).

La creencia religiosa popular ha elaborado extensamente este tema. Por ejemplo, un misal católico bien conocido que incluye imágenes que ilustran ciertas doctrinas cristianas, tiene una pin-

---

[33] Jung, C. G., *Mysterium Coniunctionis,* C.W., 14, par. 512.

tura muy interesante que representa el poder redentor de la sangre de Cristo *(imagen 48).*

La parte superior de esta imagen muestra a Cristo en la cruz rodeado por círculos concéntricos de luz radiante. A su izquierda está la luna, a su derecha el sol. Un ángel sostiene un cáliz que está recogiendo la sangre que mana de su costado. La parte inferior de la imagen muestra almas atormentadas en el purgatorio. Un ángel está derramando la sangre de Cristo desde un cáliz al purgatorio. A medida que la sangre toca a las figuras torturadas, son liberadas y salen de las llamas. Entendido psicológicamente, el purgatorio es la condición de ser identificado con el ardiente deseo de la concupiscencia y la furiosa ira que se genera cuando el deseo se frustra. La sangre redentora de Cristo se puede considerar como un fluido que trae consciencia derivada del Sí-mismo, que transmite una visión más amplia, que incluye el significado arquetípico de la existencia y que libera al individuo de sus estrechas dimensiones egoicas y personalistas. Expresándolo de otra manera, la imagen muestra dos estados de tormento, el tormento superior de la crucifixión y el tormento inferior de la tortura sin sentido. Ambas condiciones son igualmente dolorosas, pero una es voluntaria (aceptada por la consciencia) y, por lo tanto, genera el precioso fluido vital.

Otro atributo importante de la sangre de Cristo es su capacidad para reconciliar y llevar la paz a los opuestos. Pablo dice en Colosenses 1:20:

> [...] y por El reconciliar consigo, pacificando por la sangre de su cruz todas las cosas, así las de la tierra como las del cielo.

Nuevamente en Efesios 2:13.16:

> mientras que ahora, por Cristo Jesús, los que un tiempo estabais lejos, habéis sido acercados por la sangre de Cristo, pues El es nuestra paz, que hizo de los dos pueblos uno, derribando el muro de separación, la enemistad, anulando en su carne la Ley

> de los mandamientos formulada en decretos, para hacer en sí mismo de los dos un solo hombre nuevo, y estableciendo la paz, y reconciliándolos a ambos en un solo cuerpo con Dios por la cruz, dando muerte en sí mismo a la enemistad. (NÁCAR-COLUNGA).

Aquí se presenta claramente el aspecto del Sí-mismo como reconciliador de los opuestos. Según Jung, este pasaje probablemente influyó en el concepto alquímico del *mercurius* como pacificador, mediador entre elementos opuestos y unificador.[34] «El *mercurius* se concibe como "sangre espiritual" en analogía con la sangre de Cristo»[35]. El *mercurius* también corresponde al Espíritu Santo,[36] que proporciona otro vínculo entre él y la sangre de Cristo.

El vino de Dionisos comparte con la sangre de Cristo las cualidades de reconciliación y comunión. El sueño de un joven sacerdote, que me llamó la atención, ilustra este punto de manera sorprendente:

Sueño (abreviado): *Debo celebrar la eucaristía. En la sacristía, que parece una cocina, el vino de la eucaristía se preparará mezclando dos vinos separados: un vino azul oscuro y un vino tinto. Este último está en una botella con una etiqueta amarilla que parece una etiqueta escocesa y está marcado como «Pablo». En una mesa redonda, dos hombres están sentados. Uno es de izquierdas, el otro es de derechas. Hasta el momento han mantenido una fachada de cordialidad social, pero ahora se están volviendo hostiles el uno con el otro. Sugiero que dejen la visceralidad y resuelvan su descontrol emocional. En este punto, la escena se oscurece como en una obra de teatro y un foco rojo-amarillo se enfoca en una pequeña mesa entre y detrás de los dos hombres. En la mesa hay una botella de vino tinto con la etiqueta escocesa claramente marcada como «Pablo». Después se hace una oscuridad total y se escucha el tintineo de las copas, que suenan como*

[34] Jung, *Mysterium Coniunctionis*, C. W., par. 10.
[35] Ibíd., par. 11.
[36] Ibíd., par. 12.

Imagen 48. LA SANGRE DE CRISTO QUE SALVA A LAS ALMAS DEL PURGATORIO.

si se estuviera brindando o se rompieran. El sentido de esto es obvio en el sueño. Creo que bebieron vino tinto en su conversación, lograron cierta camaradería, se emborracharon, se quedaron dormidos y se les cayeron las copas. Mi respuesta es deleitarme en la forma estética en que esto ha sido representado y sentir ansiedad por el hecho de que el servicio debe comenzar y ahora nos falta un ingrediente para mezclar el vino de la celebración eucarística.

Este sueño presenta la imagen interesante de dos vinos, uno azul y otro rojo, tal vez simbolizando los espíritus separados de Logos y de Eros. Muestra que el soñador ha logrado una «*coniunctio* menor», una reconciliación con la sombra, pero la «*coniunctio mayor*», representada por el servicio eucarístico completo con ambos vinos, aún no está lista para llevarse a cabo.

La disolución regresiva y la reconciliación consciente de las diferencias a veces se confunden o se contaminan entre sí. La sangre o el vino de Cristo y Dionisos pueden causar cualquiera de las dos. Generalmente se experimenta como algo dichoso, por ejemplo, la bella descripción de Nietzsche del principio dionisíaco:

> Bajo la magia de lo dionisíaco no sólo se renueva la alianza entre los seres humanos: también la naturaleza enajenada, hostil o subyugada celebra su fiesta de reconciliación con su hijo perdido, el hombre. De manera espontánea ofrece la tierra sus dones, y pacíficamente se acercan los animales rapaces de las rocas y del desierto. De flores y guirnaldas está recubierto el carro de Dioniso: bajo su yugo avanzan la pantera y el tigre. Transfórmese el Himno a la alegría de Beethoven en una pintura y no se quede nadie rezagado con la imaginación cuando millones se postran estremecidos en el polvo: así será posible aproximarse a lo dionisíaco. Ahora el esclavo es hombre libre, ahora quedan rotas todas las rígidas y hostiles delimitaciones que la necesidad, la arbitrariedad o la «moda insolente» han establecido entre los hombres. Ahora, en el evangelio de la armonía universal, cada uno se siente no sólo reunido, reconciliado, fundido con su prójimo, sino uno con él, cual si el velo de Maya

> estuviese desgarrado y ahora sólo ondease de un lado para otro, en jirones, ante el misterioso Uno primordial.[37]

Como se mostró anteriormente, la sangre de Cristo es sinónimo del Logos. Según el Evangelio de Juan, el Logos es luz. «En él estaba la vida, y la vida era la luz de los hombres» (Juan 1:4, NÁCAR-COLUNGA). La sangre de Cristo como luz se expone en el tratado gnóstico *Pistis Sophia*. El texto también menciona otras imágenes relacionadas que ya hemos considerado. Jesús ha hecho que sus discípulos suban con él al cielo y les muestra una visión:

> Y Jesús les dijo nuevamente:
> «Mirad y ved lo que podáis ver».
>
> Y ellos levantaron su vista y vieron una espléndida y potente luz que nadie en el mundo podría describir. Y Jesús les dijo nuevamente: «Apartad la vista de la luz y ved lo que podáis ver». Y ellos dijeron: «Vemos fuego, agua, vino y sangre».
>
> Jesús –es decir Aberamentho[38]– dijo a sus discípulos: «En verdad os digo: Nada traje al mundo cuando vine a excepción de este fuego, esta agua, este vino y esta sangre. He traído el agua y el fuego de la región de la Luz de las Luces del Tesoro de la Luz; y he traído el vino y la sangre de la región de Barbelos.[39] Y después mi padre me envió el espíritu santo en la forma de una paloma».
>
> «Y el fuego, el agua y el vino son para la purificación de todos los pecados del mundo. La sangre, por otra parte, es un símbolo puesto en mí a causa del cuerpo humano que recibí en la región de Barbelos, la gran fuerza del Dios invisible. El soplo, por otro lado, avanza hacia todas las almas y las conduce hacia la región de la Luz».
>
> «Por este motivo os he dicho: He venido a derramar fuego so-

[37] Nietzsche, Friedrich, «The Birth of Tragedy», en *Basic Writings of Nietzsche,* traducido y editado por Walter Kaufmann, New York, Modern Library, pág. 37.

[38] N. de T.: Aberamentho es el nombre sagrado de Jesús, que se usa en el Pistis Sophia.

[39] N. de T.: En varias cosmogonías gnósticas, Barbelos es la primera emanación de Dios, el principio femenino supremo, según Edinger la madre celestial y el Logos femenino.

bre la tierra, es decir: He venido a purificar los pecados de todo el mundo con fuego».

«Y por esta razón dije a la mujer Samaritana: «Si conocieses el don de Dios y quien es el que os dice dadme de beber, tú pedirías de él, y él os daría agua viva que sería en ti una fuente inagotable para la vida eterna»».

«Y por esta causa tomé una copa de vino, la bendije y os la di, diciendo: «Esta es la sangre del pacto que será vertida por vosotros para el perdón de vuestros pecados».

«Y por esta razón han clavado la lanza en mi costado, emanando agua y sangre».

«Y estos son los misterios de la Luz que perdonan los pecados, es decir, estas son las nominaciones y los nombres de la Luz».[40]

6. Las relaciones con la alquimia

La sangre de Cristo tiene muchas conexiones con el simbolismo alquímico. En la alquimia, la sangre se usa a menudo para describir el producto de un procedimiento de extracción. Por ejemplo, un texto dice: «[...] por lo tanto, derribar la casa, destruir las paredes, extraer de allí el jugo más puro con la sangre y preparar [...]».[41] Como Jung comenta en este pasaje: «[...] estas instrucciones son el procedimiento alquímico típico para extraer el espíritu o el alma y, por lo tanto, para llevar los contenidos inconscientes a la consciencia».[42] A menudo se menciona la sangre de dragón o la sangre de león. El dragón y el león son las primeras formas de *mercurius* que se manifiestan como pasión y concupiscencia, que deben someterse a extracción y transformación. El antiguo paralelo mitológico es la

[40] Mead, G.R.G., traductor, *Pistis Sophia,* London, John M. Watkins, 1947, pág. 308 y sig. Para el texto en castellano se ha utilizado *Pistis Sophia* desvelada por Samael Aun Weor, Editorial Logos Solar, El Salvador, 1983.

[41] Jung, C. G., *Mysterium Coniunctionis,* C.W., 14, par.179.

[42] Ibíd., par. 180.

sangre del Centauro Nessus, a quien Hércules mató cuando Nessus intentó violar a Deianeira. Esta sangre era capaz de generar pasión erótica y, cuando Deianeira le dio a Hércules un vestido empapado en la sangre de Nessus en un esfuerzo por atraerlo hacia ella, le causó una agonía ardiente a la que solo puso fin Hércules en su pira funeraria. Así, como el mercurio, que puede ser veneno o panacea, la sustancia arcana, simbolizada como sangre, puede traer pasión, ira y tormento ardiente o salvación dependiendo de la actitud y condición del ego que la experimenta.

El símbolo de la sangre vincula dos operaciones diferentes en el procedimiento alquímico, *solutio* y *calcinatio*. El agua y el fluido son parte del conjunto de símbolos de la *solutio*. La sangre como fluido se conecta de esta manera con la *solutio*. Sin embargo, la sangre también se asocia con el calor y el fuego y cae en el contexto de la *calcinatio*. La sangre como unión de fuego y agua es una combinación de opuestos. A este doble estado se alude en Juan 19:34: «[...] sino que uno de los soldados le atravesó con su lanza el costado, y al instante salió sangre y agua» (Nácar-Colunga). Este es un eco del motivo del agua y el fuego en la declaración de Juan el Bautista: «Yo os bautizo en agua para conversión; pero aquel que viene detrás de mí es más fuerte que yo, [...] él os bautizará en el Espíritu Santo y fuego» (Mateo 3:11, Biblia de Jerusalén). El agua se disuelve y combina cosas separadas en un medio unificador. El fuego tiene diferentes niveles de significado. Puede ser la intensidad del deseo, la calidez del amor o la inspiración del Espíritu Santo. En diferentes contextos, puede referirse a Eros o a Logos. El color rojo de la sangre lo conecta con todo lo que tiene este color y con la primera flor roja, la rosa. El poeta del *Rubáiyat* vincula sangre y rosa en las líneas:

> A veces pienso que nunca es tan roja
> la Rosa como donde algún César enterrado sangró;
> (Verso XIX)

El término Mar Rojo se usaba en la alquimia para referirse a la tintura o elixir de la Piedra Filosofal. Esto alude al hecho de que los padres de la Iglesia equipararon el Mar Rojo con la sangre de Cristo en la que los cristianos son bautizados simbólicamente. El Mar Rojo permitió a los israelitas pasar, pero ahogó a los egipcios. Jung señala una interpretación gnóstica de esta imagen que indica que: «El Mar Rojo es un agua de muerte para aquellos que son "inconscientes", pero para aquellos que son "conscientes" es una agua bautismal de renacimiento y de trascendencia».[43] Por tanto, los efectos de la inmersión en la esencia del Sí-mismo son liberadores o destructivos dependiendo de la actitud del ego. Hércules no sobrevivió a su simbólica inmersión en el Mar Rojo, en el inconsciente.

Al otro lado del Mar Rojo, los israelitas se encontraron con el desierto y más tarde con las revelaciones de Jahvé en el Sinaí. Así, en el primer encuentro con el Sí-mismo, uno experimenta cierta soledad y separación de los demás. Con respecto a esta experiencia, Jung dice: «Todos los seres que toman consciencia, aún de una mínima parte de su inconsciente, salen de su propio tiempo y estrato social a una especie de soledad [...] Pero solo allí es posible encontrar al "Dios de la salvación". La luz se manifiesta en la oscuridad, y sin riesgo no hay rescate».[44]

La sangre de Cristo se asemeja mucho al *elixir vitae* o *aqua permanens* de los alquimistas, que, en realidad, era una forma líquida de la Piedra Filosofal. Los textos a menudo expresan esta conexión explícitamente. Desde nuestro punto de vista podríamos decir que así como la «sangre del pacto» del Antiguo Testamento fue considerada por los cristianos como una prefiguración de la sangre de Cristo, así la sangre de Cristo fue tomada por los alquimistas como una prefiguración del elixir del la Piedra Filosofal.

Un texto dice:

> Porque como la Piedra Filosofal, que es el Rey Químico, tiene virtud, por medio de su tintura y de su excelencia, para cambiar

[43] Ibíd., par. 257

[44] Ibíd., par. 258.

> otros metales impuros y básicos en oro puro, así nuestro Rey celestial y la Piedra angular fundamental, Jesucristo, puede purificarnos a nosotros, pecadores y hombres impuros, con Su Bendita Tintura de color rubí, es decir, Su Sangre, de toda nuestra inmundicia y suciedad natural, y sanarnos de la enfermedad maligna de nuestra naturaleza.[45]

Y más adelante:

> Porque, como la Piedra Filosofal se une a otros metales por medio de su tintura y entra en una unión indisoluble con ellos, así Cristo, nuestra Cabeza, está en constante comunión vital con todos sus miembros a través de la tintura de rubí de Su Sangre, y compacta todo su cuerpo en un edificio espiritual puro que fue creado en virtud y verdadera santidad. Ahora bien, esa regeneración que se realiza en el bautismo mediante la operación del Espíritu Santo no es más que una renovación espiritual interna del hombre caído, por el cual nos convertimos en amigos de Dios, en lugar de sus enemigos.[46]

Otro texto interesante de Gerhard Dorn[47] dice lo siguiente:

> (Los filósofos) dijeron que su piedra era animada porque en las operaciones finales, en virtud del poder de este misterio más noble y ardiente, tanto del material como del recipiente, exudaba, gota a gota, un líquido rojo oscuro como la sangre y por esta razón han profetizado que en los últimos días un hombre puro (genuino), a través del cual el mundo será libre, vendrá a la tierra y sudará gotas de sangre de un tono rosado o rojo, por las cuales el mundo será redimido de su caída. De la misma manera, también, la sangre de su piedra liberará a los metales impuros y también a los hombres de sus enfermedades [...] y esa

[45] Waite, A.E., *The Hermetic Museum,* Vol. I, pág. 103 y sig.

[46] Ibíd., pág. 104 y sig.

[47] N. de T.: Gerhard Dorn fue un filósofo, traductor, alquimista, médico y bibliófilo belga del siglo XVI, cuyos principales escritos se recogen en el *Theatrum chemicum.*

> es la razón por la cual la piedra se llama animada. Porque en la sangre de esta piedra está escondida su alma [...] Por una razón similar la han llamado su microcosmos, porque contiene la similitud de todas las cosas de este mundo y, por lo tanto, dicen que es animada, igual que Platón dice que el macrocosmos es animado.[48]

La piedra que suda sangre es, por supuesto, un equivalente preciso de Cristo en el huerto de Getsemaní: «Lleno de angustia, oraba con más instancia; y sudó como gruesas gotas de sangre, que corrían hasta la tierra» (Lucas 22:44, Nácar-Colunga). Desde el punto de vista psicológico, significa que la extracción del *aqua permanens* implica inevitablemente dolor y conflicto psíquico. Como dice Jung: «[...] cada avance psíquico del hombre surge del sufrimiento del alma».[49] Sufrir por sufrir no tiene ningún valor. Es solo el sufrimiento significativo que se acepta conscientemente el que extrae el fluido redentor. Lo que trae la transformación es la aceptación voluntaria de los opuestos dentro de uno mismo, la aceptación de la propia sombra, en lugar de proyectarla sobre los demás.

Jung hace el siguiente comentario al texto de Dorn:

> Dado que la piedra representa *al hombre completo (homo totus)*, es lógico que Dorn hable del hombre más verdadero (*putissimus homo*) cuando habla de la sustancia arcana y de su exhudación sangrienta, porque de eso se trata. *Él* es el arcano, y la piedra y su equivalente es Cristo en el huerto de Getsemaní. Este hombre «más puro» o «más verdadero» no debe ser más que lo que es, igual que el *«argentum putum»* es plata pura; debe ser completamente hombre, un hombre que sabe y posee todo lo humano y no está adulterado por ninguna influencia o mezcla externa. Este hombre aparecerá en la tierra solo «en los últimos días». No puede ser Cristo, porque Cristo por su sangre

[48] Dorn G., «Congeries Paraclesicae Chemicae de transmutatione metallorum» citado por Jung, C. G., Alchemical Studies, C.W., 13, par. 497.

[49] Jung, C. G., *Psychology and Religion: West and East,* S.W., 11, par. 497.

> ya ha redimido al mundo de las consecuencias de la Caída [...]. En ningún caso se trata aquí de un Cristo futuro y *salvator microcosmi*, sino del alquímico *servator cosmi* (el conservador del cosmos), que representa la idea todavía inconsciente del hombre completo, que provocará lo que el sacrificio de Cristo, obviamente, ha dejado sin terminar, es decir, la liberación del mundo del mal. Como Cristo, él sudará una sangre redentora, pero [...] es del color de la rosa, no es sangre natural o ordinaria, sino sangre simbólica, una sustancia psíquica, la manifestación de un cierto tipo de Eros que unifica al individuo y a la multitud en el signo de la rosa y los hace completos.[50]

7. Sueños modernos

El símbolo de la sangre de Cristo está activo en la psique moderna como lo demuestran los sueños de pacientes en psicoterapia. Por ejemplo, el siguiente es un sueño de una joven ama de casa a quien el trato arbitrario y dañino que sufrió en la infancia había ahogado su identidad personal y su feminidad. Ella tiene un considerable talento creativo que hasta el momento del sueño no se había realizado completamente. No mucho tiempo después de empezar la psicoterapia tuvo este sueño: *Una figura, un ángel, con una gasa blanca en la rodilla, está inclinado escribiendo con la mano derecha sobre una piedra de grava de forma ovalada, colocada sobre hierba nueva. Está escribiendo con la sangre que está contenida en un recipiente sostenido por una figura masculina de pie a su lado derecho. Él sostiene el recipiente con su mano izquierda.*

Después del sueño, la paciente lo pintó. *(imagen 49)*. En la pintura, el ángel se ha convertido en un gran pájaro blanco que está escribiendo con su pico. El hombre que sostiene un cáliz con sangre en su mano es una figura barbuda vestida con una túnica y

[50] Jung,C.G., *Alchemical Studies,* C.W., 13, par.390,

es claramente una representación de Cristo. La paciente no tenía esencialmente asociaciones personales, y solo dijo que el hombre le recordaba a Cristo y el pájaro al Espíritu Santo.

Obviamente, este sueño es de gran importancia y representa un proceso profundo que se desarrolla dentro de la soñadora. En lo que respecta a la losa de piedra ovalada, un sueño que ocurre unos tres meses más tarde se asocia a ella. En este sueño posterior: *ve cuatro losas cuadradas de hormigón con círculos dibujados. Están agrietadas y rotas. Una voz dice: «Lo que ahora está destruido representa tus actitudes erróneas sobre la feminidad»*. Así, la piedra ovalada puede considerarse una nueva base que reemplaza las antiguas losas rotas, una especie de *tábula rasa* sobre la que ahora puede escribir su verdadera identidad. Que estamos siendo testigos de un proceso central relacionado con el establecimiento del núcleo de su personalidad, se hace evidente por la presencia del símbolo de la sangre de Cristo. Como se indicó anteriormente, este símbolo pertenece a la fenomenología del Sí-mismo y su presencia indica que el centro transpersonal de la identidad individual se activa y está vertiendo un influjo de energía y significado en la personalidad consciente.

De acuerdo con la imagen del sueño, Cristo proporciona la sangre, pero el Espíritu Santo es quien escribe. Esto se corresponde con lo dicho por Cristo: «Os conviene que yo me vaya; porque si no me fuere, el Paráclito no vendrá a vosotros» (Juan 16:7, NÁCAR-COLUNGA). La separación es el medio por el cual se extrae la sangre, dejando la energía de la individuación libre para ser expresada por el espíritu libre en su manifestación individual. Probablemente sea significativo tener en cuenta que esta paciente había sido educada como católica romana y en el momento del sueño estaba en el proceso de retirar su proyección de la autoridad máxima de la Iglesia y de sus doctrinas.

El siguiente sueño es el de un joven estudiante graduado. De niño, le diagnosticaron erróneamente una enfermedad cardíaca, debido a un soplo en el corazón. Esta experiencia le causó una

Imagen 49. PÁJARO ESCRIBIENDO CON LA SANGRE DE CRISTO, pintura de una paciente.

ansiedad considerable en ese momento y le produjo una reacción fóbica el ver la sangre o que la pudiera ver. A medida que exploramos este síntoma, se descubrió que la sangre representaba un sentimiento o la intensidad emocional de cualquier clase. Tenía miedo de todas las reacciones que provenían de su corazón. Después del encuentro que tuvo con su obsesión con la sangre durante el cual hizo un esfuerzo especial para mantenerse firme y afrontar su propia ansiedad en lugar de huir, tuvo este sueño: *estoy en un barrio que tiene una extraña casa de tres pisos que comienzo a explorar. Me aventuro hacia el sótano y allí encuentro un fascinante santuario. Inmediatamente mi atención se dirige a un símbolo luminoso sobre el altar. Consiste en una cruz y en el centro de la cruz un corazón palpitante. Durante un tiempo me llama la atención, parece tener muchos significados ocultos. Después de irme, tomo la decisión de regresar otra vez para comprobar mi sensación con esa extraña cruz. Cuando entro en el santuario de nuevo, me sorprende descubrir que hay una monja católica en la entrada y que la sala está llena de gente, todos rezando.*

Acompañando el sueño, dibujó una cruz con un corazón superpuesto *(imagen 50).*

Con este sueño tenemos un bello ejemplo de cómo un síntoma psíquico puede resolverse cuando se penetra su núcleo de significado arquetípico. El sueño equipara la obsesión con la sangre (el corazón) con Cristo en la cruz. En efecto, lo que teme este paciente es la sangre de Cristo. Puesto en estos términos religiosos o arquetípicos, el miedo a la sangre pierde su naturaleza irracional y, por lo tanto, deja de ser un síntoma. Se convierte más bien en una reacción ante lo numinoso, un miedo sagrado a la realidad transpersonal del Sí-mismo. No podemos decir que sea una neurosis, sino una manifestación de la dimensión religiosa de la psique. El sueño transmite al soñador el hecho de que su afecto e intensidad emocional son cosas sagradas y que, si bien puede acercarse a ellas con temor y temblor, no es de ninguna manera despreciado o rechazado, como antes estaba inclinado a pensar. O, para decirlo de otra manera, el sufrimiento neurótico sin sentido se ha transformado en sufrimiento consciente y significativo que se entiende como un ingrediente necesario de un proceso de vida profundo y arquetípico, es decir, la extracción de la sangre de Cristo.

El siguiente fue el primer sueño, al principio de la terapia, de un hombre que más tarde se convirtió en psicoterapeuta: *Después de algunas dificultades, había pescado un pez dorado. Su tarea era extraer su sangre y calentarla hasta que alcanzara un estado permanentemente fluido. El peligro era que la sangre podría coagularse durante el proceso. Estaba en un laboratorio hirviendo la sangre del pez. Un hombre mayor, conocedor de la tradición, le dijo que nunca funcionaría, que la sangre seguramente se coagularía. Sin embargo, continuó calentándola y el soñador supo que tendría éxito.*

El símbolo del pez tiene un doble aspecto. Por un lado, es una

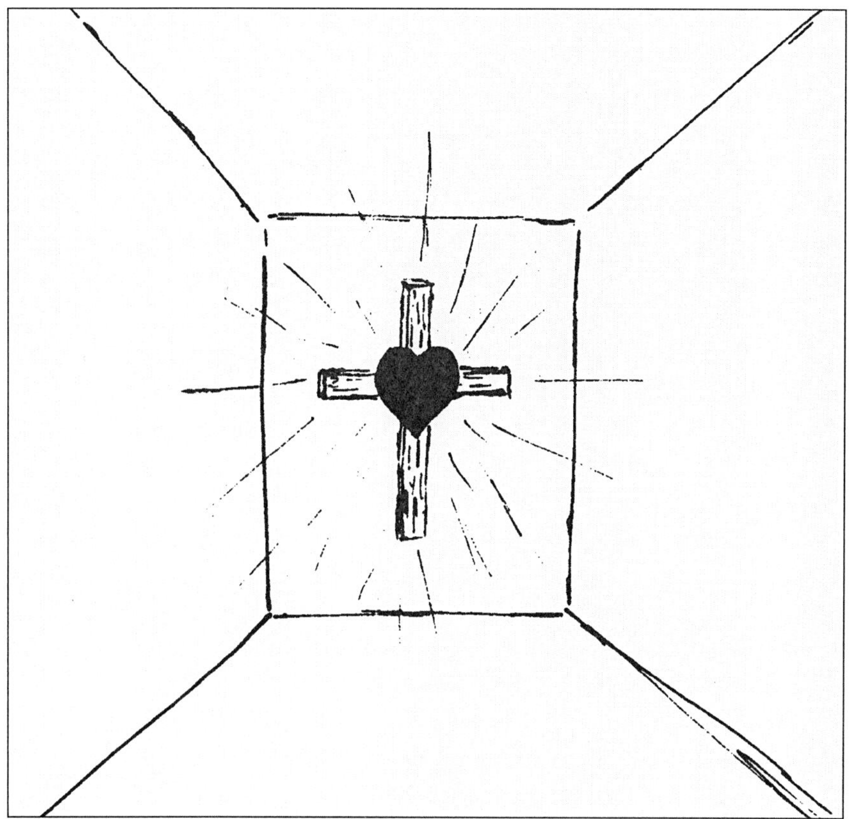

Imagen 50. EL CORAZÓN EN LA CRUZ, dibujo de un paciente.

criatura de sangre fría de las profundidades y, por lo tanto, representa una instintividad inconsciente similar al dragón. Por otro lado, es un símbolo de Cristo. Por lo tanto, simboliza tanto al redentor como a quien debe redimirse.

Un mito relevante sobre la extracción de la sustancia salvadora del pez se encuentra en el libro apócrifo de Tobit. En esta historia, el héroe Tobías estaba en visperas de casarse con Sara, una mujer que se había casado siete veces y que cada noche de bodas, el novio era asesinado por un demonio que habitaba en la habitación de Sara. En su camino Tobías se encontró con un pez grande que saltó fuera del agua hacia él. Rafael, su guía, le dijo a Tobías que atrapara ese pez y le extrajera el corazón, el hígado y la hiel. La hiel estaba reservada para otro propósito, pero el corazón y el hígado debían ser quemados la noche de su boda con Sara para desterrar al demonio que había matado a sus maridos anteriores. La operación se realizó con éxito. Tobías sobrevivió a su matrimonio con Sara y recibió el dinero que el padre de Sara le debía.

Este cuento contiene un importante simbolismo sobre lo que se requiere para relacionarse con el inconsciente sin ser destruido por él. La *coniunctio* solo tiene éxito después de la captura del pez y la extracción de su esencia, que se convierte en una sustancia salvadora similar a la sangre de Cristo. En resumen, significa que el problema del deseo inconsciente debe manejarse bien, como preludio necesario para la *coniunctio*. Cristo fue identificado con los peces (*ichthys*) desde los comienzos del cristianismo. Por lo tanto, la sangre del pez es también la sangre de Cristo. Por extensión, los peces pueden representar todo el eón cristiano, la era de Piscis que ahora está llegando a su fin.[51] En un sentido más amplio, extraer la sangre del pez simboliza la extracción del sentido de la vida de la enseñanza cristiana. Se está extrayendo una preciosa esencia psíquica de la forma que la contenía previamente. Como indica el sueño, la transición de una forma anterior a otra nueva acarrea peligros. La sangre puede coagularse. En otras palabras, en el proceso de extraer el significado religioso del cristianismo tradicional que lo contiene, existe el peligro de que el valor suprapersonal se pierda por completo. O, tal vez, el peligro de que la sangre coagule y se solidifique, significaría que la energía transpersonal recién liberada podría quedar ligada a formas de comprender y actuar rígidas e inadecuadas, como por ejemplo, los partidismos políticos o sociológicos o los mezquinos fanatismos personales, que son recipientes demasiado pequeños para alber-

[51] Jung, C. G., *Aion,* C.W., 9 ii, par. 127 y sig.

gar toda la magnitud de significado de la energía vital suprapersonal. Sin embargo, el sueño da a entender que la transformación se completará con éxito.

En resumen, la sangre de Cristo representa el poder primordial de la vida misma tal como se manifiesta en el plano psíquico, con una potencialidad profunda para bien o para mal. Como símbolo de la esencia fluida del Sí-mismo y de la totalidad, contiene y reconcilia todos los opuestos. Si se trata de una afluencia ardiente de energía indiferenciada, puede destruir el ego rígido o no desarrollado. En caso contrario, es la energía nutritiva, de apoyo, vinculante y potenciadora de vida que fluye desde el centro transpersonal de la psique y que mantiene, valida y justifica la existencia continua del centro personal de la psique, el ego. Como combinación de agua y fuego, es a la vez reconfortante, consoladora, protectora e inspiradora, animadora y vigorizante. Es la esencia más allá del tiempo que otorga significado a la existencia y da sentido a la vida. Es la columna eterna en la que descansa el momento presente de la existencia consciente. Cada vez que se libera un estado de consciencia estéril, estancado o reprimido, mediante una afluencia de imágenes significativas, sentimientos o energías motivadoras, se puede decir que un dinamismo arquetípico, representado por la sangre de Cristo, ha comenzado a operar. Tales experiencias confirman la realidad del «poder de redención» que es la cualidad esencial de la sangre de Cristo.

CAPÍTULO DIEZ

La piedra filosofal

Comprended, Hijos de la Sabiduría, lo que la Piedra declara: Protégeme y te protegeré; dame a mí misma para que pueda ayudarte.

El tratado dorado de Hermes[1]

1. Introducción y texto

Encontramos un rico y complejo símbolo del Sí-mismo en la interpretación del alquimista sobre la Piedra Filosofal: el objetivo final del proceso alquímico. Algunos pueden preguntarse qué valor pueden tener las elucubraciones de los alquimistas para la psicología empírica moderna. La respuesta es que estas elucubraciones expresan simbólicamente las capas más profundas del inconsciente y proporcionan valiosos paralelismos que nos ayudan a comprender las imágenes que surgen hoy en las sesiones de terapia profunda con los individuos. El mismo hecho de que los alqui-

[1] Atwood, M. A., *Hermetic Philosophy and Alchemy,* reeditado por Julian Press, New York, 1960, pág. 128.

mistas fueran puros psicológicamente y acríticos, permitió que las imágenes simbólicas se manifestaran sin distorsión alguna. Jung lo expone de esta manera:

> (Para comprender todo el rango del significado de un símbolo) la investigación debe remontarse a aquellos períodos de la historia humana en los que la formación de símbolos aún se desarrollaba sin obstáculos, es decir, cuando todavía no había crítica epistemológica de la formación de imágenes y cuando, en consecuencia, los hechos, que en sí mismos eran desconocidos, podían expresarse mediante una forma visual definida. El período de este tipo más cercano a nosotros es el de la filosofía natural medieval [...]. Logró su desarrollo más significativo en la alquimia y la filosofía hermética.[2]

Jung dice en la conclusión de *Mysterium Coniunctionis*:

> La alquimia [...] me ha ofrecido el inmenso e invalorable servicio de proporcionar material en el que mi experiencia podría encontrar suficiente campo de estudio y, por lo tanto, me ha permitido describir el proceso de individuación, al menos en sus aspectos esenciales.[3]

El objetivo del proceso de individuación es lograr una relación consciente con el Sí-mismo. El objetivo del procedimiento alquímico era representado por la Piedra Filosofal. Por lo tanto, la Piedra Filosofal es un símbolo del Sí-mismo.

Las descripciones fragmentarias de la naturaleza y los atributos de la Piedra Filosofal están dispersas por toda la voluminosa literatura alquímica. Un estudio completo de la fenomenología de esta imagen requeriría la tarea considerable de recoger estos materiales dispersos. Sin embargo, mi propósito en este capítulo es mucho más modesto, y para este propósito tuve la suerte de

[2] Jung, C.G., *Alchemical Studies,* C.W., 13, par. 353.

[3] Jung, C. G., *Mysterium Coniunctiones,* C.W:, 14, par. 792.

encontrar en un solo texto una descripción bastante completa y detallada de la Piedra Filosofal.

El texto que utilizaré se encuentra en el preámbulo de una antología de textos alquímicos en inglés, editada por Elias Ashmole y publicada en Londres en 1652.

Dice lo siguiente (con ortografía modernizada):

> (1) (La forma mineral de la Piedra Filosofal) tiene el poder de transmutar cualquier materia terrenal imperfecta a su máximo grado de perfección; es decir, convertir el más bajo de los metales en oro y plata perfectos; las piedras, en toda clase de piedras preciosas (como rubíes, zafiros, esmeraldas y diamantes, etc.) y otras transformaciones de similar naturaleza. Esto es tan solo la más pequeña de las bendiciones que puede ser recibidas de la Materia Filosofal, si se conocieran todas sus virtudes. Confieso que el oro es un objeto bello, una buena luz [...] pero, aunque conseguir oro es la principal intención de los alquimistas, para los antiguos filósofos tenía un interés menor, por lo que los adeptos lo consideraban el más bajo escalón en el trabajo con esta Materia.
>
> (2) Porque ellos eran amantes de la sabiduría más que de la riqueza mundana, se dirigían a obras superiores y más excelentes: y, ciertamente, aquel a quien todo el curso de la naturaleza se abre, se regocija no tanto en que pueda hacer oro y plata, o pueda someter a los demonios, sino en ver los cielos abiertos, a los ángeles de Dios ascendiendo y descendiendo, y en saber que su propio nombre está escrito en el Libro de la Vida.
>
> (3) A continuación, alcanzar las Piedras Vegetal, Mágica y Angélica; las cuales no tienen parte de la Piedra Mineral [...] porque son maravillosamente sutiles, y cada una de ellas difiere en el funcionamiento y la naturaleza porque son trabajadas y destiladas para conseguir varios efectos y propósitos. Sin duda, Adán, con los Padres anteriores y posteriores al diluvio, Abraham, Moisés y Salomón hicieron muchas maravillas con ellas, sin embargo, nunca entendieron del todo la mayor de sus virtudes; ni nadie lo entendió excepto Dios, el Hacedor de todas las cosas en el cielo y en la tierra, bendito por los siglos de los siglos.

(4) Porque, por la vegetal (Piedra) se puede conocer perfectamente la naturaleza del hombre, las bestias, las aves, los peces, junto con todo tipo de árboles, plantas, flores, etc., y cómo producirlos y hacerlos crecer, florecer y dar fruto; cómo potenciarlos en color y olor, y cuando y donde nos plazca, y todo esto no solo una vez [...] sino diariamente, mensualmente, anualmente, en cualquier momento, en cualquier temporada; sí, incluso en la profundidad del invierno [...].

(5) Además de la parte masculina de la que se elabora una cualidad solar, y mediante su calor excesivo, se quemará y destruirá cualquier criatura, planta, etc., lo que es lunar y femenino (si se aplica inmediatamente) lo mitigará con su frío extremo: y, de la misma manera, la cualidad lunar enturbia y congela a cualquier animal, etc., a menos que su efecto sea mitigado por la cualidad del Sol; porque, aunque ambas están hechas de una sustancia natural, en el trabajo tienen cualidades contrarias: sin embargo, existe una colaboración natural entre ellos: lo que uno no puede conseguir por sí mismo, con el complemento del otro lo conseguirá.

(6) Tampoco son sus virtudes internas más que sus bellezas externas; porque la parte solar es de un brillo tan resplandeciente y transparente que el ojo del hombre apenas puede soportarlo; y si la parte lunar se expone en el exterior en una noche oscura, los pájaros la verán (y circularán) alrededor de ella, como una mosca alrededor de una vela, y se entregarán al cautiverio de la mano [...].

(7) Mediante las potencialidades de la Piedra mágica, es posible descubrir a cualquier persona en cualquier parte del mundo, aunque se haya escondido en secreto en cámaras, armarios o cavernas de la tierra: en estos lugares lleva a cabo una búsqueda exhaustiva. En una palabra, pone ante tu vista incluso el mundo entero, donde poder contemplar, escuchar o ver lo que deseas. Más aún, le permite al hombre comprender el lenguaje de las criaturas, como el canto de los pájaros, el aullido de las bestias, etc. Transmitir un espíritu a una imagen, que al observar la in-

fluencia de los cuerpos celestiales, se convertirá en un verdadero oráculo, y sin embargo, esto no es de ninguna manera nigromántico o diabólico; sino fácil, maravilloso, natural y bueno.

(8) Finalmente, en referencia a la Piedra angélica, es tan sutil que no se puede ver, sentir o pesar, solo experimentar. En comparación, la voz del hombre (que tiene en alguna proporción estas propiedades sutiles) se queda corta. No, el aire en sí mismo no es tan penetrable, y sin embargo (¡oh misteriosa maravilla!) es una Piedra, que se alojará en el fuego por la eternidad sin ser dañada. Tiene un poder divino, celestial e invisible, por encima del resto y otorga al poseedor dones divinos. Produce la aparición de los ángeles, y les da el poder de conversar con ellos mediante sueños y revelaciones; ningún espíritu malo se acerca al lugar donde se aloja. Porque es una quintaesencia en la que no hay cosa corruptible, sus elementos no son corruptos, en ella ningún demonio puede quedarse o permanecer.

(9) San Dunston[4] lo llama el alimento de los ángeles, y otros lo denominan el *viaticum* celestial, el arbol de la Vida, y és la única, con la excepción de Dios mismo, que puede otorgar años de vida; porque por ella el cuerpo del hombre se preserva de la corrupción, permitiéndole vivir mucho tiempo sin alimentarse. Es incuestionable que si un hombre la usa no puede morir, lo cual no admiro tanto, porque me pregunto por qué sus poseedores desearían vivir más que tener la gloria y la eternidad manifestadas ante sus ojos; y porqué en lugar de desear morir y disolverse en la realización definitiva, desearían vivir en este mundo, donde deben contentarse con la mera especulación [...].

(10) Racis[5] te dirá que hay un don de profecía escondido en la Piedra roja; porque así (dice él) los filósofos han predicho lo que vendrá, y *Petrus Bonus* afirma que profetizaron no solo en

[4] N. de T.: Se refiere a Dunston o Dunstan, abad de la abadía de Glastonbury, Inglaterra, a finales del siglo X. Según explica Sean Martin en su obra Alchemy and Alchemists (OldcastleBooks, 2015) se considera que llevo a cabo experimentos alquímicos en las cocinas de la abadía.

[5] N. de T.: Muhammad ibn Zakariya Razi, también llamado Rhazes o Al-Razi, el médico, filósofo y erudito persa del siglo IX.

general, sino específicamente; tenían un preconocimiento de la resurrección, de la encarnación de Cristo, del día del juicio, y de que el mundo debe ser consumido en el fuego; y no de otra manera, sino por la visión que la Piedra concede.

(11) En resumen, por el verdadero y diverso uso de la *Prima Materia* Filosofal (porque hay diversidades de dones, pero un mismo espíritu) se da a conocer la perfección de las ciencias liberales, se puede captar toda la sabiduría de la naturaleza, y (a pesar de lo que se ha dicho, debo añadir) todavía hay más cosas ocultas, ya que hemos visto muy pocas de sus obras.

(12) Sin embargo, solo hay unas pocas personas que estén preparadas para que se les transmita esta ciencia. Son misterios incomunicables para cualquiera que no sea adepto. Son solo para aquellos que han sido dedicados, incluso desde sus cunas, para servir y esperar en este altar.[6]

Elias Ashmole, el autor de este texto, no era un alquimista practicante. Era un erudito de amplio aprendizaje con especial interés en la alquimia y la astrología y había reunido una gran colección de libros y manuscritos sobre estos temas. Para él fue muy importante su relación con el alquimista William Backhouse. El alquimista adoptó a Ashmole como su hijo espiritual. «Este fue un evento significativo en la vida de Ashmole, que sintió que lo colocaba en la larga lista de verdaderos sabios».[7] Dos años más tarde, Backhouse, aparentemente en su lecho de muerte, transmitió más secretos a Ashmole. Ashmole escribió en su diario que Backhouse «me dijo en sílabas la verdadera materia de la Piedra Filosofal, que me legó como herencia».[8]

La descripción de Ashmole de la Piedra Filosofal es, sin duda,

[6] Ashmole, Elias (editor) *Theatrum Chemicum Britannicum,* una reimpresión de la edición londinense de 1652, con una nueva introducción de Allen G. Debus, Johnson Reprint Corporation, New York y London, 1967.

[7] Ibíd., pág. XXIX.

[8] Ibíd., pág. XXIX.

una compilación de las cualidades de la Piedra tal como se describe en los numerosos textos alquímicos con los que estaba familiarizado. Ashmole recogió estos artículos dispersos, los compuso en un todo orgánico y con su viva y rica imaginación rica les dio expresión en su animado estilo.

Ashmole describe la Piedra Filosofal como si fueran cuatro Piedras diferentes a las que llama respectivamente, la Piedra Mineral, la Piedra Vegetal, la Piedra Mágica y la Piedra Angélica. En nuestro texto, estas cuatro categorías dividen el poder de la Piedra en diferentes modos de funcionamiento con finalidad descriptiva, pero hay un significado más profundo que este. En toda la alquimia, el simbolismo del número cuatro juega un papel importante. Se consideraba que la Cuaternidad era el principio básico de ordenamiento de la materia. En el comienzo del mundo, antes de la creación, solo existía la *prima materia,* que carecía de forma, estructura o contenido específico. Todo estaba en potencia. En el acto de la creación, los cuatro elementos, la tierra, el aire, el fuego y el agua, se separaron de la *prima materia.* Es como si la cruz de los cuatro elementos hubiera sido impuesta sobre la *prima materia dándole orden y estructura y sacando al cosmos del caos.*

Para producir la Piedra Filosofal, los cuatro elementos deben reunirse en la unidad de una quintaesencia. El estado completo y unificado original de la materia prima es así restaurado en la Piedra Filosofal en un nuevo nivel. Estas ideas tienen muchos paralelismos con el proceso de desarrollo psicológico, particularmente el cuatro como símbolo de totalidad. La naturaleza cuádruple de la Piedra Filosofal la relaciona inmediatamente con las imágenes de mandalas cuádruples del Sí-mismo y, de hecho, tenemos imágenes alquímicas de la Piedra que están en forma de mandala *(imagen 51).* En términos psicológicos, generalmente consideramos que el número cuatro se refiere a las cuatro funciones psíquicas; pensamiento, sentimiento, sensación e intuición. Sin embargo, esta interpretación de ninguna manera es adecuada para abarcar el significado completo de lo cuádruple. Los cuatro elementos, por ejemplo, no se pueden equiparar con las cuatro funciones. Parece más bien que el patrón estructurador del cuatro puede emerger en una variedad de contextos para traer orden y diferenciación a la experiencia, siempre implicando la realización del proceso psicológico.

Aunque Ashmole habla de cuatro Piedras diferentes, en la exposición siguiente se considerarán las acciones de los diferentes aspectos de la Piedra como derivadas de una única Piedra Filosofal unitaria.

2. La transformación y la revelación

El primer párrafo del texto comienza de la siguiente manera:

> (1) (La forma mineral de la Piedra Filosofal) tiene el poder de transmutar cualquier materia terrenal imperfecta a su máximo grado de perfección; es decir, convertir el más bajo de los metales en oro y plata perfectos; las piedras, en toda clase de piedras preciosas (como rubíes, zafiros, esmeraldas y diamantes, etc.) y otras transformaciones de similar naturaleza. Esto es tan solo la más pequeña de las bendiciones que puede ser recibidas de la Materia Filosofal, si se conocieran todas sus virtudes. Confieso que el oro es un objeto bello, una buena luz [...] pero, aunque conseguir oro es la principal intención de los alquimistas, para los antiguos filósofos tenía un interés menor, por lo que los adeptos lo consideraban el más bajo escalón en el trabajo con esta Materia.

Según la visión alquímica, los metales en la tierra pasaron por un proceso gradual y natural de formación. Los metales base, como el plomo, eran formas inmaduras y tempranas. Muy lentamente maduraron y se convirtieron en metales nobles, oro y plata. Los alquimistas pensaban que podían acelerar el proceso de desarrollo natural mediante los procedimientos de sus artes. Esta idea es una proyección obvia sobre la cuestión del hecho de que el

Imagen 51. EL OBJETIVO ÚLTIMO EN FORMA DE MANDALA, dibujo alquímico.

crecimiento psicológico natural se fomenta prestando atención y «trabajando sobre» el contenido psíquico.

El oro y la plata eran considerados metales «nobles» porque eran incorruptibles, no estaban sujetos a la oxidación ni a la corrosión. Tenían las cualidades inmutables de permanencia y eternidad. De forma similar, la experiencia del Sí-mismo en el proceso de individuación transmite al ego la estabilidad y confianza necesarias para impedir que vuelva a disociarse. Estas cualidades del ego son el resultado de una mayor consciencia y relación con la dimensión transpersonal o «eterna» de la psique, un aspecto fundamental de la experiencia del Sí-mismo.

Convertir la materia menor en oro también puede tener un aspecto negativo, por ejemplo como se presenta en la leyenda del Rey Midas. Se le concedió su deseo de que todo lo que tocara se convirtiera en oro, pero luego se desanimó al descubrir que su comida se volvía incomestible. Esta historia muestra una condición de identificación con la Piedra Filosofal que es enemiga de la vida. El hombre no puede vivir solo con las verdades eternas, también necesita pan, es decir, satisfacciones personales y temporales.

El texto nos dice que la Piedra convierte los pedernales en piedras preciosas. Las gemas preciosas representan valores, elementos que son atesorados por su belleza y valor. Los pedernales son material ordinario bastante duro. Representarían los aspectos banales de la vida que consideramos esenciales. Entendida psicológicamente, esta capacidad de la Piedra se refiere a la capacidad de la personalidad integrada para percibir el significado y el valor en los acontecimientos más comunes e incluso desagradables, del mismo modo que percibirá el valor de los aspectos más naturales de uno mismo. Como la belleza está en la mirada del espectador, la personalidad integrada supone también un cambio en la forma de percibir, lo que nos va transformando.

Ashmole se siente obligado en este momento a informarnos de que la fabricación de oro y joyas es el menor de los poderes de la Piedra. Aunque nosotros tomamos su descripción simbólicamente, él la está tomando literalmente. Ashmole es como un soñador que describe su sueño cuando todavía está dormido en él, mientras que nosotros estamos tratando de entender el significado de su sueño desde el punto de vista de la consciencia despierta.

Hacer oro, según nos dice Ashmole, no era la intención de los antiguos filósofos. Esta afirmación corresponde a la idea ampliamente expresada en las obras alquímicas de que «nuestro oro no es el oro común» sino «oro filosófico». Lo que crea confusión es que después de decir esto, los autores procedieran a hablar de fuegos, frascos y procedimientos químicos en el laboratorio. La única explicación posible en este caso es que los alquimistas mismos estuvieran confundidos. Buscaban un contenido «filosófico» o espiritual mediante un proceso químico, lo que estaba condenado al fracaso. Sin embargo, pese a este fracaso en relación con la transmutación química, los alquimistas nos dejaron una rica herencia de material simbólico que describe la fenomenología del proceso de individuación.

La referencia a los antiguos filósofos plantea la cuestión del significado del término Piedra Filosofal. Filósofo significa amante de la Sofía o la Sabiduría. Una piedra es materia en una de sus formas más duras e implica solidez, permanencia y obstinada materialidad. La Piedra Filosofal simboliza el acceso a la sabiduría. En *Aurora Consurgens,*[9] la sabiduría personificada como *Sapientia Dei* se equipara específicamente con la Piedra Filosofal. Sin embargo, la Piedra significa más de lo que la sabiduría significaba para los filósofos; también la Piedra significa más de lo que habitualmente se atribuye a la figura de Cristo. El comentario de Jung sobre la relación de la Piedra con Cristo es relevante aquí desde que el cristianismo incorporó la espiritualidad de las filosofías platónica y estoica:

> [...] El símbolo de la piedra, a pesar de la analogía con Cristo, contiene un elemento que no se puede conciliar con las suposiciones puramente espirituales del cristianismo. El concepto mismo de «piedra» indica la naturaleza peculiar de este símbolo. La «piedra» es la esencia de todo lo sólido y terrenal. Representa la materia femenina, y este concepto se introduce en la esfera del «espíritu» y su simbolismo [...]. La piedra era más que una «encarnación» de Dios, era una concreción, una «materialización» que llegaba a la oscuridad del reino inorgánico o incluso surgía de él, de esa parte de la Deidad que se situaba en oposición al Creador [...].
>
> Por lo tanto, podemos suponer que en la alquimia se intentó una *integración* simbólica del mal al localizar el drama divino de la redención en el hombre.[10]

El segundo párrafo continúa:

[9] Von Franz, Marie-Louise (editora), *Aurora Consurgens,* Bollingen Series LXXVII, Princeton University Press, 1966. Ver nota 277 en el capítulo 8.

[10] Jung, C.G., *Mysterium Coiunctionis,* C.W., 14, par. 643.

> (2) Porque ellos eran amantes de la sabiduría más que de la riqueza mundana, se dirigían a obras superiores y más excelentes y, ciertamente, aquel a quien todo el curso de la naturaleza se abre, se regocija no tanto en que pueda hacer oro y plata, o pueda someter a los demonios, sino en ver los cielos abiertos, a los ángeles de Dios ascendiendo y descendiendo, y en saber que su propio nombre está escrito en el Libro de la Vida.

Este párrafo tiene un tono parecido a un pasaje en *The Hermetic Museum*:

> Tampoco estés ansioso por preguntar si realmente poseo este tesoro precioso. Pregúntate si he visto cómo se creó el mundo; si estoy familiarizado con la naturaleza de la oscuridad egipcia; cuál es la causa del arco iris; cuál será la apariencia de los cuerpos glorificados en la resurrección final [...].[11]

En ambos pasajes, la experiencia de la revelación se considera lo más importante.

Nuestro texto contiene tres referencias bíblicas. La primera está en el capítulo veintiocho del Génesis, donde se dice que Jacob soñó «una escalera apoyada en tierra, y cuya cima tocaba los cielos; y he aquí que los ángeles de Dios subían y bajaban por ella» (Biblia de Jerusalén, 1976).

La escalera de Jacob (*Lámina 5*) simboliza el eje ego/Sí-mismo, como se ha expuesto anteriormente. Los ángeles ascendiendo y descendiendo corresponden a los procedimientos alquímicos de *sublimatio* y *coagulatio*.[12] La *sublimatio*, psicológicamente, es el proceso de elevar las experiencias personales y concretas a un nivel superior, un nivel de verdad abstracta o universal. La *coagulatio*, por el contrario, es la concreción o realización personal de una imagen arquetípica. Que los ángeles que ascienden y descienden fueran visibles significaría que el mundo personal del ego y

---

[11] Waite, E. A (traductor), *The Hermetic Museum*, London, John M. Watkins, 1953, Vol. 1. pág.8.

[12] Jung, C.G., *Psychology and Alchemy*, C.W., 12, par. 65 y sig.

Lámina 5
LA ESCALERA DE JACOB
de William Blake.

de la psique arquetípica interactúan. William Blake expresa este estado en sus líneas:

> Ver un Mundo en un Grano de Arena
> y un Cielo en una Flor Silvestre,
> mantener el Infinito en la palma de tu mano
> y la Eternidad en una hora.
>
> (Augurios de la Inocencia)[13]

También es interesante el hecho de que una piedra estaba relacionada con el sueño de Jacob. Había usado una piedra como almohada y después del sueño, cuando se dio cuenta de que el lugar «no es otro que la casa de Dios, y puerta del cielo», puso la piedra por columna. Jung sugiere que la piedra en la que duerme Jacob, que marca el lugar donde se unen lo «superior» y lo «inferior», puede haber sido considerada como equivalente a la Piedra Filosofal.[14]

La segunda referencia bíblica se encuentra en Lucas 10:19-20, donde Jesús dice a sus setenta mensajeros: «Mirad, os he dado el poder de pisar sobre serpientes y escorpiones, y sobre todo poder del enemigo, y nada os podrá hacer daño; pero no os alegréis de que los espíritus se os sometan; alegraos de que vuestros nombres estén escritos en los cielos». La tercera referencia es el término «libro de la vida» que se encuentra en Apocalipsis 20:15, «Y el que no se halló inscrito en el libro de la vida fue arrojado al lago de fuego» (Nácar-Colunga).

En el capítulo seis he tratado sobre el significado psicológico de tener el nombre «escrito en el cielo» o en «el libro de la vida». Se refiere a la comprensión de que la individualidad o identidad personal tiene, *a priori,* un origen y justificación transpersonal de la existencia. Esa experiencia es la definitiva solución a lo que llamaríamos hoy una «crisis de identidad». También es la solución a situaciones en las que uno se siente alienado, indigno o inferior.

[13] N. de T.: El poema «Augurios de inocencia», pertenece al llamado *Manuscrito Pickering* de William Blake, poeta, pintor, gravador y místico del siglo XVIII.

[14] Jung, C. G., *Mysterium Coniunctionis,* C. W., 14, par. 568.

El texto nos dice que la Piedra Filosofal tiene capacidad de revelación. Abre «todo el curso de la naturaleza», revela los vínculos de conexión entre las dimensiones personal y transpersonal de la psique (tierra y cielo), y hace evidente que el ego personal tiene una base «metafísica» y, por lo tanto, un derecho innegable a existir en toda su singularidad. Las percepciones de estos efectos se corresponden al encuentro con un símbolo del Sí-mismo que puede surgir en el sueño o en la imaginación en el curso de la psicoterapia.

Por ejemplo, una mujer con un problema de alienación tuvo este sueño: *un niño huérfano fue colocado en la puerta de mi casa por la noche. Parecía que tenía un cordón umbilical que llegaba al cielo. Me sentí completamente satisfecha cuando lo descubrí. Supe mi propósito en la vida.*

El cordón umbilical que llega al cielo es una imagen explícita del eje ego/Sí-mismo. El tema del huérfano aparece como una descripción de la Piedra Filosofal. En la parte posterior del mandala de piedra tallado en Bollingen *(imagen 52),* Jung esculpió las siguientes palabras derivadas de citas alquímicas sobre la Piedra Filosofal:

> Soy huérfano, estoy solo; sin embargo, se me encuentra en todas partes. Soy una unidad pero contrapuesto a mí mismo. Soy joven y anciano a la vez. No he conocido ni padre ni madre, porque se me tuvo que extraer de las profundidades como a un pez. O porque caí del cielo como una piedra blanca. Voy vagando por bosques y montañas, pero estoy oculto en lo más íntimo del hombre. Soy mortal como todos, sin embargo, no me afecta el curso de los tiempos.[15]

El texto de Ashmole sigue:

> (3) A continuación, alcanzar las Piedras Vegetal, Mágica y

[15] Jung, C. G., *Memories, Dreams, Reflections,* editado por Aniela Jaffe, Pantheon Books, New York, 1963, pág. 227.

> Angélica; las cuales no tienen parte de la Piedra Mineral [...] porque son maravillosamente sutiles, y cada una de ellas difiere en el funcionamiento y la naturaleza porque son trabajadas y destiladas para conseguir varios efectos y propósitos. Sin duda, Adán, con los Padres anteriores y posteriores al diluvio, Abraham, Moisés y Salomón hicieron muchas maravillas con ellas, sin embargo, nunca entendieron del todo la mayor de sus virtudes; ni nadie lo entendió excepto Dios, el Hacedor de todas las cosas en el cielo y en la tierra, bendito por los siglos de los siglos.

El principal contenido de este párrafo es que Adán y otros antiguos valientes poseían la Piedra Filosofal. Esta es una suposición común en los textos alquímicos y se pensaba, por ejemplo, para dar cuenta de la longevidad que se disfrutaba en esos primeros tiempos. En el mito judeocristiano se consideraba que los primeros patriarcas eran antepasados casi divinos y que estaban en contacto inmediato con la fuente del ser. Dios les hablaba y compartía con ellos sus propósitos. Son figuras arquetípicas eternas que continúan viviendo en el paraíso. El equivalente psicológico es que las experiencias del Sí-mismo a menudo van acompañadas de un aura de eternidad. Un aspecto específico de la fenomenología del Sí-mismo es su calidad esencialmente atemporal, ancestral y eterna. Transmite la sensación de que uno está participando en el proceso del devenir de las eras, lo que relativiza las vicisitudes del aquí y el ahora.

3. El principio de la fertilidad

El texto continúa:

> (4) Porque, por la vegetal (Piedra) se puede conocer perfectamente la naturaleza del hombre, las bestias, las aves, los peces, junto con todo tipo de árboles, plantas, flores, etc., y cómo producirlos y hacerlos crecer, florecer y dar fruto; cómo potenciarlos

Imagen 52. LA PIEDRA DE BOLLINGEN.

> en color y olor, y cuando y donde nos plazca, y todo esto no solo una vez [...] sino diariamente, mensualmente, anualmente, en cualquier momento, en cualquier temporada; sí, incluso en la profundidad del invierno [...].

La Piedra se describe aquí como el principio de crecimiento y fertilidad. Este aspecto de la Piedra corresponde a las palabras de Jesús: «Yo he venido para que tengan vida y que la tengan en abundancia» (Juan 10:10, Nácar-Colunga). Una identificación explícita de Cristo con el principio de fertilidad se encuentra en una leyenda apócrifa concerniente a la huida a Egipto. En el camino a Egipto, José, María y Jesús se encontraron con un granjero sembrando trigo. El niño Jesús recogió un puñado de semillas y lo tiró al borde del camino. Al instante el trigo creció, maduró y estaba listo para la cosecha. Cuando José y su familia se escondieron en el trigo alto, un grupo de soldados de Herodes los buscó. «¿Has visto a una madre y a su hijo?», preguntó un soldado. «Sí», dijo el granjero, «la vi mientras estaba sembrando este trigo». «Eso debe haber sido hace meses», dijeron los soldados de Herodes y se fueron *(imagen 53).*[16]

También Osiris encarna el principio de la vida y la fertilidad. Una inscripción egipcia en un ataúd dice;

> Yo soy la planta de la vida
> que proviene de Osiris,
> que crece en las costillas de Osiris,
> la que permite a la gente vivir,
> la que hace a los dioses divinos,
> la que espiritualiza los espíritus, [...]
> la que anima a los vivos,
> la que fortalece los miembros de los vivos.
> Yo vivo como el cereal, la vida de los vivos, [...]
> yo soy la vida surgiendo de Osiris.[17]

En la antigüedad, el principio de fertilidad era un motivo principal de adoración. El simbolismo sexual jugaba un papel importante en estos ritos, ya que la sexualidad es obviamente la fuente de la vida y un medio por el cual los propósitos transpersonales de la naturaleza hacen del hombre su instrumento. El útero, los pechos y el pene son, así, símbolos aptos del principio de la vida

---

[16] Gaer, Joseph, *The Lore of the New Testament,* New York, Grosset and Dunlap, 1966, pág. 626.

[17] Clark, R. T. Rundle, *Myth and Symbol in Ancient Egypt,* New York, Grove Press, 1960, pág. 118 y sig.

Imagen 53. EL MILAGROSO CRECIMIENTO DEL TRIGO, de las Très Riches Heures de Jean, Duc de Berry.

que, en las palabras de nuestro texto, da a conocer todas las formas de vida y sabe «cómo producirlas y hacerlas crecer, florecer y dar fruto».

Consideradas psicológicamente, las cualidades de la Piedra que promueven el crecimiento se refieren al hecho de que el Sí-mismo es la *fons et origo* de la existencia psíquica. La vida, el crecimiento y la fertilidad son expresiones de la libido o energía psíquica. Este aspecto de la Piedra está conectado con el simbolismo alquímico de la *benedicta viriditas*, el bendito verdor, que tiene vínculos con Afrodita, el espíritu de la vegetación y el Espíritu Santo.

El aspecto de fertilidad de la Piedra aparece a veces en los sueños. Por ejemplo, un joven que pasaba en su vida por un momento de transición, soñaba que, cuando caminaba, la hierba se volvía más espesa y verde a su paso. Otro hombre tuvo el siguiente sueño: *veo a un hombre con un pene extraordinariamente largo. Era un hombre joven y, sin embargo, parecía ser mi abuelo. El pene era como una pipa y estaba formado de secciones. Para moverse, se quitaba las secciones y las llevaba en una caja especialmente equipada.*

Esta figura se identifica inmediatamente como un aspecto del Sí-mismo por el hecho de que, paradójicamente, es joven y viejo, es decir, trasciende la categoría del tiempo. La Piedra Filosofal se describe con frecuencia en estos términos paradójicos. El pene enorme se refiere al principio creativo o de fertilidad del que estamos hablando *(imagen 54)*. Su tamaño, que va mucho más allá de las proporciones humanas, indica su naturaleza arquetípica o suprapersonal. El hecho de que está construido en secciones y tiene una calidad artificial o construida es una reminiscencia del falo del renacido Osiris. Después de su desmembramiento, el falo original era el único fragmento que no se pudo encontrar. Isis, por lo tanto, lo reemplazó con uno artificial, de madera, con el cual Horus fue concebido. La concepción por un falo de madera es un acontecimiento extraño y no humano. Por lo tanto, alude a un proceso transpersonal, más allá de la comprensión humana o del ego. Apunta a la concepción psíquica, una imagen simbólica en lugar de la realidad concreta.

4. La unión de opuestos

El texto sigue:

> (5) Además de la parte masculina de la que se elabora una cualidad solar, y mediante su calor excesivo, se quemará y destruirá cualquier criatura, planta, etc., lo que es lunar y femenino (si se aplica inmediatamente) lo mitigará con su frío extremo: y, de la misma manera, la cualidad lunar enturbia y congela a cualquier animal, etc., a menos que su efecto sea mitigado por la cualidad del Sol; porque, aunque ambas están hechas de una sustancia natural, en el trabajo tienen cualidades contrarias: sin embargo, existe una colaboración natural entre ellos: lo que

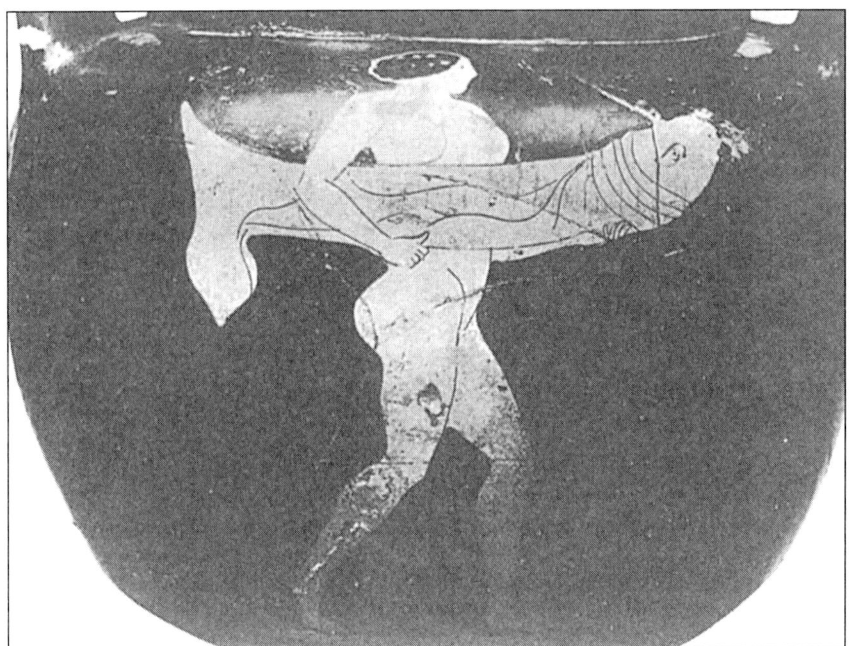

Imagen 54. EL SÍMBOLO REGENERATIVO DEL FESTIVAL HALOA de una vasija griega.

> uno no puede conseguir por sí mismo, con el complemento del otro lo conseguirá.

Aquí se nos dice que la Piedra Filosofal es una unión de dos entidades contrarias, una parte solar, caliente y masculina y una parte fría, femenina y lunar. Esto corresponde a lo que Jung ha demostrado, que el Sí-mismo es experimentado y simbolizado como una unión de opuestos. La Piedra Filosofal a menudo se describe como una *coniunctio* de Sol y Luna. Muchas imágenes alquímicas intentan representar esta paradoja *(imágenes 55 y 56).*

El texto también describe las cualidades negativas y peligrosas que cada una de estas partes puede tener cuando opera sola. La parte solar, cuando se encuentra sin su complementaria, es destructiva debido a su excesivo calor e intensidad. Esto es una

Imagen 55. EL SOL-LUNA HERMAFRODITA.

reminiscencia de la segunda tarea de Psique en el mito de Amor y Psique. Venus le había ordenado a Psique que obtuviera un jirón de lana de un rebaño especial de ovejas con vellón dorado. Un junco amigo que crecía junto al río le dio a Psique este consejo:

> [...] (no) te acerques a esta hora a esas ovejas terribles. Porque toman prestado el calor feroz del sol ardiente y el frenesí salvaje las enloquece, de modo que con cuernos afilados y frentes duras como la piedra, y algunas veces incluso con mordiscos venenosos, desahogan su furia en la destrucción de los hombres. Pero [...] (cuando) el calor del sol del mediodía ha mitigado su ardor, y las bestias son arrulladas por la suave brisa del río [...] y, una vez que las ovejas han disminuido en su locura y han aliviado

Imagen 56. UNIÓN DEL SOL Y LA LUNA – SULFURO Y MERCURIO.

> su ira, agita las hojas de ese bosquecillo, y encontrarás la lana dorada que se quedó enganchada en los arbustos.[18]

Neumann comenta que «los desgarradores arietes dorados del sol simbolizan un poder masculino-espiritual arquetípicamente abrumador que el femenino (el ego) no puede afrontar».[19] Neumann interpreta todo el mito de Amor y Psique desde el punto de vista de la psicología femenina y ciertamente es la mujer quien es más vulnerable a los efectos destructivos de la energía de la parte solar. Sin embargo, confirmo que el problema también se aplica a los hombres.

---

[18] Neumann, Erich, *Amor and Psyche,* Bollingen Series LIV, Princeton University Press, pág. 43 y sig.

[19] Ibíd., pág. 99.

El componente solar de la Piedra Filosofal en su aspecto destructivo se encuentra psicológicamente, ya sea a nivel interno o en proyección externa. Externamente puede ser experimentado como abrasador por la feroz influencia del fuego de otra persona. Internamente se puede encontrar cuando uno se identifica y consume por una ira ardiente que emerge del inconsciente. En cualquier caso, hay efectos psíquicos dañinos de los que toma tiempo recuperarse. Las cantidades moderadas o mitigadas de la libido solar son creativas, fructíferas y estimulan la vida, pero un exceso de esta energía es perjudicial para la vida psíquica.

El texto nos dice que la parte lunar de la Piedra Filosofal cuando se encuentra sola también puede ser destructiva porque su frío extremo «entumece y congela». El ejemplo clásico del aspecto entumecedor y paralizante del principio femenino negativo es el mito de la gorgona Medusa. Mirarla lo convierte a uno en piedra. El ego del hombre es el más vulnerable a este efecto. Por ejemplo, una vez escuché el caso de un joven científico que participó con entusiasmo en algunas investigaciones importantes. Un día, su madre vino a visitarlo en su laboratorio. Miró a su alrededor y pronunció un comentario despectivo sobre el valor de lo que estaba haciendo. Fue suficiente para que abandonase su trabajo durante varios días. Su libido había sido «entumecida y congelada». Se sintió aliviado cuando la ira se manifestó en la consciencia, es decir, cuando el componente solar de la Piedra Filosofal compensó el efecto del componente lunar.

El efecto de congelación y entumecimiento de la calidad lunar es una forma extrema de la capacidad del principio femenino para promover la *coagulatio*. Las imágenes y los impulsos de naturaleza espiritual que preferirían volar sin restricciones por la tierra están obligados por el principio femenino de Eros a relacionarse con la realidad personal y concreta. Si el ego está demasiado alejado de esa realidad, experimentará en la tierra el encuentro con lo femenino como un choque paralizante.

Puede ser muy útil darse cuenta de que los efectos dañinos

del peligroso poder lunar y de la energía solar destructiva son, sin embargo, aspectos de la Piedra Filosofal. Cuando uno se está recuperando de los efectos de un encuentro con cualquiera de estas potencias, saber que lo que está sufriendo es la Piedra misma ayuda a mantener el equilibrio. Cualquiera que busque la Piedra Filosofal está obligado, repetidamente, a ser víctima de uno de sus aspectos parciales. Estos acontecimientos constituyen las operaciones alquímicas que gradualmente producen la transformación. Pero las operaciones están en nosotros mismos. Experimentamos la *calcinatio* del fuego solar o la *coagulatio* del poder lunar. En medio de estos rigores, es inmensamente útil saber que son parte de un proceso más amplio y significativo.

El siguiente párrafo habla de las cualidades positivas de los componentes solares y lunares de la Piedra:

> (6) Tampoco son sus virtudes internas más que sus bellezas externas; porque la parte solar es de un brillo tan resplandeciente y transparente que el ojo del hombre apenas puede soportarlo; y si la parte lunar se expone en el exterior en una noche oscura, los pájaros la verán (y circularán) alrededor de ella, como una mosca alrededor de una vela, y se entregarán al cautiverio de la mano [...].

El aspecto positivo del principio solar de la consciencia espiritual masculina deriva del hecho de que produce luz. Todo se vuelve claro, brillante y transparente con la intensidad de su iluminación. La experiencia de este aspecto del Sí-mismo puede conllevar una considerable numinosidad y generalmente va acompañada de símbolos claros: la iluminación radiante, los rostros luminosos, los halos, etc. William James comenta la frecuencia de los fenómenos luminosos, que él llama fotismos, en la experiencia de la conversión religiosa. W. James cita la descripción de estos fenómenos de la siguiente manera:

> Súbitamente, la gloria de Dios brilló encima y a mi alrede-

> dor de manera maravillosa [...]. Una luz perfectamente inefable brilló en mi alma y casi me arrastró a tierra [...]. Luz: que asemejaba la claridad del sol en todas direcciones. Era demasiado intensa para los ojos [...] Me pareció saber entonces, por experiencia, algo de la luz que postró a San Pablo cuando se dirigía a Damasco *(imagen 21)*. Era tal la luz que no pude soportarla demasiado tiempo.[20]

En el curso del análisis, a veces se producen iluminaciones de menor magnitud y se asocian con imágenes de sueños características. Ejemplos de estas imágenes se pueden encontrar en la serie de sueños publicada por Jung en *Psicología y alquimia*, por ejemplo, 7, 19 y 20 de esa serie. La experiencia que acompaña a estas imágenes es una expansión de la consciencia y una mayor comprensión. Es un encuentro con un aspecto del Sí-mismo y, por lo tanto, es estremecedor. Pero cuando solo la parte solar es integrada, no se manifiestan los símbolos de la integración.

El texto también habla de los aspectos positivos de la parte lunar. Lo que la luna significa psicológicamente es muy difícil de expresar adecuadamente en palabras. Erich Neumann hizo un espléndido esfuerzo para expresarlo en su artículo «Sobre la Luna y la Conciencia Matriarcal».[21] cuya lectura recomiendo encarecidamente. En este artículo, escribe:

> No es bajo los ardientes rayos del sol, sino en la fría luz reflejada de la luna, cuando la oscuridad de la consciencia se completa, cuando el proceso creativo se realiza; la noche, no el día, es el momento de la procreación. Quiere oscuridad y silencio, secretismo, sigilo y ocultación. Por lo tanto, la luna es la señora de la vida y el crecimiento, en oposición al sol letal y devorador. La noche húmeda es el momento del sueño, pero también de la curación y

[20] James, William, *Varieties of Religious Experience,* New York, Modern Library, RandomHouse, pág. 246 y sig. Para la traducción en castellano se ha utilizado *Variedades de la experiencia religiosa,* traducido por J.F. Yvars, Madrid, Ediciones Península, 1986.

[21] Neumann, Erich, «On the Moon and Matriarchal Consciousness», *Spring,* Analytical Psychology Club of New York, 1954, pág. 83.

> la recuperación [...]. Es el poder regenerador del inconsciente que en la oscuridad nocturna o por la luz de la luna realiza su tarea, un *mysterium* en un *mysterium*, desde fuera de uno mismo, fuera de la naturaleza, y sin la ayuda del ego-cabeza.[22]

El texto nos dice que la parte lunar de la Piedra atraerá aves por la noche y hará que acepten el cautiverio de buena gana. Los pájaros, como intuiciones elusivas o potenciales del espíritu, se vuelven realidad gracias al modo de ser lunar que describe Neumann. También hemos expresado aquí el tema de la domesticación de la criatura salvaje. Un paralelo es el motivo del unicornio que solo puede domesticarse en el regazo de una virgen *(imagen 57)*. En la alquimia, el unicornio simboliza a Mercurio, el espíritu escurridizo difícil de retener y de contener. En un texto, el unicornio se convierte en una paloma blanca, otro símbolo de Mercurio y también del Espíritu Santo.[23] Así, la virgen que pueda domar al unicornio será sinónimo de la porción lunar de la Piedra que atrae a los pájaros voluntariamente al cautiverio. Estas imágenes se refieren a una cierta actitud engendrada por el aspecto lunar o Yin del Sí-mismo que trae los impulsos salvajes, libres pero indisciplinados, a la relación con la realidad y a la sumisión a la totalidad transpersonal de la personalidad. Representa la domesticación del que piensa obstinadamente que se basta a sí mismo. Una mujer puede tener este efecto en un hombre. Ella debe ser virginal en el sentido simbólico descrito por Esther Harding,[24] es decir, que se pertenece a sí misma y funciona como un ser femenino independiente, no contaminado por normas masculinas.

En la alquimia, el unicornio en el regazo de la virgen estaba claramente asociado con Cristo muerto en el regazo de María.[25] En este simbolismo se encuentra la idea de la encarnación del Lo-

[22] Ibíd., pág. 91.

[23] Jung, C. G., *Psychology and Alchemy,* C.W., 12, par. 518.

[24] Harding, M. Esther,*Woman's Mysteries,* New York, C.G. Foundation, 1971, pág. 103 y sig.

[25] Jung, C. G., *Psychology and Alchemy,* C.W., 12, par. 519.

Imagen 57. VIRGEN DOMANDO UN UNICORNIO, dibujo alquímico.

gos. La encarnación es un aspecto de la *coagulatio*. Los alquimistas estaban preocupados sobre cómo coagular, capturar o estabilizar el escurridizo espíritu del mercurio. Una forma representada pictóricamente era clavar a la serpiente mercurial en un árbol o en una cruz como se hizo con Cristo *(imagen 58)*. El árbol y la cruz son símbolos femeninos y, por lo tanto, se equiparan con el regazo de la virgen y el aspecto lunar de la Piedra. Estas imágenes que desafían la explicación racional, tienen que ver con la realización de la psique como una entidad concreta, que es llevada a una existencia efectiva y particularizada por el aspecto lunar de la Piedra.

Imagen 58. LA SERPIENTE CRUCIFICADA, dibujo alquímico.

5. Ubicuidad

El párrafo siete continúa:

> (7) Mediante las potencialidades de la Piedra mágica, es posible descubrir a cualquier persona en cualquier parte del mundo, aunque se haya escondido en secreto en cámaras, armarios o cavernas de la tierra: en estos lugares lleva a cabo una búsqueda exhaustiva. En una palabra, pone ante tu vista incluso el mundo entero, donde poder contemplar, escuchar o ver lo que deseas. Más aún, le permite al hombre comprender el lenguaje de las criaturas, como el canto de los pájaros, el aullido de las bestias, etc. Transmitir un espíritu a una imagen, que al observar la influencia de los cuerpos celestiales, se convertirá en un verdadero oráculo, y sin embargo, esto no es de ninguna manera nigromántico o diabólico; sino fácil, maravilloso, natural y bueno.

Nada se puede ocultar de la Piedra, todo está abierto a su vista. Es omnipresente *(imagen 59)*. La Piedra es, por lo tanto, equivalente al ojo de Dios que todo lo ve. En la cuarta y quinta visiones de Zacarías hay un paralelismo interesante con nuestro texto. En la cuarta visión, Zacarías ve una piedra con siete ojos sobre ella (Zacarías 3:9). En la quinta visión, ve un candelabro dorado en el que hay siete lámparas. Un ángel le dice: «Estos siete son los ojos de Yahvé: que observan la tierra en toda su redondez» (Zacarías 4:10, Nácar-Colunga). Jung afirma que ciertos alquimistas interpretaron estos pasajes como referidos a la Piedra Filosofal.[26] Los siete ojos de Dios corresponderían a las siete esferas planetarias y, en alquimia, a los siete metales. Son los siete pasos en la escalera de la transformación.

El ojo de Dios era una destacada imagen en la religión egipcia antigua. Una inscripción de un ataúd dice: «Yo soy el ojo de Horus que todo lo ve, cuya aparición despierta terror, Señora de la Muer-

[26] Jung, C. G., *Psychology and Alchemy*, C.W., 12, par. 518.

Imagen 59. LA UBICUIDAD DE LA PIEDRA, dibujo alquímico.

te, que con su poder atemoriza».[27] Este pasaje refleja la actitud habitual del ego al encontrarse con la experiencia del ojo de Dios. Es una actitud que crea ansiedad y en la que uno teme que sus pecados de inconsciencia sean descubiertos y juzgados. Dado que no se puede ocultar nada a la Piedra Filosofal, la Piedra será percibida como una amenaza de peligro por cualquiera que esté tratando de

[27] Clark, *Myth and Symbol,* pág. 221.

huir de la plena consciencia de uno mismo.[28] La Piedra puede ver todo porque simboliza la personalidad completa e integrada que no tendrá aspectos ocultos ni escindidos. Por la misma razón, la Piedra permite la comprensión de las aves y de las bestias, que representan la sabiduría intuitiva e instintiva del hombre. La imagen del ojo de Dios sugiere una fuente unificada de consciencia (visión) dentro del inconsciente. También alude al fenómeno de la sincronicidad. El ojo como un círculo es a veces una característica de los mandalas, por ejemplo, la Piedra de Bollingen de Jung tiene forma de ojo con una figura de *pupillus* (Telesforo) dentro de la pupila *(imagen 52)*. El ojo de Dios es una expresión pictórica de la declaración, *Vocatus atque non vocatus Deus aderit*[29] *(imagen 60)*.

Finalmente, este párrafo nos dice que la Piedra puede «transmitir un espíritu a una imagen, que al observar la influencia de los cuerpos celestiales, se convertirá en un verdadero oráculo». Transmitir un espíritu a una imagen se refiere psicológicamente a la capacidad del inconsciente para expresar un vago estado de ánimo o afecto indiferenciado en alguna imagen específica de la fantasía. Esto es lo que buscamos en el proceso de imaginación activa. Para traer un contenido inconsciente emergente a la consciencia, lo inmaterial debe revestirse de materia, lo incorpóreo o, mejor aún, lo que no está aún encarnado, debe encarnarse; un espíritu debe ser atrapado en una forma determinada para convertirse en un contenido de la consciencia. Este es un aspecto de la operación alquímica de la *coagulatio*. Los sueños realizan esta función al igual que la imaginación activa y otras formas de expresión creativa imaginativa. Nuestro texto dice que es la Piedra Filosofal la que realiza la transformación del espíritu en imagen. Esto corresponde a la vieja declaración de que los sueños vienen

---

[28] «La Sabiduria Divina [...] es la unión en que Dios eternamente se ve a sí mismo, siendo Él la unión consigo mismo. En el amor, la Luz de Dios, este espejo es llamado la sabiduría de Dios; pero en la ira es llamado el Ojo-que-todo-lo-ve». Boehme, Jacob en *Personal Christianity, the Doctrines of Jacob Boehme,* editado por Franz Hartmann, New York, Frederich Unger Publishing Co., pág. 48.

[29] N. de T.: En latín, «se le llame o no se le llame, Dios está presente».

Imagen 60. EL OJO DE DIOS, grabado en madera del siglo XVI.

de Dios. En otras palabras, el poder de creación de imágenes de la psique deriva de su centro transpersonal, el Sí-mismo, y no es una función del ego.

C. A. Meier ha registrado un sueño actual que es un equivalente exacto de nuestro texto. El sueño dice lo siguiente:

> *Estoy acostado en un sofá; a mi derecha, cerca de mi cabeza, hay una piedra preciosa, quizás engastada en un anillo, que tiene el poder de hacer que todas las imágenes que quiero ver sean visibles cobrando vida* [...].

Meier asocia el sofá a la cama en la que el paciente durmió cuando visitó los antiguos santuarios de Esculapio con la esperanza de recibir un sueño sanador. Habla de la piedra preciosa como un símbolo del Sí-mismo y dice que «también cumple la función de la bola de cristal en la profecía, es decir, sirve como un "yantra" (hechizo) para la visualización de los contenidos inconscientes».[30]

---

30 Meier, C.A. *Ancient Incubation and Modern Psychotherapy,* Evanston, Northwestern University Press, 1967, pág. 56.

Nuestro texto añade que la imagen, cuando está relacionada con la influencia de los cuerpos celestes, se convierte en un oráculo. Los cuerpos celestes, como factores planetarios, se referirían a las fuerzas transpersonales, los arquetipos del inconsciente colectivo. La idea parece ser que cuando uno experimenta el poder de crear imágenes del inconsciente, en el contexto de una comprensión de la dimensión arquetípica de la psique, se le da acceso a una sabiduría oracular, es decir, a una sabiduría mayor que trasciende el ego. El párrafo ocho continúa:

> (8) Finalmente, en referencia a la Piedra angélica, es tan sutil que no se puede ver, sentir o pesar, solo experimentar. En comparación, la voz del hombre (que tiene en alguna proporción estas propiedades sutiles) se queda corta. No, el aire en sí mismo no es tan penetrable, y sin embargo (¡oh misteriosa maravilla!) es una Piedra, que se alojará en el fuego por la eternidad sin ser dañada. Tiene un poder divino, celestial e invisible, por encima del resto y otorga al poseedor dones divinos. Produce la aparición de los ángeles, y les da el poder de conversar con ellos mediante sueños y revelaciones; ningún espíritu malo se acerca al lugar donde se aloja. Porque es una quintaesencia en la que no hay cosa corruptible, sus elementos no son corruptos, en ella ningún demonio puede quedarse o permanecer.

Aquí nuevamente se nos presenta la naturaleza paradójica de la Piedra. Es tan invisible, difusa y rara que no tenemos forma de percibirla sino experimentándola. Por otro lado, es una piedra, tan sólida e inmutable que el fuego eterno no puede debilitarla ni deshacerla. Esta es la esencia de *la piedra que no es piedra*[31] que se remonta a la alquimia griega.[32] Ruland dice: «La Piedra que no

[31] N. de T.: Expresión referida a la Piedra Filosofal, recogida por Zósimo de Panópolis, el alquimista griego de finales del siglo III y principios del IV. Sus obras sobre la alquimia nos han llegado a través de citas por otros autores o de traducciones al sirio y al árabe, siendo la más conocida la del alquimista persa Al-Tughra'i en el siglo XI.

[32] Berthelot, M. P. E., *Collection des Anciens Alchemistes Grecs,* reimpreso por Holland Press, London, 1963, I, III.1.

es una piedra es una sustancia pétrea en cuanto a su eficacia y virtud, pero no en cuanto a su sustancia».[33]

La Piedra Filosofal es un símbolo del centro y de la totalidad de la psique. De ahí que la naturaleza paradójica de la piedra corresponda a la naturaleza paradójica de la psique misma. Hablamos de la realidad de la psique, pero muy pocos tienen las facultades perceptivas para «saborear» su presencia real. Si un ciudadano normal, un hombre de la calle, lee este capítulo, ¿pensaría que estoy hablando de algo real? Probablemente no. La mayoría de los psicólogos profesionales no conocen la realidad de la psique. Se considera que se manifiesta en actitudes y comportamientos, en reflejos neurológicos condicionados o en la química celular, pero no consideran la psique en sí misma porque como dice nuestro texto, «no se puede ver, sentir o pesar». Para aquellos que pueden percibir la realidad solo en esos términos, la psique no existirá. Solo aquellos que han sido llevados, por su natural desarrollo o por sus propios síntomas psicógenos, a experimentar la realidad de la psique, saben de hecho que, aunque es intangible, es «pétrea en cuanto a su eficacia». La realización más completa de esta experiencia de la psique llega como el fruto del proceso de individuación.

El texto también nos dice que la Piedra «produce la aparición de los ángeles, y les da el poder de conversar con ellos, mediante sueños y revelaciones». Esta es una elaboración de la capacidad de crear una imagen que ya he mencionado. Estar en contacto con el Sí-mismo nos trae a la consciencia los significados transpersonales, y nos hace conscientes de ellos. Es lo aquí simbolizado como conversar con los ángeles.

El párrafo concluye con la afirmación de que ningún espíritu maligno puede acercarse a la Piedra, «porque es la quintaesencia en la que no hay cosa corruptible». Psicológicamente hablando, un espíritu o demonio maligno es un complejo escindido con un

---

33 Ruland, Martin, *A Lexicon of Alchemy,* traducido por A. E. Waite, London, John M. Watkins, 1964, pág. 189.

dinamismo autónomo que puede poseer al ego. Su existencia se perpetúa por una actitud represiva del ego que no aceptará la parte escindida ni la integrará en la personalidad como un todo. La consciencia del Sí-mismo y el requisito de la personalidad completa eliminan las condiciones bajo las cuales los complejos autónomos pueden sobrevivir. La quintaesencia es la quinta sustancia unificada que resulta de la unión de los cuatro elementos. Corresponde a la personalidad unificada que otorga la misma consideración a las cuatro funciones. Una sola función, que opera arbitrariamente sin la modificación y corrección de las otras funciones es diabólica. Como lo expresa Jung: «Mefistófeles es el aspecto diabólico de cada función psíquica que se ha desprendido de la jerarquía de la psique total y ahora disfruta de independencia y poder absoluto».[34] Al igual que Cristo, la Piedra expulsa a los demonios, es decir, a los aspectos parciales de la personalidad disociada que intenta ocupar el lugar de la totalidad unificada.

6. El alimento espiritual y el árbol de la vida

Nuestro texto continúa:

> (9) San Dunston lo llama el alimento de los ángeles, y otros lo denominan el *viaticum* celestial, el arbol de la Vida, y és la única, con la excepción de Dios mismo, que puede otorgar años de vida; porque por ella el cuerpo del hombre se preserva de la corrupción, permitiéndole vivir mucho tiempo sin alimentarse. Es incuestionable que si un hombre la usa no puede morir, lo cual no admiro tanto, porque me pregunto por qué sus poseedores desearían vivir más que tener la gloria y la eternidad manifestadas ante sus ojos; y porqué en lugar de desear morir y disolverse en la realización definitiva, desearían vivir en este mundo, donde deben contentarse con la mera especulación [...].

[34] Jung, C. G., *Psychology and Alchemy*, C.W., 12, par. 88.

Este párrafo presenta varias ideas que requieren elaboración. La Piedra es llamada «el alimento de los ángeles». Por lo general, uno no piensa que los ángeles necesiten alimento. Sin embargo, tal vez su condición es análoga a la de los espíritus muertos en el inframundo como los encontró Ulises. Para hacer aparecer los espíritus, se vio obligado a sacrificar dos ovejas y derramar su sangre, lo que atrajo a los espíritus hambrientos de sangre.[35] Esta es una imagen interesante que expresa cómo la libido se debe verter en el inconsciente para activarlo. Evidentemente, ocurre algo similar con los ángeles, ellos necesitan la comida de la Piedra Filosofal para manifestarse al hombre. La comida es un símbolo de la *coagulatio*. Por lo tanto, la idea que queremos manifestar es que el reino eterno, angelical se concretiza o se lleva a la existencia temporal a través de la consciencia del Sí-mismo.

El término «alimento de los ángeles» también tiene una referencia en las Escrituras. Refiriéndose al maná del cielo enviado a los israelitas en el desierto, el apócrifo libro de la Sabiduría 16:20 dice: «proveíste a tu pueblo de alimento de ángeles, y sin trabajo les enviaste del cielo pan preparado, que teniendo en sí todo sabor, se amoldaba a todos los gustos» (La Biblia, Nácar-Colunga). «El alimento de los ángeles» es aquí equivalente a «Pan del cielo» y en el sexto capítulo de Juan este término se aplica a Jesús quien dice: «Yo soy el pan de la vida; el que viene a mí, no tendrá más ya hambre; y el que cree en mí, jamás tendrá sed» (Juan 6:35, Nácar-Colunga). La liturgia católica utiliza estos textos como referencias a la Eucaristía, lo que nos lleva a la siguiente caracterización de la Piedra.

La Piedra también se llama «el viático celestial». El viático es la Eucaristía administrada por un sacerdote a un hombre moribundo. La palabra originalmente se refería al dinero o a los elementos necesarios para un viaje. Se deriva de *via*, camino o carretera. El viaje que hace un moribundo va de este mundo al cielo.

[35] Homero, *La Odisea, Libro XI.*

La misma nota de muerte aparece más adelante en el párrafo, cuando Ashmole se pregunta por qué alguien con la Piedra Filosofal debería querer mantenerse con vida. Por lo tanto, la Piedra promueve un tipo de muerte al mundo, es decir, una retirada de las proyecciones.

Llamar viático a la Piedra significa que ha sido equiparada con el cuerpo de Cristo, preparado mediante la transubstanciación en el misterio de la Misa. Melchior, un alquimista de principios del siglo XVI, hizo explícita la comparación. Describió el proceso alquímico según el modelo de la Misa, con el alquimista en el papel de sacerdote oficiante.[36] Además de Melchior, Jung ha presentado muchos otros ejemplos de la tendencia de los alquimistas a equiparar la Piedra con Cristo.[37] Aquí vemos el esfuerzo inicial del principio de individuación, basado en la primacía de la experiencia subjetiva, para asumir y asimilar el valor central de la tradición religiosa colectiva dominante. Una situación similar existe hoy entre la psicología analítica y la religión. Para aquellos que ya no consideran significativas las formas religiosas tradicionales, la psicología analítica ofrece un nuevo contexto para comprender los símbolos transpersonales, un contexto más apropiado para el nivel de desarrollo de la conciencia moderna.

La Piedra también es llamada «el árbol de la vida». Esto se refiere al segundo árbol en el Jardín del Edén. Después de que Adán comió del árbol del conocimiento del bien y del mal, fue expulsado del Edén: «que no vaya ahora a tender su mano al árbol de la vida y comiendo de él, viva para siempre» (Génesis 3:22, NÁCAR-COLUNGA, 1944). El árbol fue custodiado por querubines y por una espada encendida que giraba en todas direcciones. Por tanto, la Piedra se corresponde con algo de lo que el hombre alguna vez estuvo cerca, pero, habiendo tomado consciencia (consciencia de los opuestos, el conocimiento del bien y del mal), se ha separado

[36] Jung, C. G., *Psychology and Alchemy,* C.W., 12, par. 480.
[37] Ibíd., par.447 y sig.

Imagen 61. EL ÁRBOL ALQUÍMICO.

de ella. La relación del individuo con el Sí-mismo evoluciona de esta manera. Como se ha expuesto en la primera parte de este libro, originalmente el ego naciente está contenido en el estado de desconexión inconsciente, la condición primordial de la totalidad que Neumann ha llamado el uróboros. Con el surgimiento de la consciencia del ego viene la separación dolorosa de la totalidad inconsciente y la relación inmediata con la vida simbolizada por el árbol de la vida. El objetivo final del desarrollo psíquico se convierte entonces en la recuperación del estado perdido de la totalidad original, esta vez en el nivel de la realización consciente.

La Piedra Filosofal fue descrita con frecuencia como un árbol trascendente *(imagen 61)*. Por lo tanto, se relaciona con el conocido simbolismo del Árbol del Mundo o el Árbol Cósmico. Así como Cristo fue el segundo Adán, así también se pensó en su cruz como el segundo árbol, el árbol de la vida *(imagen 62)*. Un alquimista describe la Piedra Filosofal con estas palabras:

> A causa de la semejanza solamente, y no de la sustancia, los Filósofos comparan su material con un árbol de oro con siete ramas, pensando que encierra en su semilla los siete metales, y que están escondidos en ella, por lo cual la llaman cosa viva. Igualmente, así como los árboles naturales producen flores en su estación, el material de la piedra hace que aparezcan los más bellos colores cuando brotan sus flores.[38]

Árboles extraños e impresionantes aparecen en sueños y dibujos modernos. Jung da varios ejemplos en su ensayo, *The Philosophical Tree.*[39] Un paciente en medio de una transición importante (en la resolución de la transferencia) soñó que un enorme árbol caía al suelo y, al caer, escuchó un agudo chillido sobrenatural. Este sueño tiene un paralelismo interesante con un texto que describe el Árbol filosófico como el árbol invertido: «Sus raíces están en el aire y su copa en la tierra. Y cuando son arrancados de sus lugares, se escucha un sonido terrible y sigue un gran temor».[40] El Árbol Filosófico podría sufrir muerte y renacimiento como el Fénix. Este sueño sugiere que toda la personalidad estaba experimentando una transformación en su desarrollo.

---

[38] Jung, C. G., «The Philosophical Tree», en *Alchemical Studies,* C.W., 13, par. 380.

[39] Ibíd., par. 304 y sig.

[40] Ibíd., par. 410.

7. El uno en el todo

El texto continúa:

> (10) Racis te dirá que hay un don de profecía escondido en la Piedra roja; porque así (dice él) los filósofos han predicho lo que vendrá, y *Petrus Bonus* afirma que profetizaron no solo en general, sino específicamente; tenían un preconocimiento de la resurrección, de la encarnación de Cristo, del día del juicio, y de que el mundo debe ser consumido en el fuego; y no de otra manera, sino por la visión que la Piedra concede.

La capacidad de la Piedra para la profecía significa que está conectada con una realidad transconsciente que está más allá de las categorías de espacio y tiempo. Esto corresponde al fenómeno que Jung describe con el nombre de sincronicidad. Una de las formas en que esta se manifiesta es por una coincidencia significativa entre un sueño u otra experiencia psíquica y algún evento futuro. Jung ofrece una serie de ejemplos en su ensayo sobre la sincronicidad.[41] Es más probable que estas experiencias ocurran cuando el nivel arquetípico de la psique se ha activado y tienen un impacto numinoso en quien las experimenta. El texto menciona especialmente el conocimiento previo de la resurrección, la encarnación de Cristo, el día del juicio, etc. Estos son, definitivamente, acontecimientos transpersonales, incluso cósmicos. El texto de Ashmole implica que la Piedra transmite el conocimiento de una estructura suprapersonal u ordenamiento de las cosas que es inherente al universo mismo, completamente fuera de los principios estructurales de la consciencia del ego, a saber, el espacio, el tiempo y la causalidad.

Jung habla de este principio de ordenamiento transpersonal como una estructura auto-existente y registra varios sueños que lo relacionan. Uno de ellos es el siguiente:

---

[41] Jung, C. G., *The Structure and Dynamics of the Psyche*, C.W., 8, par. 816 y sig.

> El soñador estaba en una región montañosa salvaje donde encontró capas contiguas de roca triásica. Aflojó las losas y descubrió para ante su inmenso asombro que eran bajorrelieves de cabezas humanas.[42]

El término triásico se refiere a un período geológico de hace unos 200 millones de años, mucho antes de que el hombre hubiera evolucionado. Así, en el sueño, el advenimiento del hombre fue, por así decirlo, profetizado. En otras palabras, la existencia del hombre estaba predeterminada o era inherente al sustrato inorgánico del mundo.

Un paciente me contó una vez un sueño similar: *el soñador estaba explorando una cueva marina y examinando varias piedras muy bonitas pulidas por las mareas. Para su gran sorpresa se encontró con una figura del Buda perfectamente formada que sabía que había sido creada únicamente por las fuerzas naturales del mar.* Estos sueños sugieren que el orden, el significado y la consciencia predeterminados están integrados en el universo. Una vez que se capta esta idea, el fenómeno de la sincronicidad ya no sorprende. Seguramente es importante que, en ambos sueños, la forma humana haya sido impresa por la naturaleza en una piedra. De hecho, consideraría que ambos sueños se refieren específicamente a la Piedra Filosofal, la misma piedra que nuestro texto nos dice que tiene el poder de la profecía.

> (11) En resumen, por el verdadero y diverso uso de la *Prima Materia* Filosofal (porque hay diversidades de dones, pero un mismo espíritu) se da a conocer la perfección de las ciencias liberales, se puede captar toda la sabiduría de la naturaleza, y (a pesar de lo que se ha dicho, debo añadir) todavía hay más cosas ocultas, ya que hemos visto muy pocas de sus obras.

Por primera vez, el texto usa el término *prima materia* como

[42] Ibíd., par. 945.

Imagen 62. CRISTO EL SALVADOR EN EL ÁRBOL DE LA VIDA.

sinónimo de la Piedra Filosofal, y esto se hace en un pasaje que enfatiza los diversos aspectos de la Piedra. A primera vista, parece que el final se confunde con el comienzo. La *prima materia* es la primera materia original que debe someterse a largos procedimientos para finalmente transformarse en la Piedra Filosofal, el objetivo del Opus. Pero estas ambigüedades son características del pensamiento alquímico, igual que son características del simbolismo del inconsciente.

Las descripciones de la *prima materia* enfatizan su ubicuidad y multiplicidad. Se dice que tiene «tantos nombres como cosas hay» y, de hecho, Jung en su seminario sobre alquimia menciona 106 nombres para la *prima materia* sin siquiera empezar a agotar la lista. A pesar de sus diversas manifestaciones, las fuentes también insisten en que es esencialmente una unidad. Nuestro texto hace la misma observación: «hay diversidades de dones, pero un mismo espíritu». Así, la Piedra Filosofal, el final del proceso, tiene en la unidad la misma multiplicidad que el material original tenía al principio. La diferencia es que ahora es una piedra, es decir, una realidad concreta e indestructible. Quizás sea significativo que el comienzo del proceso alquímico se mencione en este penúltimo párrafo de la descripción de la meta. Sugiere que se completa un ciclo, el final es un nuevo comienzo en la circulación eterna, y que la Piedra, como Cristo, es tanto Alfa como Omega.

En términos psicológicos los conceptos de unidad y multiplicidad se dirigen hacia la integración de los fragmentos disociados y conflictivos de la propia personalidad. Esta es la esencia del proceso psicoterapéutico. El objetivo de este proceso es experimentarse uno mismo como una unidad; pero también, el ímpetu necesario para hacer el esfuerzo parece derivar de la unidad que estuvo allí *a priori* todo el tiempo. Nuestro texto implica que la unidad, una vez alcanzada, debe romper en una nueva multiplicidad de nuevo para que la vida continúe. En palabras de Shelley:

> El uno permanece, los muchos cambian y pasan;
> la luz del cielo brilla para siempre, las sombras de la tierra vuelan;
> la vida, como una cúpula de vidrio de muchos colores,
> colorea el blanco resplandor de la eternidad [...].[43]

---

[43] Shelley, P. B., *Adonais,* II 460-463.

Nuestro texto concluye:

> (12) Sin embargo, solo hay unas pocas personas que estén preparadas para que se les transmita esta ciencia. Son misterios incomunicables para cualquiera que no sea adepto. Son solo para aquellos que han sido dedicados, incluso desde sus cunas, para servir y esperar en este altar.

Este pasaje confirma una observación que se ha estado formando gradualmente en mi mente. Tengo la impresión de que aquellos que van más lejos en el proceso de individuación casi siempre han tenido alguna experiencia significativa, e incluso decisiva, del inconsciente durante la infancia. La experiencia de la infancia de Jung es un excelente ejemplo. Lo que a menudo parece suceder es que las deficiencias del entorno infantil o las dificultades de adaptación del niño, o ambas cosas, generan una soledad e insatisfacción que lo hacen encerrarse en sí mismo. Esto equivale a una afluencia de libido en el inconsciente que se activa y produce símbolos e imágenes valiosas que ayudan a consolidar la individualidad amenazada del niño. A menudo se trata de lugares secretos o actividades privadas que el niño siente que son exclusivamente suyas y que refuerzan su sentido de la valía frente a un entorno aparentemente hostil. Estas experiencias, aunque no se las entiende conscientemente o incluso se las malinterpreta y se las considera anormales, dejan constancia de que la identidad personal tiene una fuente transpersonal de apoyo. De este modo, pueden sembrar las semillas de la gratitud y de la devoción en la fuente del propio ser que emergerán con plena consciencia solo mucho más adelante en la vida.

El texto dice que esta ciencia se puede enseñar solo a unos pocos. El conocimiento de la psique arquetípica está disponible solo para unos pocos preparados. Se deriva de experiencias subjetivas internas que apenas son transmisibles. Sin embargo, la realidad de la psique está empezando a encontrar testigos por sí misma. La Piedra Filosofal es un símbolo de esa realidad. Hay un poder de curación en las imágenes que se agrupan alrededor de este símbolo. Es una expresión potente de la fuente y de la totalidad del ser individual. Cada vez que aparece en el proceso de psicoterapia, tiene un efecto constructivo e integrador. Es realmente una perla de gran valor.

Este símbolo se desarrolló durante un período de quince siglos. Fue enriquecido a través de los esfuerzos de innumerables hombres devotos que fueron atrapados por su numen. Trabajaron en gran medida solos, como individuos, sin el apoyo de una institución. Encontraron con muchos peligros tanto externos como internos. Por un lado estaban los príncipes codiciosos y los cazadores de herejes, y por otro lado estaban los peligros que la soledad y la activación del inconsciente traen consigo. La historia de estos hombres atestigua el poder del *Lapis Philosophorum*, un poder capaz de atraer las energías de tantos hombres relevantes consagrados a su servicio. La Piedra Filosofal es un gran símbolo que finalmente está al alcance de la comprensión moderna.

Imagen 63. EL FIN DE LA OBRA.

Este libro se terminó de imprimir

el 27 de Octubre de 2018.

Día mundial de la paz interior.